大阪大学
新世紀レクチャー

産業再生と企業経営

淺田孝幸　編

大阪大学出版会

前書き

「産業再生と企業経営」のテーマが示すように，過去10年余は，日本にとって戦後の混乱の時期を除いて，もっとも，大きな転換点であったと言えるだろう．歴史家が，近い将来において日本の1990年代がどのような時代であったかを総括してくれるであろうが，生きている我々にとって，これまでの価値観の基礎的部分が，大きく変更を余儀なくされたと言えるだろう．例えば，日本的経営の強みであった，終身雇用体制の崩壊，企業内労働組合などのインナーサークルの崩壊，メインバンクを中心とする系列グループ経営の崩壊などの基本的な経済活動の仕組みに関わる部分の崩壊と再生である．

本書は，そのような時代の変化を経営学・経済学の視点から2004年度の講義として，大阪大学経済学部学生および一般社会人に提供されたものを基にしている．それは，大阪大学経済学部主催・OFC共催「産業再生と企業経営」（2004年度後期）を基に，新たに，講義担当者に原稿の書き起こしを依頼して完成させたものであり，報告者並びに執筆者のリストは，次の通りである．ここに，編集者として執筆者の方々には，深く感謝申し上げる次第である．また，講義に出席し，意見や感想を提供していただいた学生・社会人の方々に，深く感謝申し上げたい．皆さんの率直な意見は，我々講義担当者には，大きな示唆を提供し執筆にも大きく貢献している．

2004年度（平成16年度）後期公開講義「産業再生と企業経営」報告者

(職名は当時のもの)

第1回　井上隆一郎　㈱三菱総合研究所主席研究員（大阪大学大学院客員教授）【第1章】

第2回　金井　一頼　大阪大学大学院経済学研究科教授【第2章】

第3回	水島　温夫	フィフティー・アワーズ代表取締役（㈱三菱総合研究所客員研究員）【第3章】
第4回	淺田　孝幸	大阪大学大学院経済学研究科教授【第4章】
第5回	歌代　豊	明治大学経営学部助教授（㈱三菱総合研究所客員研究員）【第5章】
第6回	小林　敏男	大阪大学大学院経済学研究科教授　【第7章】
第7回	石川　健	㈱三菱総合研究所主任研究員
第8回	桐畑　哲也	奈良先端科学技術大学院大学助教授【第8章】
第9回	有田　道生	エイケア・システムズ㈱代表取締役（㈱三菱総合研究所客員研究員）【第9章】
第10回	小松原　聡	㈱三菱総合研究所主席研究員【第6章】
第11回	永野　護	㈱三菱総合研究所主任研究員【第10章】
第12回	（パネル討論）	司会：淺田孝幸　パネラー：井上隆一郎　歌代豊　金井一頼【最終章】

（第7回の報告者である石川健氏は，氏の都合で本書への執筆はかなわなかった）

さて章立てをみていただくと，まずは，「産業再生とデスバレー現象」（井上隆一郎氏）の諸説からスタートしており，日本における，産業再生のキーとなる経営者・技術者の動向を最新のデータから，興味深い考察を交えて，諸説が展開されている．とりわけ，対岸の産業創生モデルであるシリコンバレーの状況，バイドール法（1980年にアメリカで制定した法律で特許・商標法修正条項の通称とされており，政府資金による大学での研究開発の成果についても，大学・研究者への特許等の帰属を認めるもの），（日本では，「産業活力再生特別措置法」として，同種の法律は1999年に施行されている）などの制度としては，日本でも一定のインフラは整備されたが，基本的な課題の1つとして，企業内のイノベーションにも問題（知識連鎖，需要表現）があることが示唆されている．これを受けて，2章（技術経営と戦略），3章（産業再生と「技術者力」），4章（技術経営とプロジェクト・マネジメント），5章（IT戦略マネジメント）で，金井一頼氏，水島温夫氏，浅田，歌代豊氏による，産業再生と技術経営との関連で，

基本的な考察するべき枠組みと課題，それらをもとにした今後の活用すべき手段，方法，リソースの問題が提起されている．

　以上の前段の議論をうけて，6章からは，小松原聡氏，小林敏男氏，桐畑哲也氏，有田道生氏，永野護氏により所説が展開されている．まず6章で，企業の再生とともに関心の高い，新企業創造による産業再生の可能性・課題について検討されている．産業再生をベンチャー企業の創出を通じて行っていこうとする試みには，産学連携を支援するためのバイドール法の成立が示すとおり，人材創出と知識創出の相互作用の活性化であり，個人をモチベートすることが重要であることを示唆している．しかし，これを支えるためのインフラとして，金融，法律などのファシリテイターとしてのソフト・ハードを含めた産業のプラットフォームの整備・創出が必要である（ライブドアや特定のファンドに関連した事件はそれをいみじくも証明したといえる）．後段では，この企業創造の現状・課題とその具体的成功例などを通じた，将来性を俯瞰する試みが展開されている．6章（MBOと事業再生），7章（ベンチャービジネスにおける技術経営），8章（ベンチャーキャピタルと産業再生），9章（日本におけるベンチャー創造の実践と課題），10章（科学技術政策と産業競争力），そして最後に，討論会の内容をまとめに代えて提供している（日本企業の技術経営の課題）．

　この最終章でも提起されているとおり，80年代半ばでの社会主義政権グループの崩壊，インターネット技術を核の1つにした金融サービスを中心とするグローバルビジネスの急激な進展，世界的にみても起こっている強者・貧者の国や市民レベルでの大きな格差（アフリカの一部地域では，平均寿命が30歳以下，アメリカ合衆国では，トップ100社の経営者の年間報酬は，平均アメリカ労働者の500倍を超えている実態）の広がり．日本もその例外でないわけである．このなかで，日本がこれまで得意としてきた，ネットワークやオープン志向のビジネス展開や適用は，いまや日本企業や日本社会の特性というより，日本の中で閉じたもので，しかも日本の特定のグループの中で閉じたネットワークになってしまっていること．グローバルなレベルで知識連鎖や人材の連鎖を行わないと，すでに大きな世界のトレンドに日本は完全に遅れをとっ

てしまっていることが，問題提起されていることである．高度の専門性やコミュニケーション能力とともに，学際性やコモンセンス（価値観の対立をある程度前提にしても）と呼ばれる，高度な社会性や思考の柔軟性とともに，高い倫理観などが産業再生や企業創造の背後に要請されていることが，討議の結論でないかと思われる．

　最後に，本書の企画から校正・編集まで多くの方々のお世話になったことをこの場をお借りして，感謝申し上げたい．とりわけ，OFC（経済学部オープン・ファカルティー・センター）ならびに同窓会のスタッフの皆さん，城山厳夫さん，中友愛さん，それに木下美江さんに心から感謝申し上げる次第である．また，出版事情が厳しいなかで，出版を快諾いただいた大阪大学出版会の皆様にもこの場をお借りして感謝申しあげる次第である．本書の出版にあたり多くの方々にお手数をかけ，しかも，出版がかくも遅れたのは，ひとえに，編集代表の淺田の責任であり，また，内容については，まだまだ十分でないところがあることは，我々一同，十二分に承知しているところである．読者方々の忌憚のないご意見をいただければと思っている．

本書を代表して

淺 田　孝 幸

大阪大学経済学部，前 OFC 運営委員長

E-mail：asada@econ.osaka-u.ac.jp

目　次

前書き　……………………………………………………… i

第 1 章　産業再生とデスバレー現象 ………………………… 1
§1　はじめに　1
§2　日本型デスバレー現象の発生　2
§3　日本型デスバレー現象の特質　5
§4　デスバレーに陥らない企業の特徴　13
§5　日本企業としての戦略的方向性　17

第 2 章　技術経営と戦略 ……………………………………… 21
§1　技術経営の意義　21
§2　経営戦略と技術戦略　24
§3　産業のライフサイクルと技術の進歩　29
§4　産業の進化とイノベーション・ダイナミクス　32
§5　競争優位性と中核技術　35

第 3 章　産業再生と「技術者力」…………………………… 39
§1　はじめに　39
§2　戦略構築力（儲かるシナリオを描く）　40
§3　反射行動力（勝ちパターンごとの動き方を知る）　47
§4　擦り合せ力と組み合せ力（日本企業の本当の強みを生かす）　51
§5　「場」力（体を張ってコミットメントする）　53
§6　「塊」力（最強の塊をつくる）　57
§7　まとめ　60

v

目　次

第4章　技術経営とプロジェクト・マネジメント …………61
§1　はじめに　61
§2　経営管理会計の機能のとらえ方　62
§3　プロジェクト・マネジメントとPBSC　63
§4　3つの世代のPMについて　66
§5　プログラム・マネジメント　68
§6　価値マネジメントの導入　70
§7　戦略マップの作成について　76
§8　まとめ　78

第5章　IT戦略マネジメント ………………………………81
§1　はじめに　81
§2　高業績企業の組織能力とIT戦略　82
§3　経営成果を高めるITマネジメントの条件　86
§4　バランス・スコアカードの必要性と意義　90
§5　プロジェクト指向BSCとITマネジメントのあり方　94
§6　まとめ　98

第6章　MBOと事業再生 ……………………………………100
§1　マネジメント革新と事業構造改革　100
§2　事業再生のメカニズム　106
§3　成長戦略のためのM&AとMBO　110

第7章　ベンチャービジネスにおける技術経営 …………120
§1　ベンチャービジネスとの関わり　120
§2　ケース紹介　124
§3　終わりに　136

第8章　ベンチャーキャピタルと産業再生 ………………138
§1　産業再生と急成長ベンチャー　138
§2　米国の急成長ベンチャー輩出メカニズム　139
§3　ベンチャーキャピタルの急成長ベンチャー輩出メカニズム　146

§4 急成長ベンチャー輩出に向けた我が国ベンチャーキャピタルの課題　157

第9章　日本におけるベンチャー創造の実践と課題 …………160
§1 ベンチャー企業を起こすために　160
§2 実際の起業プロセス　174

第10章　科学技術政策と産業競争力 ………………………178
§1 はじめに　178
§2 日本の科学技術政策　180
§3 地方政府と科学技術政策　185
§4 民間企業の研究開発活動　187
§5 研究開発イノベーションと産業競争力　197
§6 むすびにかえて　203

最終章　日本企業の技術経営の課題 …………………………205
（司会）淺田孝幸　（パネラー）井上隆一郎　歌代 豊　金井一頼
§1 はじめに―講義の振り返りと問題提起―　205
§2 デスバレーと需要表現　207
§3 インテグラル型とモジュラー型　209

執筆者紹介 …………………………………………………231
索　　引 ……………………………………………………237

第 1 章　産業再生とデスバレー現象

§1　はじめに

　1980 年代，日本の産業競争力の優位性に対しては世界の誰もが疑いを挟まなかった．しかし，バブル崩壊後の 1990 年代には日本経済低迷の中でその輝きは失せ，競争力を失った産業の再生，日本そのものの再生が喫緊の課題になるまでになった．多様な諸産業を日本産業として一括りにして論ずることは，それが 1980 年代の賞賛のためであろうと，1990 年代の批判と反省のためであろうと，大きな無理がある．なぜなら 1990 年代以降であっても世界に対する優位性を保っている産業群は厳然としてあり，逆に 1980 年代に日本経済の好調の中で輝いているように錯覚されていたが，実は劣後した産業群もあった．しかし，ここでは，個別産業の特性の差異を論ずるのではなく，変化する世界の競争環境の中でトップランナーであることを期待される，あるいは余儀なくされる日本産業，主として製造業に共通の課題を論じようとするものである．

　また，当論稿は 2003 年に三菱総合研究所が全社的横断研究組織で実施した政策創発研究「デスバレー現象と産業再生——高い技術力を産業競争力に転換する仕組み——」をベースとしたものであり，私とともに研究を実施したメンバーである二瓶正，石川健，船曳淳の共有の成果であることを申し添えたい．

§2　日本型デスバレー現象の発生

2.1　技術力の高評価と総合競争力の低評価

　1990年代後半に入って，日本の競争力は厳しい評価にさらされることになった．日本経済の低迷が深刻化しているのに，産業にその低迷を跳ね返す力がない．欧米産業に劣後するだけでなく，韓国や中国の産業との競争にさえ負けたもの，負けそうなものまである，という認識が，日本人ばかりか世界の人々の共通認識となった．

　「国の競争力」というのは曖昧な概念ではあるが，この構成要素を定義して時系列で分析している機関がいくつかある．その代表的な機関がスイスのビジネススクール "International Institute for Management Development"（略称IMD．以下同）であり，そこから毎年発行されている *IMD World Competitiveness Yearbook* では日本を初め世界各国の総合競争力ランキングが発表されている．競争力構成要素を，経済規模，技術開発投資，労働者の教育水準，金融市場規模などとし，世界3000社を超える企業経営者がアンケートで評価することにより算出されている．

　日本の競争力ランキングの場合，90年代初頭までは第1位にあったにもかかわらず，93年から下落が始まり，96年まではかろうじて第4位を維持したものの，翌年以降急落し，2002年には実に第30位に低迷するまでになった．昨今では幾分の改善はあったものの第21位（2005年）に低迷し，かつての地位を回復するに至っていない．最悪だった2002年のみならず，多少改善の見られる2005年においても，アジア諸国のシンガポール，香港，台湾の後塵を拝する状況にある（図1-1）．

　このように総合的な競争力の世界ランキングは散々な状態であるが，日本の科学技術力のレベルを示す指標は軒並み上位になっていて，総合ランキング第1位のアメリカ合衆国を凌駕する項目すらある．すなわち「研究開発人材基盤」，「海外特許取得」の指標では第1位であり，「研究開発投資」，「科学論文数」等は第2位となっている．

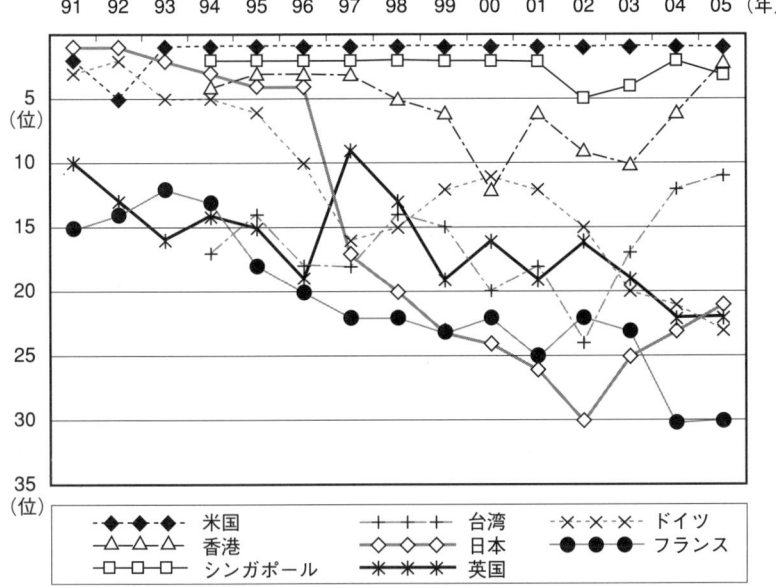

図 1-1　世界競争力ランキングの推移

[IMD（各年版），*IMD World Competitiveness Yearbook*]

　このような状況を総合して言うならば，日本は科学技術における貴重なリソースを世界のどこよりも沢山蓄えて高い潜在力を持っていながら，何らかの要因によりそれらが成果に結びつくことを妨げており，総合的競争力にうまく結びつけられていないと考えるべきなのであろう．このような現象を，最近「デスバレー現象」あるいは「死の谷現象」と表現することが多い*.
多様で豊富な科学技術リソースを持ちながらそれが事業化，製品化に至らない現象を意味している．

　　＊　産業構造審議会新成長政策部会（2002 年 7 月）「第三期中間報告」等

2.2　日本におけるデスバレー現象

　「デスバレー現象」という言葉が初めて使われたのは，1980 年代のアメリカ合衆国においてである．豊富な基礎研究資源が商品化・事業化に活かされず，国際競争力上の劣後が多発した．このような現象をとらえて，アメリ

商務省は「デスバレー現象」と呼んで警告を発したのであった．

　基礎研究には資金も集まり成果の蓄積がありながら，リスクの高い開発研究や規模の拡大に対する資金不足からこの段階にネックが生じ，製品化や事業化のレベルに資金が集まっても，競争力のある十分な成果が生まれない，という現象の存在が「デスバレー現象」であった．この文脈でデスバレーとは，「基礎研究」→「開発と規模の拡大」→「商品化・事業化」の三段階において，中間段階の「開発と規模拡大」における資金不足から「商品化・事業化」での成果不足を問題にしたのであった．

　そのような観点から，"Advanced Technology Program"（略してATP），"Small Business Innovation Research"（略してSBIR）などの資金的な支援政策，"Cooperative R&D Agreements"（略してCRDAs）のような産学連携促進政策が実施されてきた．勿論，民間ベースのいわゆるエンジェル資金の投入もこの領域で活発化してきた．

　現在の日本がおかれている状況は，1980年代におけるアメリカのデスバレー現象と似ている所もあるが同じではない（図1-2）．しかし商品化・事業

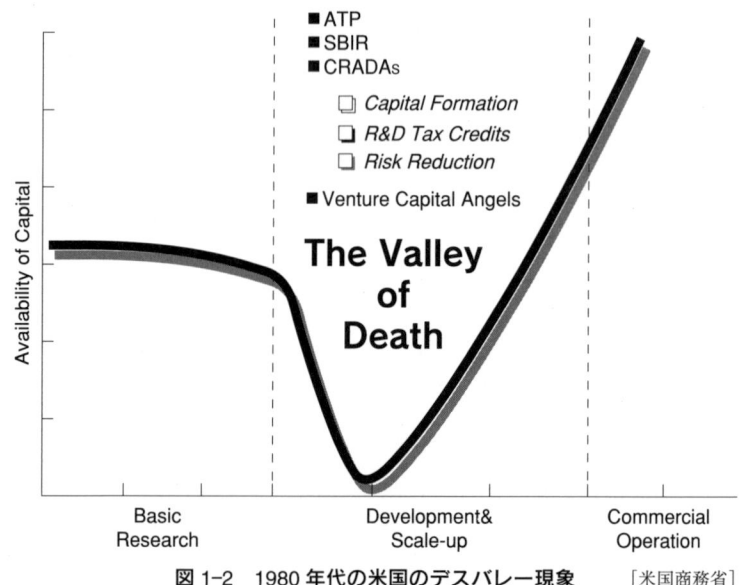

図1-2　1980年代の米国のデスバレー現象　　　［米国商務省］

化がうまくいかないという問題は共通している．日本では「基礎研究」段階はともかく，「開発・規模拡大」段階が問題なのではない．開発段階のリソースが潤沢にあっても，それがすんなり商品化出来ない，従って事業化出来ないところに問題があるのである．日本企業に生じている問題の実態をとらえ，アメリカで生じた問題とは異なる切り口で問題をとらえること，問題解決を追求することが必要である．

§3　日本型デスバレー現象の特質

三菱総合研究所政策創発研究チームでは2003年1月に上場および店頭公開製造企業を対象に，デスバレー現象に関するアンケート調査を郵送法により実施し，3,426通（1,713社の経営企画部門，研究開発部門それぞれに送付）を発送して，491社（544通回収．経営企画232件，研究開発312件）から回答が寄せられた．以下，アンケート調査に基づき実態を述べる．

3.1　日本企業におけるデスバレー現象の実態

日本製造業において，約8割近くの企業が「製品化されていない技術の存在」を指摘，しかも製品化されていない技術を持つ企業の約半数が「深刻な問題」と捉えている．「若干課題である」という意見も含めてみるならば，製品化されていない技術を持つ企業の9割近くがこの点を問題視している．即ち日本製造業の7割以上に，大なり小なりデスバレー現象が存在し，かなり普遍的な現象となっていることがわかる．この現象を深刻と考えている企業も全企業の約4割弱と決して少数ではない（図1-3）．

また「技術が製品化につながらない要因」については，「ビジョンの描出や需要（市場）のコンセプト化の問題」を指摘する声が最も多く，製品化されない技術が存在するとする企業の65%がその点を指摘している．それに次いで多いのは「人材の問題（リーダーシップ不足など）」(46%)という指摘である．第三位の要因は「内部の部門間や組織間の連携の問題」(37%)である（図1-4）．

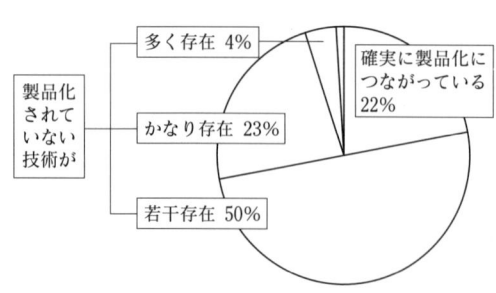
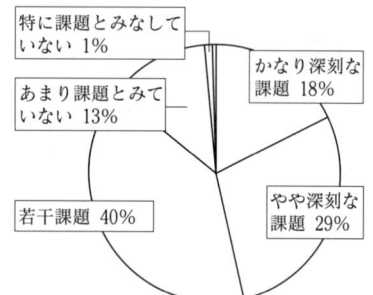

図 1-3 技術の製品化状況と製品化されない技術への評価

[三菱総合研究所（2003年1月）「製造業アンケート調査」]

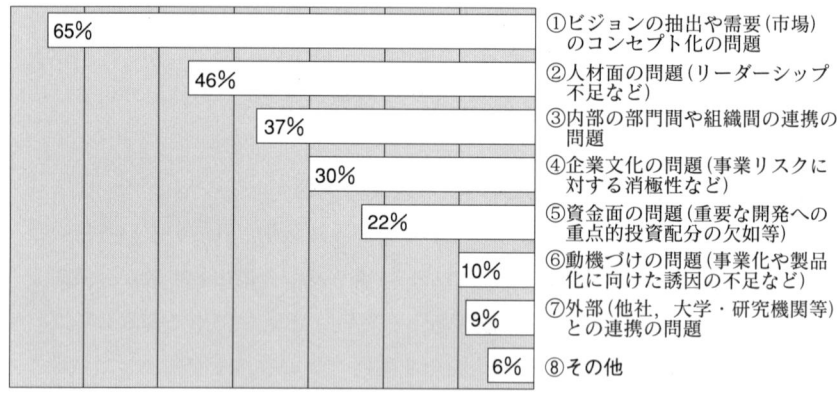

製品化されていない技術が「存在する」企業の回答の内容

図 1-4 技術が製品化につながらない要因　　　　　　　　　　　［前掲］

　1980年代のアメリカで指摘されていた「資金面の問題（重要な開発への重点的投資配分の欠如等）」（22％）は決して大きな要因とは認識されていない．また，話題になることの多い産学連携問題などを含む「外部（他社，大学，研究機関等）との連携の問題」（9％）も要因として指摘する企業は少ない．
　日本で生じている「デスバレー現象」は，このように日本型と呼ばざるをえない特徴を有している．

「日本型デスバレー現象」とは，開発段階における資金問題ではなく，経営組織内部におけるデスバレー現象であり，「組織におけるデスバレー」，言葉を換えるなら「マネジメントにおけるデスバレー」という問題である．

3.2 デスバレー現象の特質

日本企業におけるデスバレー現象の主な要因は下記の三点にあると言える．
- ・ビジョン欠如，需要・市場のコンセプト化の欠如
- ・リーダシップを含む人材の欠如
- ・内部部門間，組織間連携の欠如

第一の要因は「需要（市場）の具体的表現力の不足」，第二の要因は「技術経営を担当する人材不足」，第三の要因は「知識連鎖の不足」とそれぞれ言い換えてもよいだろう．この観点から，日本企業の実態についてそれぞれ見ていくことにしよう．

(1) 需要表現の不足

最も多くの企業がデスバレー現象の要因としてあげたのが，この需要表現の不足という問題であった．需要表現とは，「市場に顕在的，潜在的に存在する，あるいは存在すると思われる需要を，具体的な製品・サービスの形で表現する」ことである．既存の市場における製品の改良ニーズを具体的に表現することなら想像できるが，「世の中にまだ提起されていない市場，製品」について表現することは困難である．その結果，次のような声が今回のアンケートに寄せられている．
- ・見える市場を優先，先進的テーマを選択しない
- ・顧客ニーズに直結したものしか研究していない
- ・技術開発と市場開発の同時推進ができていない
- ・顧客や市場での風評でテーマを決定する
- ・研究開発着手時に事業化プランが描けていない

これまでに経験のない市場および製品で開発テーマを決めることや開発計画を作成することは難しい．それゆえ，既存の市場や製品，誰もが注目している対象をテーマとして選定してしまいがちである．その結果，競争力のな

い技術，需要には必ずしも適合しない技術が生まれ，十分活用されず，製品化・事業化できない結果に結びつくのである．これは，まだ見えない製品や市場に関する需要を具体的に表現する力が十分ではないからである．今回のアンケートを見ると，次のような声が上がっている．

・技術と市場のコンセプト化がうまくいっていない
・市場をにらんだ製品のコンセプト化が必要
・市場の需要（ユーザーが要望している製品）と技術部門（研究）の開発製品にズレが生じる
・市場調査，製品戦略が弱い
・社内での技術表現に関する努力不足

「世の中に提起されていない市場や事業（需要）を社内向けに文章やチャートで明確かつ具体的に表現しているか」という問いに関して，「できている場合とできていない場合が半々」「大体できている」を含めて，「できている」と回答した企業は約3割に過ぎない．「表現ができていない」企業が約7割を占めている．

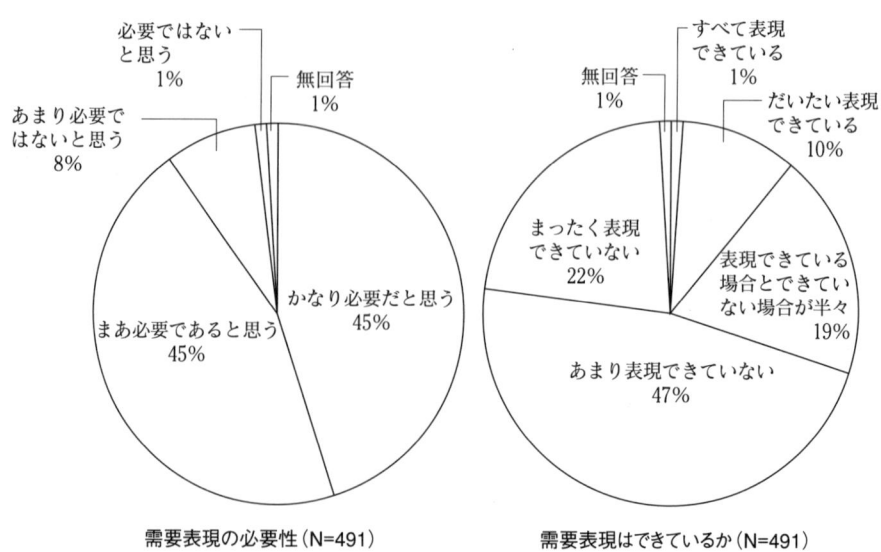

図1-5 需要表現の現状と必要性 ［前掲］

日本企業は既に世界のトップランナーとして期待されており，これまで存在しなかった製品・市場を目指して，プロダクトイノベーション型の技術開発をしなければならない．しかし日本企業の現状では，開発現場はそれが必ずしも得意とはいえない．革新的な製品開発（プロダクトイノベーション）のためには「需要表現を必要」とする企業は，「かなり必要」（45%），「まあ必要」（45%）を合わせて，実に9割に達する（図1-5）．

(2) 技術経営の問題

研究成果が製品化につながらない第二の要因は技術経営の問題である．具体的には「人材面の問題」「運営面の問題」がある．これらをアンケート結果に基づき分析してみよう．

①人材面の問題

人材面の問題は「技術経営の人材不足」「リーダシップの不足」「研究者の視野狭窄」などである．

「技術経営の人材不足」については下記の点が指摘されている．

- 広い視野と人脈を持ち，技術をコーディネートするCTO（Chief Technology Officer）がいない
- メーカにとって「技術力」が将来の企業の成果に重要であるという認識不足
- 技術担当役員の不在
- 事業戦略＝技術戦略というレベルで捉えられる人材不足

「リーダーシップの不足」については下記の点が指摘されている．

- 製造・販売を重視して開発部門にリーダーとなる人材が配置されない

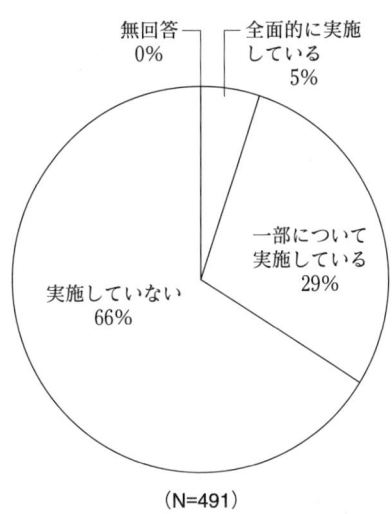

図1-6 研究開発投資のリスク・収益面でのポートフォリオ管理

［前掲］

・リーダーシップ，チームワークを有し，経営・教育できる技術者が不足
・研究開発リーダーの経営マインド，事業家マインドの不足

「研究者の視野狭窄」については下記が指摘されている．

・企業の命題である利益創出について真に理解している研究開発者は少ない
・技術面の「興味」に基づいてテーマを選定する傾向がある
・専門分野に偏りすぎて幅広いものの見方ができず，成果応用に向けての動きが少なく，結果的に社内プレゼンテーションが不足している

②運営面の問題

運営面の問題として，「研究開発投資のリスク・収益面でのポートフォリオ管理」「技術評価の実施」「技術ロードマップ作成」などに問題がありそう

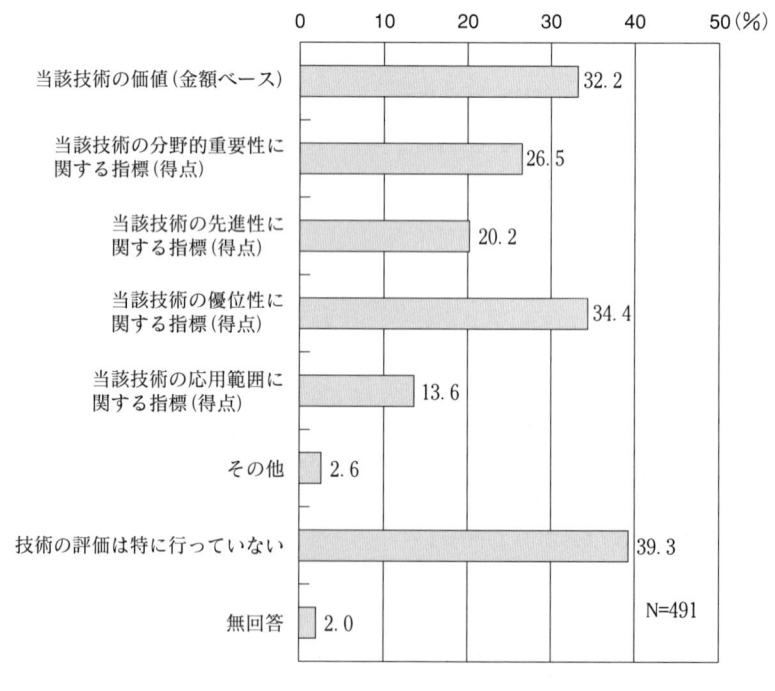

図1-7 技術評価の実施状況　　　　　　　　　[前掲]

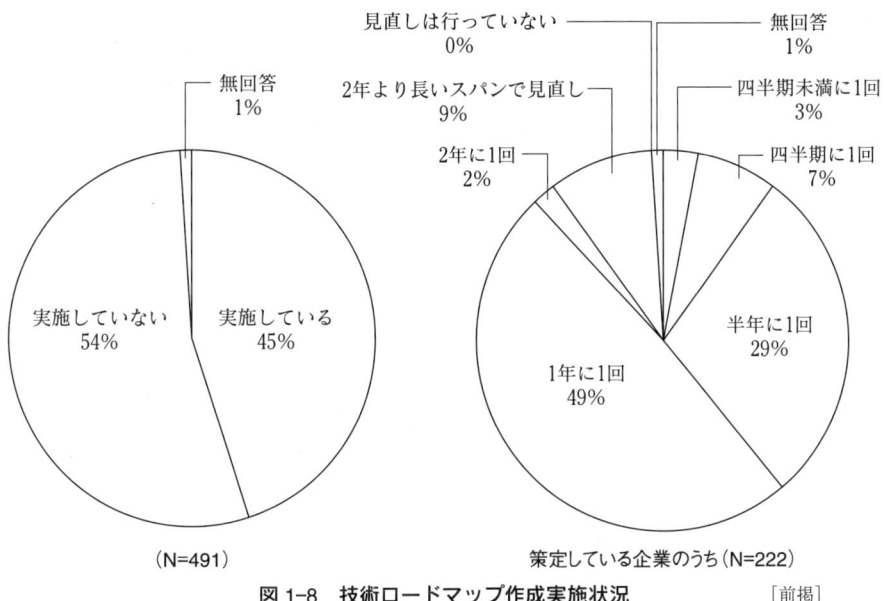

図1-8　技術ロードマップ作成実施状況　　　　　　　　［前掲］

である.「研究開発投資のポートフォリオ管理」は本来は,開発する技術の優先順位付けや,達成度の評価に不可欠なものであろう.しかし,これを完全な形で実施している企業は5%ときわめて少数である.「実施していない」企業は約7割にも上る(図1-6).

「技術評価の実施状況」は,約6割の企業が何らかの評価を実施している半面,約4割の企業が「特に評価は実施していない」と回答している(図1-7).これは,研究開発内容の成果の評価,研究開発者の業績評価,研究開発戦略の再構築などの基礎となるものであり,製造業の技術戦略にとって不可欠のものである.それにもかかわらず,製造業の約4割が未実施であることは問題である.

「技術ロードマップ作成」を「実施している」企業は45%を占めるものの,その見直し頻度は低く,「一年に一回」が49%,これも含め「一年に一回未満」の企業が60%と大半である.さらに,「実施していない」企業は54%と過半数であることも考えると,日本企業における「技術ロードマップ策定」

状況は不十分なものと言わざるを得ない（図1-8）．

(3) 知識連鎖の問題

研究成果が製品化につながらない第三の要因は知識連鎖の問題，具体的には「部門間や組織間の連携問題」である．多様な研究開発の成果，技術開発の成果の中から製品を生み出していくためには社内組織間の連携，知識連鎖が不可欠である．これらをアンケート結果に基づき分析してみよう（図1-9）．

社内各部門との間の連携については回答者から下記のような点が指摘されている．部門間の壁，情報の共有化が進んでいない状況を指摘する声は多い．

- 顧客ニーズ把握のための営業部門と研究部門の情報共有及び連携が充分でない．システム化が不充分
- 事業部門・製造部門の戦略の共有化が課題
- 部門間，特にR&D部門と営業部門との連携不足が問題
- 研究開発とマーケティング（市場ニーズの把握）が密接に連携していない
- 研究，販売，事業部の連携不足により，新製品の効果的な市場投入ができていない

また，本来連携が良くなくてはならない「研究と開発・設計」「研究と生産」の連携は現時点で確立されているわけではない．まず「研究と開発・設計」の連携，知識連鎖の必要性については「かなり必要」（58%），「やや必要」（30%）という回答がほとんどを占めている．しかしその実現状況を見ると，「知識連鎖を作り上げている」という回答は22%に留まり，「作り上げつつある」（50%）という回答が最も多い．「作り上げようとしていない」（21%），「作るつもりはない」（1%）との回答も比較的多い点が気になる．

次に「研究と生産」の連携，知識連鎖の必要性については「かなり必要」（35%），「やや必要」（40%）という回答が合わせて75%に達している（図1-10）．これは「研究」との間の必要性ほどではないが，強く「必要性」が認識されている．しかしその実現状況を見ると，「知識連鎖を作り上げている」という回答は11%に留まり，「作り上げつつある」（42%）という回答が最も多い．「作り上げようとしていない」（37%），「作るつもりはない」（2%）との回答も多い．

第 1 章 産業再生とデスバレー現象

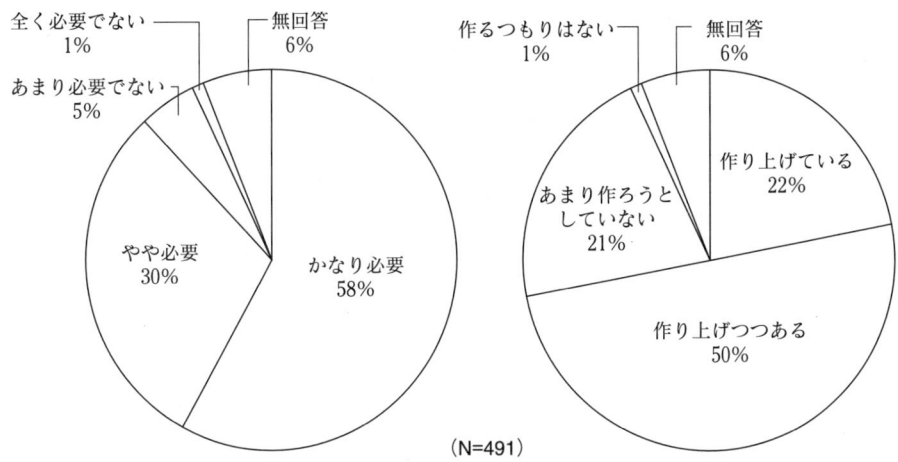

図 1-9 研究と開発・設計の連携，知識連鎖の必要性と実現状況　　[前掲]

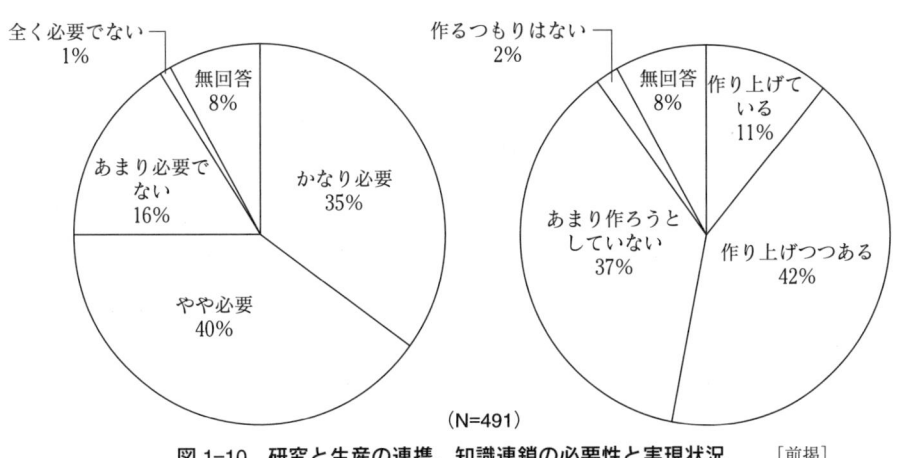

図 1-10 研究と生産の連携，知識連鎖の必要性と実現状況　　[前掲]

§4 デスバレーに陥らない企業の特徴

4.1 真のデスバレー・フリー企業

研究開発の成果が必ずしも製品化されていない事実をデスバレー現象と呼

んだ．そしてこの現象の背景に何が存在しているのかを，日本企業の実態に即して分析してきた（図1-3）．研究開発成果が製品化できていない企業，デスバレー企業は全体の77％に上る．その意味で日本企業のほとんどが，多かれ少なかれデスバレー現象を発生させている．しかし，逆に言えば，少数とは言え22％の企業はデスバレー・フリー企業である．ただしこのデスバレー・フリー企業であってもある程度「需要表現」ができている企業は極めて少なく，わずか4％弱を占めるに過ぎない．ここではデスバレー現象が起こっていない企業，デスバレー・フリー企業を対象に，その特徴を分析する*（図1-11）．

> * 回答企業491社より，図1-3と図1-5を用いてクロス分析したところによると，デスバレー企業は378社（19％），デスバレー・フリー企業は108社（22％），そのうち，「需要表現ができる」真のデスバレー・フリー企業は18社（4％），不明5社（1％）である．

4.2 需要表現における特徴

デスバレー・フリー企業では需要表現の組織浸透・すり合わせに明確な特

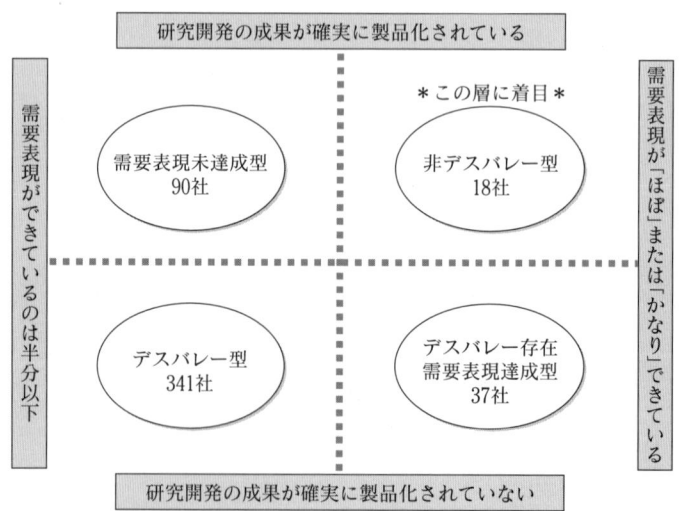

図1-11　需要表現の達成とデスバレーの存在に基づく製造業企業の類型化

［前掲］

徴が認められる．「需要表現の部門横断共有」「部門間のすり合わせにおいて柔軟」「共有化に向けたリーダーシップ」という項目で，デスバレー・フリー企業はデスバレー企業よりも際立った優位を示している（図1-12）．

需要表現を考える源泉は「マクロな社会経済変化を見据える」「顧客や他社動向に過剰に適応しない」などの特徴が見られる．また上で述べた組織浸透面では「トップやCTO，直轄組織がイニシアティブをとれる」「需要表現の内容を部門間で共有する」という特徴がある．また，部門間などのすり合わせを得意としており，「推進役による需要表現のすり合わせ」「従来思考にとらわれず柔軟に受容する」という特徴を有する．

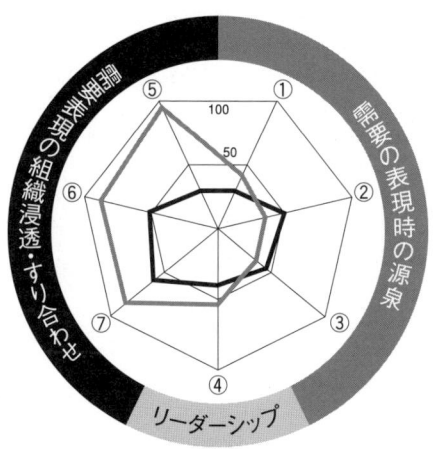

①マクロの社会経済動向
②顧客からのクレーム情報や相談情報
③他社の戦略や動向
④トップやCTO，直轄組織が需要表現を実施
⑤需要表現の部門横断共有
⑥部門間のすり合わせにおいて柔軟
⑦共有化に向けたリーダーシップがある

――― 非デスバレー型企業
――― デスバレー型企業

「需要の表現時の源泉」
　①〜③の各項についてそれぞれの情報を参照すると回答した企業の％
「リーダーシップ」
　④は需要表現の実施主体が「トップ」，「CTO」，「トップ直轄のプロデューサ」である企業の合計％
「需要表現の組織浸透・すり合わせ」
　⑤は部門間で「ほとんど共有できている」と「だいたい共有できている」企業の合計％
　⑥は，共有化の課題として「すり合わせにおいて従来の延長線上の思考へのとらわれ」を指摘する企業の％を100％から引いた値
　⑦は，共有化の課題として「リーダーシップの不足」を指摘する企業の％を100％から引いた値

図1-12　デスバレー型，非デスバレー型の企業の特徴（需要表現）［前掲］

4.3 技術経営における特徴

デスバレー・フリー企業は，技術経営者，技術経営戦略，PDCA サイクル，R&D の多様性・技術融合のいずれのカテゴリーにおいても圧倒的な優位性を見せている．さらにブレークダウンしてみるならば，技術経営者の面では「全体最適化に向けたトップダウン型技術経営」，技術経営戦略面では「開発案件の投資ポートフォリオ管理の実施」という点で圧倒的な優位を持っている（図 1-13）．

①専任のCTOがいる
②全体最適化に向けたトップダウン型技術経営
③技術を活用したビジネスモデルの策定
④開発案件の投資ポートフォリオ管理の実施
⑤技術ロードマップの策定＆頻繁な見直し
　（半年に1回以内）
⑥最新の技術傾向の常時ウォッチ
⑦ベンチャー企業との共同研究

―非デスバレー型企業
―デスバレー型企業

「技術経営者」
　①については，「専任の CTO がいる」と回答した企業の%
　②については，「全体最適化のためのトップダウン型の技術経営」を「すべてにわたって実施」と回答した企業の%
「技術経営戦略」
　③は技術経営の内容として，「技術を活用したビジネスモデルの考案」を挙げた企業の%
　④は「研究開発案件の投資ポートフォリオ管理」を「全面的に実施」＋「一部実施」の企業の合計%
「PDCA サイクル」
　⑤は「技術ロードマップを策定」し，かつその見直しを「半年以内」の頻度で行っている企業の%
　⑥は最新の技術動向について「常時ウォッチ」している企業の%
「R&D の多様性・技術融合」
　⑦は技術リソースの所在に関する情報共有を実施している企業の%
　⑧はベンチャー企業との共同研究を実施している企業の%

図 1-13　デスバレーに陥っていない企業の特徴（技術経営について）　［前掲］

4.4 知識連鎖における特徴

デスバレー・フリー企業の場合，社内の知識連鎖が圧倒的に良いのが特徴である．「研究と開発・設計」「研究と生産」「開発と生産」のどの機能間においても圧倒的な優位を築いている．社外においても「協力企業」「研究機関・大学」「顧客」との間の知識連鎖が圧倒的に高い（図1-14）．社内の研究者や技術者など関係するスタッフの間で，相互にアイデアや見解を交換し合いながら，新しい知識を作り出していけるような関係性が構築されている．

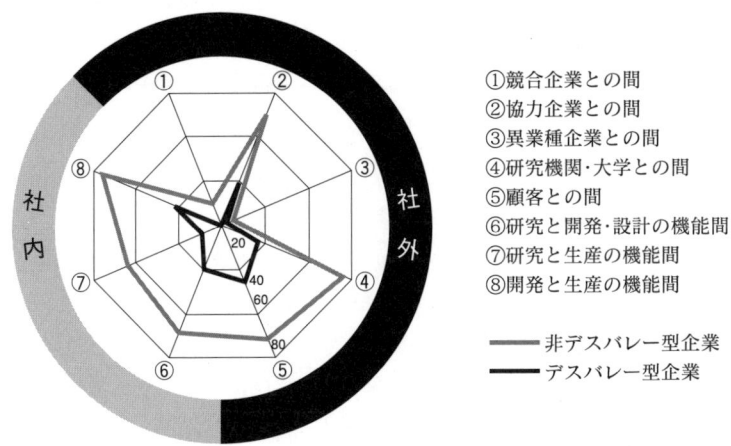

図 1-14 デスバレーに陥っていない特徴（知識連鎖について）［前掲］

§5 日本企業としての戦略的方向性

5.1 経営問題・組織問題としての日本型デスバレー現象

これまで見てきたように，日本型デスバレー現象の主要な要因は，「需要表現不足」「技術経営力不足」「知識連鎖不足」と見ることができる．これら

のほとんどは企業内部組織問題，経営問題そのものを示したものである．確かに1980年代のアメリカで議論されたデスバレー現象と表面は同じである．しかし，アメリカが「開発段階，事業投資段階への資金不足」が要因であったのに対して，日本は「技術開発の市場，事業への方向付け」，そのための「技術部門に対する経営戦略とその実行のリーダーシップ」や「社内部門間の情報流通，共有問題」が要因である．つまり，経営，組織，戦略に問題があるということであり，この点の違いに注意が必要である．

　なぜ，日本の企業内ではこのような問題を内包するようになったのであろうか．この構造的な分析はまた別の機会に論じたい．ここでは，グローバル化と情報技術革命の進行の中で，従来の日本の得意なモデルだけでは成功できるチャンスが狭まった点，さらには日本自身がトップランナーとして次々に製品・サービスにおける新しいモデルを提案しなければならない局面に到達している点を認識するにとどめておきたい．

　このような環境変化の中で，多様かつ高度な技術要素の蓄積を埋没させるのでなく，それらを新たなビジネスモデルに組み上げていく能力が，日本企業には問われているのである．その基本要素が「需要表現」「技術経営」「知識連鎖」という能力である．これらを新たな時代環境の下で再構築することが求められている．この三つの基本要素をいかに有機的に組み上げ，巨大化，複雑化，高度化した技術開発資源を製品・サービス，事業に織り上げていけるかが問われている．その能力の不足による失敗の姿が，日本型デスバレー現象なのである．

5.2　解決の戦略的方向性

　日本型デスバレー現象から脱却，あるいはそれを回避するためには，上述の三つの能力要素を個々に構築することが不可欠である．既にデスバレー・フリー企業の特性のところで述べたように，下記の点をそれぞれ進めることが必要条件である．

　「需要表現」については次のような対応が必要である．すなわち，「虚心にマクロな社会経済変化を見据え，顧客や他社の表面的な動きに惑わされず」

（情報源），「トップ（あるいはCTO），その直轄組織が強いイニシアティブを持ち，需要表現内容を部門間で共有」（リーダーシップと組織浸透）させ，「従来思考にとらわれず柔軟に部門間の内容をすり合わせる」（すり合わせ），という対応である．

「技術経営」については次のような対応が必要である．すなわち，「ビジネスも技術も両方がわかる専任のCTOによるトップダウン型マネジメント」（技術経営者）により，「技術を活用したビジネスモデル策定と開発案件の投資ポートフォリオ管理を実施」（技術経営戦略），「技術ロードマップを頻繁に見直し，最新の技術動向を常時ウォッチして技術情報を共有」（PDCAサイクル）し，「多様な社外プレーヤーと連携すると同時に一定時間の自由研究を許容」（多様性の確保）するという対応である．

「知識連鎖」については，販売，生産，開発・設計，研究という社内各機能，部門間を知識が流通する風土と仕組みの形成である．ひとつの考え方として，すべての部門が顧客の声に直面できる環境の下で業務を遂行する仕組みの構築である．企業内の共通言語は「顧客の声」である．これを軸にした知識連鎖を構築することが重要である．

これらの三要素を個々に構築することに加え，これらを有機的に結合することが必要である．私たちはこれを「トライアングルを有機結合する」「つなぎプラットフォーム」と呼んでいる．三つを束ねる仕組みの構築である．これは一人の人物によることも，組織により実現することもあるだろうが，下記の役割と機能を果たすものでなければならない．すなわち第一に「シナリオライター」として研究，開発，生産，営業など社内各部門担当者の知識と思い入れを製品・サービスへと結実するシナリオにまとめられる機能，第二に「束ね役」として関連の製品・サービスを統括する機能，第三に「通訳」として技術の言葉，市場の言葉を社内の皆が理解できるよう伝達できるゲートキーパーとなる機能，の三つを兼ね備える人（組織）である．

この「つなぎプラットフォーム」は，CTOなどのトップが兼ねることもあるし，それを補佐する人物としてそれらの役割を果たす場合もある．特定の人物でも良いし，複数の人間あるいはそうした機能を果たす組織として編

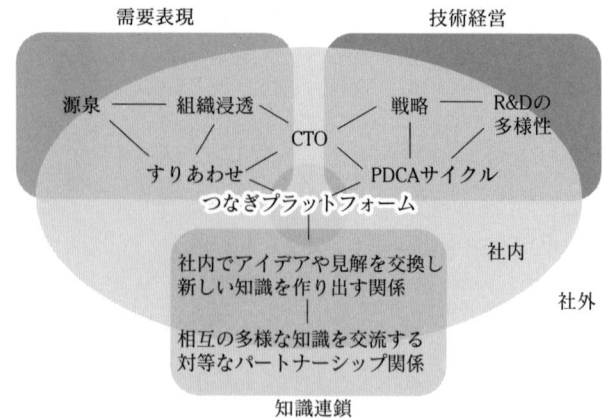

図 1-15　トライアングルの有機的結合
［三菱総合研究所］

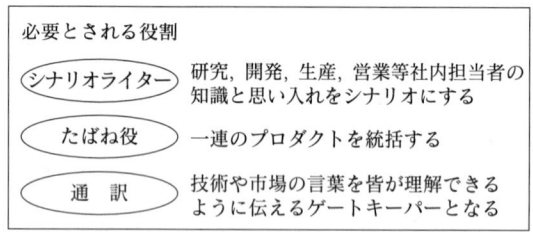

図 1-16　つなぎプラットフォームの役割
［三菱総合研究所］

成することもあるだろう．いずれにしても，日本企業の中でこの機能が不十分で，「需要表現」「技術経営」「知識連鎖」という能力に欠陥が生じ，その結果引き起こした日本型デスバレーからの脱却のためには重要な存在となることは間違いなかろう（図 1-15）．

　三つの能力・機能を高次に高めながら，これらを「つなぎプラットフォーム」として有機的に結合することこそ，グローバル化と情報技術革新により大きく変化する事業環境の中で，研究開発の資産をデスバレーに眠らせることなく革新的な製品や事業の創出力を向上させる道であると考える．

（井上隆一郎）

第2章　技術経営と戦略

§1　技術経営の意義

1.1　今なぜ技術経営か

　われわれは，多様な「知識」が価値の源泉となっている「知識社会」のなかで生きている．知識社会の到来は，必然的に知識が中心的な生産性要因となる「知識経済」への移行をともなった．技術は知識のなかの中核的要素であり，それゆえ知識社会，知識経済のなかで生きる企業にとって技術をいかに創造し，活用するかという「技術のマネジメント」が企業の発展にとってますます重要な要件となってきている．つまり，望まれる商品やサービスを顧客に提供する企業の能力のなかで，これまで中核的な要素であった土地・労働力・資本にかわり，今日では技術が中核的な要素となってきたのである．

　技術経営は，技術の創造と活用を通じて競争優位性の獲得を目指すものである．寺本・山本（2004）は，70〜80年代の現場オペレーション中心の日本型技術経営を「第1世代の技術経営」，90年代のプロダクト・イノベーション中心のいわゆる「MOT（Management of Technology）」と呼ばれている米国型技術経営を「第2世代の技術経営」と呼び区別している．その上で，我が国は第1世代から第2世代への技術経営の転換に失敗することによって競争優位性を失ったと説明している．

　このような状況の中で，我が国はどのような技術経営を行って競争優位性を取り戻していったらよいのか，ここに今技術経営を考えるポイントがある．

さらに，我が国の多くの企業の主要事業が成熟化現象に直面することによって，企業の成長，発展のためには脱成熟のイノベーションが求められ，これを実現するためにはこれまで我が国企業が得意としてきたプロセス志向のイノベーションからプロダクト・イノベーションへの転換が必要となってきている．このイノベーションの転換を行っていくためには，技術経営が鍵であり，新たな技術経営のあり方を追求していくことが不可欠となる．ここに，いま技術経営が求められている第2の理由が存在するのである．

技術経営が求められている第3の理由として，今日環境保全や多様な社会問題が顕在化してきており，従来の経営のやり方では対処不可能になってきていることがあげられる．これまでの成長を維持しながら，多様な社会問題を解決するためには従来の技術ベースの経営では不可能であり，新たな技術開発による製品・サービスの開発が要請されている．ここに，技術経営が求められている第3の理由が存在するのである．

以上のことから明らかなように，今日の企業の生存と発展は，ますます知識としての技術を有効にマネージすることに依存するようになってきており，新しい技術経営のあり方が問われているということができる．

1.2 技術とは

技術とは「物事を実行する能力ないし方法に関する知識」と定義できる（スティール，1989）．ここでいう「物事」とは，企業にとって何よりも「顧客のニーズを満たす」ということに他ならない．したがって，企業にとって技術とは，顧客のニーズや欲求を満たすことのできる能力や方法を意味する．このような意味での技術は，通常使われているものを作るための狭義の技術にとどまらない．とするならば，技術のマネジメントにおいては，ハードな技術のみならず，ソフトな技術も含めて，図2-1で示されているような企業のバリューチェーン（価値連鎖）に関わる全ての技術の創造，活用，蓄積が対象となる．具体的には，科学，基礎研究，応用研究から開発，製造，市場導入，物流，製品サービス，情報処理に関わる知識である．ただ，今日これらの全ての活動を一企業が担っていることはなく，このプロセスには多

第 2 章 技術経営と戦略

全般管理	情報システム技術 計画および予算策定技術 事務技術					
人事・労務管理			訓練技術 モチベーション調査 情報システム技術			
技術開発		製品技術 コンピュータ設計 (CAD) パイロット・プラント技術		ソフトウェア開発技法 情報システム技術		
調達活動			情報システム技術 通信システム技術 輸送システム技術			
	輸送技術 資材取扱技術 貯蔵保管技術 通信システム技術 検査技術 情報システム技術	基本加工技術 材料技術 工作機械技術 資材取扱技術 包装技術 保全技術 検査技術 設計施工技術 情報システム技術	輸送技術 資材取扱技術 包装技術 通信システム技術 情報システム技術	媒体技術 録画・録音技術 通信システム技術 情報システム技術	診断検査技術 通信システム技術 情報システム技術	マージン
	購買物流	製造	出荷物流	販売・マーケティング	サービス	

図 2-1　企業の価値連鎖に使用される代表的な技術

[Porter (1985), p. 210]

様な組織（企業を含む）が関わっているケースが多い．

1.3 技術経営とは

技術経営の要諦とは，技術の創造と活用を通じて価値を創造し，競争優位性の獲得を目指すところにあることはすでに述べた通りである．つまり，技術経営の意義とは，技術の創造・活用によって顧客が望む製品やサービスを提供し，企業の成長，発展をはかっていくことにある．つまり，技術をベースにして経営全体を考えるところに技術経営の本質があり，榊原 (2005) はイノベーションの収益化こそ技術経営を議論する最重要課題であると指摘する．

寺本・山本 (2004) は，技術経営の実現のためには「技術の関門」「市場の関門」「決断の関門」「ダーウィンの海」という 4 つの関門を克服していかなければならないと指摘する．「技術の関門」とは，技術課題の克服の問題，

「市場の関門」は経済性，政治・規制，市場や顧客，経営課題に関する問題の解決であり，「決断の関門」とは，事業評価に基づく事業化決定を意味し，最後の「ダーウィンの海」は市場における競争優位性の獲得の問題を示している．山之内（1992）は，技術経営を「技術がかかわる企業経営の創造的かつ戦略的なイノベーションのマネジメント」(p.27) と捉え，次の三点を重要な視点として提示する．

①企業全体の経営革新のための技術経営
②イノベーションにおけるダイナミックなプロセスとしての技術経営
③企業が保有する技術知識体系を新たな知識体系に変容させる行為，つまり知的体系の組み替えとしての技術経営

そして，技術経営の8つの領域を次のように示している．
①製品の革新
②事業革新
③技術革新
④市場革新
⑤技術人材の革新
⑥組織革新
⑦グローバル化の革新
⑧情報システムの革新

§2　経営戦略と技術戦略

2.1　経営戦略と技術

　技術をベースにして企業経営を考えるところに技術経営の役割がありとするならば，企業経営の全体的な枠組みを形づくる経営戦略との関係で技術を検討しておくことが重要となる．

　経営戦略を構成する要素としては，通常次の4つがあげられる．
　①ドメインの定義：事業領域を決定することであり，ドメインの定義によって我が社の事業が決定される．通常，機能・顧客・資源（能力）の

3つの次元によって定義される.
②資源展開：企業が長期的な存続や発展のためにヒト・モノ・カネなどの経営資源や情報的経営資源（伊丹，1984）をいかに蓄積したり，配分するかに関係する．近年，「中核能力」の重要性が指摘されている．
③競争優位性：ドメインの決定や資源展開を通じて，競合者に対して競争上の優位な地位を獲得することを意味している．事業戦略，競争戦略において中核となる戦略要素である．
④シナジー：ドメインの決定や資源展開から得られる相乗効果のことであり，1+1＝2ではなく，1+1が3にも4にもなる効果を意味している．

また，経営戦略は，レベルによって企業全体に関わる「企業戦略（corporate strategy）」，事業分野ごとの「事業戦略（business strategy）」（その中心となるのが競争戦略），生産，マーケティング，研究開発，人事などの各機能ごとに決定される「機能戦略（functional strategy）」に大別される．

経営戦略との関係で技術の役割を考えると，技術という経営資源を有効に展開することによってドメインの定義や再定義を行い，競争優位性を獲得することに技術経営の要諦がある．この際に意思決定のガイドラインとなるのが技術シナジーの考え方である．スティール（1989）は，経営戦略における技術の役割を競争における優位性を獲得することと，企業の生き残りを確保することと指摘しているが，正に同様の考え方である．このためには，資源ベースの戦略論の観点から述べると，いかに中核技術（core technology）を形成し，それを体系的に展開していくかに技術経営の有効性は大きく依存している．

2.2 経営戦略と技術戦略の関係

先述したように，経営資源としての技術の蓄積や活用のあり方によって企業の生存や発展，競争優位性が規定されているならば，技術戦略がどのように経営戦略と関係し，企業の成長や優位性に影響を及ぼしているかについて検討することが必要となる．経営戦略についてはすでに説明したので，ここでは技術戦略とは何かについて定義し，次のセクションで技術戦略を考える

ための次元について検討することにする．

　技術戦略とは，技術の選択，技術能力のレベル，技術開発の資金水準，新製品の技術導入時期，技術開発の組織などの相互に関連する諸決定の集合ないしはパターンと定義することができる（Burgelman and Rosenbloom 1989；藤末 2005）．つまり，技術戦略は，企業の技術的能力の開発や獲得，維持，展開，放棄のための資源の配分や仕組みに関する諸決定のパターンを意味しているのである．具体的には，技術戦略は「どのような技術を採用するか」「どのようなやり方で技術を開発するか」「どのようにして技術的リーダーを志向するか」「他の組織と連携するか，連携するならば，どのような組織とどのようなやり方で」「多様な技術的活動にいかに資源を配分するか」というような課題に答えることなのである．

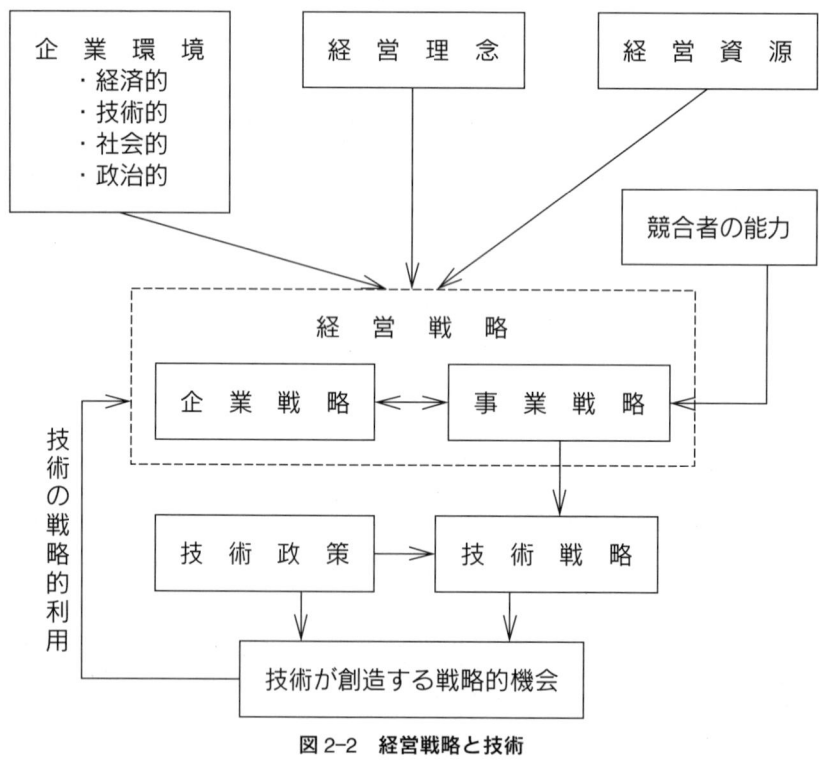

図 2-2　経営戦略と技術

そこで，経営戦略と技術戦略の関係を総合的に示したフレームワークを図2-2として提示することにする．

この図において，技術政策とは，企業の技術に関する基本的な指針を意味しており，企業の技術進歩に影響を与える技術の開発と利用に関する政策で，後述する技術戦略を導く前提を提供する．ここで注意すべきことは図における技術戦略とは，既存の経営戦略の枠組みの中で，それを実現するために形成されるものであるのに対して，「技術の戦略的利用」というのは，技術戦略にしたがって技術の蓄積・活用を行っていくプロセスにおいて予想もしなかったような技術的発見や技術的利用の機会が見いだされることがしばしば存在し，それを創発的に利用することによって既存の経営戦略に大きな影響を与えることを意味している．たとえばスリーエムのポストイットは，強力な接着剤を開発するという技術戦略の実行のプロセスにおいて，偶然に発見された新しい接着剤を戦略的に活用した結果，生み出された新事業である．したがって，ここでは既存の経営戦略の枠組みの中で策定される技術戦略のみならず，「技術の戦略的利用」を含めて広義の技術戦略として定義する．

2.3　技術戦略の次元

ここでは，技術戦略を理解するための全体的なフレームワークについて検討することにする．技術戦略とは，既に述べたように企業が競争優位性の獲得と存続・成長・発展のために行う技術の創造・獲得・維持に関する基本的意思決定の枠組みのことであるので，技術戦略を理解するためにはその全体像を捉えることができる一定のフレームワークを持つことが必要である．

技術戦略の全体像を理解するために，ここでは Friar and Horwitch（1986）が提示したフレームワークを図2-3に示すことにする．

このフレームワークでは，①内部か外部か，②協調か競争か，③伝統的R&D組織か企業家的単位か，という3つの次元から技術戦略を捉えようとしていることが理解できる．まず，内部か外部かという次元は，技術の創造・獲得を専ら内部（例えば研究開発）で行うのか，あるいは外部の源泉から獲得するのかに関する意思決定を示している．外部の源泉から獲得する場合，そ

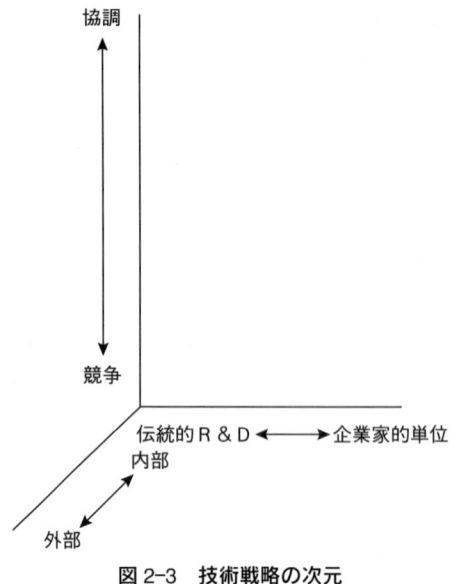

図2-3 技術戦略の次元
[Friar, J and M. Horwitch (1986) p. 58]

の相手は大学，研究所，ベンチャー企業など多様な主体があり，さらにその主体が国内なのか海外なのかによっても異なる．第二の次元として，競争ー**協調**という軸があり，技術開発を単独で行うのか，それとも他の多様な主体とコラボレートして行うのかに関する意思決定を示している．他の組織を活用した技術獲得の方法としては，大きく分けると戦略的連携と吸収合併（M&A）がある．なお，戦略的連携には，共同研究，ライセンス，研究委託，ジョイントベンチャーという多様なタイプのアライアンスが存在する．吸収合併は，戦略的連携とともに外部の資源をスピーディに獲得する有効な戦略である．戦略的連携も吸収合併も必ずしも技術資源のみに関わるものではないが，近年，これらの戦略が特に技術資源をめぐって展開されていることは，否定できない事実である．吸収合併は，戦略的連携と比較して資源全体を獲得することができ，コントロールしやすいが，大きな資金が必要で，合併する企業間で企業文化の対立が生じやすいというデメリットを持っている．第三の次元は，伝統的な研究開発組織ー企業家的組織，という技術戦略の組織的側面に関する意思決定を表している．スリーエムが採用している社内ベンチャーは，企業家的組織によって技術戦略の成果を上げている典型的な事例である．また，IBMがPCの開発において，伝統的な研究開発方式と企業家的組織の両方のやり方を同時に採用して並行開発競争を行ったことは有名で，資源が潤沢な巨大企業ならではの技術戦略ということができる．

企業は，上記の3つの次元に沿ってどのような方法で技術の創造や獲得を行うかによって，企業独自の技術戦略が形成されることになるのである．

§3　産業のライフサイクルと技術の進歩

3.1　産業のライフサイクル

産業にライフサイクルが存在するということはよく知られている．つまり，ある産業は，企業から多様な製品が試行錯誤的に提供されることによってスタートする．最初のうちは，どのような技術にベースをおいた製品が優位となるかは誰にもわからない．その結果，市場にはバラエティーに富んだ製品群が供給され，顧客との間で相互作用が展開される．これが，産業の創生期の特徴である．このような顧客との相互作用の結果として，ある特定の特徴を持った製品が市場を支配するようになる．最初のうちは，このような製品を提供できる企業数は限定されている．しかし，顧客によって価値を認識された特定の製品構成が有望視されるにつれて，産業を形成する力が大きく変化するようになる．いまや，製品の特徴には大きな差異はなくなり，一定の特徴を持った製品を多くの競合企業が競って市場に投入し，市場は高い成長を示すようになる（成長期）．それをすぎると市場の成長も鈍化することによって，企業間の競争が激化する成熟期となり，最後には需要が減退し，市場から撤退する企業も顕在化して衰退期を迎えるというように，ある産業は一定のサイクルに従って推移していくという仮説である．

産業が上記のように推移していくとするならば，産業が基礎をおいている技術の役割も変わっていかざるを得ない．つまり，どのような技術がカギとなるかは，産業のライフサイクルの進化とともに変化していくのである．

3.2　技術進歩のプロセス：技術の成長と発展

産業が，上記のようなライフサイクルにしたがって変化していくとするならば，産業が基礎をおいている技術もそれとともに進化していると考えるのが妥当であろう．

技術の進歩のプロセスも，通常，産業のライフサイクルと同じように「S字型カーブ」で表現される（Foster, 1986）．つまり，技術の成果と技術開発への累積投入量（通常，時間で表される）の関係は，当初は投資をしてもそれに見合った技術の成果が得られず，技術の進歩のスピードが極めてゆっくりとした段階から始まり，その後は急激に技術的成果が上がるようになるが，やがて技術が成熟するとともに投資をしても技術進歩がほとんど得られなくなるような段階に到達するということを表している．

それでは，技術はなぜこのようなプロセスをとって進歩していくのであろうか．その理由としては，学習と技術自体の自然的限界が考えられる．初期の学習は，試行錯誤的学習の結果であり，どのような技術が有望であるかを見極めるための学習であるので，技術開発の投入量に比較して技術進歩のスピードは遅くならざるを得ない．それに比較して，急激に技術の成果が上がるようになる技術の成長期は，累積的学習によるものといえる．つまり，この時期は有望な技術選択がなされたあとの技術領域の範囲内での学習であるので，学習が累積的に蓄積される結果として技術進歩が大幅にスピードアップされるのである．その後の技術進歩スピードの鈍化は，技術そのものが持つ性能の限界に近づいた結果ということができる．

ある特定の技術が，上述のようなプロセスを進み，技術進歩が一定の限界を持つとするならば，さらなる技術の発展はどのようにして生じるのであろうか．この現象を説明するのが，不連続な技術発展のプロセスである．つまり，技術の代替現象である．図2-4で示しているように，技術進歩の全体のプロセスは，一

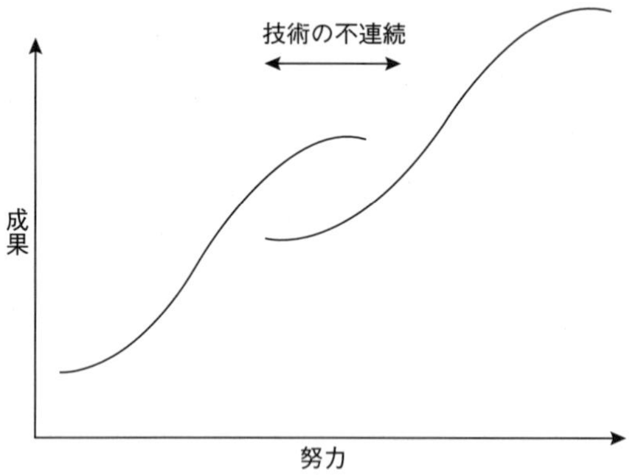

図2-4　不連続のイノベーション
［フォスター（1987）pp. 96］

定の技術の成長と新技術による交代（技術の不連続な発展）からなっているということである．たとえば，帆船から蒸気船，プロペラ機からジェット機，真空管からトランジスターへの転換はこのような不連続の技術進歩の好例である．

　新しい技術は，まず既存の技術より低いパフォーマンスの技術として登場し，しばらくは新技術にとって旧技術は克服すべき，動く標的として機能する．しかし，新技術の技術進歩のスピードは旧技術の進歩スピードを凌駕し，やがて新技術の性能が旧技術を上回り，取って代わることになるのである．この旧技術から新技術への交代のプロセスは，連続的というよりは不連続のプロセスであり，技術の発展を特徴づけている．つまり，技術進歩の全体のプロセスは，技術の創造，成長，成熟，新技術の創造，成長，旧技術から新技術への交代（発展）として特徴づけることができるのである．技術進歩のプロセスとは，正に一連のイノベーションのプロセスということができる．

　不連続なイノベーションとして近年注目を集めているのが，クリステンセン（C. Christensen）のいう「破壊的イノベーション」である．彼は，持続的技術に基礎をおく「持続的イノベーション」と破壊的技術による「破壊的イノベーション」を区別している．ここで，持続的技術というのは既存の製品パフォーマンスを向上させる技術であり，既存の技術体系軌道上にある技術である．これに対して，破壊的技術とは持続的技術の軌道から外れて，少なくとも短期的には，既存主要顧客の性能指標の観点からすると製品の性能を引き下げる効果を持つ技術である．このような破壊的技術による破壊的イノベーションには，既存の市場における価値ネットワークのローエンドで生じる「ローエンド型破壊」と，新市場を創造し，新しい価値ネットワークを生み出す「新市場型破壊」の2つの種類が存在する．ローエンド型破壊の例としては，鉄鋼のミニミル，ディスカウントストアがあり，他方，新市場型破壊のケースとしては，キヤノンによる卓上型コピーやパソコンがあげられる．クリステンセン（2003）は，現実の破壊的イノベーションはローエンド型と新市場型の混合であるケースが多いと指摘している．

　技術の進歩と産業の進化が上記のようなプロセスによって変化していくと

するならば，企業は成長と発展のためには，このような技術の進化のプロセスを踏まえた技術のマネジメント，つまり連続的イノベーションと不連続のイノベーションをマネジメントすることが必要となる．

§4　産業の進化とイノベーション・ダイナミクス

4.1　産業の成熟化とイノベーション

既に説明してきたように，産業も技術も進化していく．そのような進化のプロセスのなかで企業はどのような技術のマネジメントを行い，優位性の獲得と成長を導いていくのであろうか．ここに，技術のダイナミック・マネジメントの要諦がある．

産業の進化のプロセスとイノベーションの関係について詳細な検討を行ったのが，アバナシー（W. J. Abernathy）とアターバック（J. Utterback）である．彼らのモデル（しばしばAUモデルと呼ばれている）は，図2-5で示されているが，産業の成熟化のプロセスと生産性のジレンマの現象について説得的な説明を展開している．

彼らの主張によれば，産業の進化のプロセスを検討すると，技術革新の起こり方に一定のパターンがあるという．図2-5からも明らかなように，技術革新には，大別するとプロセス・イノベーションと製品イノベーションがあり，この2種類のイノベーションのあらわれ方と産業の発展の段階には一定の関係があることがわかる．

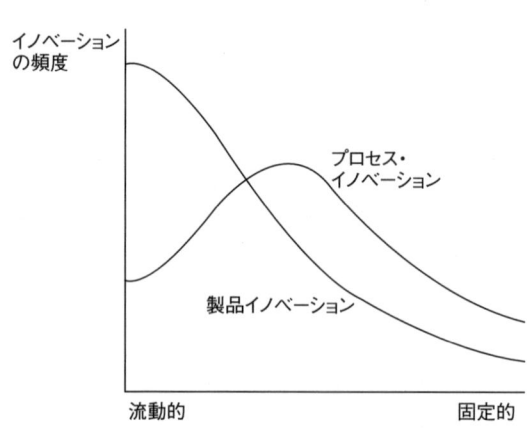

図2-5　産業の進化と技術革新のパターン
[W. J. Abernathy and J. M. Utterback（1978）p. 40]

産業の初期においては，技術が流動的で，市場のニーズも不明瞭な時期であり，製品のコンセプトが不明確であるので，多様な技術をベースにバラエティに富んだ製品が提案される．つまり，製品イノベーションが頻繁に生まれ，製品の性能をいかに顧客に訴求するかということが競争の焦点となる段階である．製品のコンセプトが不明瞭のため，製造工程は小規模で，柔軟性に富むものとなり，市場との試行錯誤的なプロセスが中心となる．

このようなプロセスのなかからやがて特定のコンセプトを持つ製品が有力となり，産業を支配するような製品設計が形成される．このような製品設計を「ドミナント・デザイン（dominant design）」と呼ぶ．つまり，ドミナント・デザインとは，産業を代表する標準的な製品設計を意味しており，ドミナント・デザインが決まることによって産業を形成する力が大きく変化することになる．これ以降は，この標準的な製品デザインを中心に企業と市場の相互作用が展開されるようになり，いかにこのような製品を効率よく生産するかということが競争の焦点となる．各企業間では効率的生産方法を確立するために，プロセス・イノベーションを繰り返し，その結果として大規模な生産システムが確立され，工程技術が固定化してくるようになるのである．このように，ドミナント・デザインの確立を契機とする産業発展の中期においては，プロセス・イノベーションが中心を占めるようになる．

産業の発展も成熟化をむかえると，製品も標準的になり，それを生産するプロセスも専用機械を使って，大規模化し，一定の生産体系が確立されることになり，生産性は急速に上昇していくが，製品とプロセスの固定化によってイノベーションが起こりにくくなるという現象が生まれてくる．これが，「生産性のジレンマ」といわれている現象である．

4.2 脱成熟化とイノベーション

いかなる産業にも成熟化現象があるとするならば，このような状況に直面して企業はどのように対処すればよいのであろうか．ここに，脱成熟の技術経営のポイントがある．

既に技術進歩のプロセスにおいて見てきたように，技術は連続的な変化の

みならず，不連続な発展を通じて進歩していく．成熟化のプロセスとは，技術と市場の関係がだんだんと硬直化していくことを意味しているのである．とするならば，脱成熟というのは，硬直した市場と技術の関係を解き放ち，新たな組み合わせに向けてリセットすることに他ならない．図2-6は，このような関係を全般的に示している．

　図において，構築的イノベーションから通常的イノベーションへの動きが成熟化のプロセスを表している．この図から明らかなように，主要事業が成熟に直面した企業の選択肢としては，ニッチ創造のイノベーションと革命的イノベーションが考えられる．ニッチ創造のイノベーションは，既存の技術体系を前提に，それを活用できる新しい市場を発見することによって成熟化状態に対応しようとするやり方である．たとえば，自動車業界のセダンタイプの車に対するスポーツタイプの車はこのような例である．

　これに対して，既存の技術・生産体系を前提にせず，新たな技術を創造することによって脱成熟を実現しようとするのが革命的イノベーションである．革命的イノベーションによって，既存のドミナント・デザインは基本的に変更され，新しいドミナント・デザインが創造されることになる．それとともに，既存の技術・生産体系は破壊され，新しい技術・生産体系の構築がなされるのである．つまり，硬直した既存の市場と技術の関係が崩壊し，革命的イノベーションによって新しい市場と技術の関係がスタートすることになるのである．たとえば，精密加工技術による機械式腕時計からクォーツ式の腕時計，アナログ式のカメラからデジタル方式のカメラ，LPレコードからCD，化学洗剤から微生物によるバイオ洗剤への変化などは，このような革命的イノ

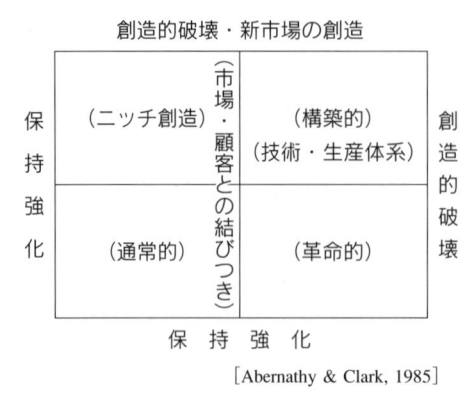

	創造的破壊・新市場の創造		
保持強化	（ニッチ創造）	（構築的） （技術・生産体系）	創造的破壊
	（通常的）	（革命的）	
	保　持　強　化		

[Abernathy & Clark, 1985]

図2-6　技術革新の四段階

（市場・顧客との結びつき）

34

ベーションによる脱成熟化の事例である．

これまでの説明から明らかなように，脱成熟によるイノベーションによって，ほとんどイノベーションが生起しない成熟化状況から，再びドミナント・デザインの再構築を伴う製品イノベーションが主流となる産業発展の新しいステージにスパイラル的に移行するのである．しかし，注意しなくてはいけないことは，以前のパターンとは異なり，脱成熟以降では，プロセス・イノベーションも製品イノベーションにあまり遅れることなく，より早い時期に生じ，それによって生産性の大きな低下を防ぐことができるということである（金井，1989）．

§5　競争優位性と中核技術

競争優位性獲得のための技術経営とは，事業戦略（競争戦略）を技術の創造・活用の観点からいかに支援していくかということに関わる議論である．競争優位性の源泉に関する議論については，大きく2つの考え方がある．一つは，市場での有効なポジショニングが競争優位の要因であるとする考え方で，代表的論者はポーター（M. E. Porter）である．もう一つの考え方は，企業の独自の資源や能力が競争優位性の源泉であるという見方で，ハメル（G. Hamel）とプラハラード（C. K. Prahalad）がその代表的論者として知られている．前者が戦略論におけるポジショニング理論と呼ばれているのに対して，後者は資源ベースの戦略論と呼ばれている考え方である．

いずれにしても，ポジショニングは競争優位性が何に起因しているかを明らかにし，独自資源や能力からいかに優位性が形成されるかを明らかにするのである．企業は，独自の資源や能力を蓄積し，それを有効に活用できる市場のポジションを発見することによって顧客からの高い評価を獲得し，高い市場占有率や利益率といった成果を上げることができるのである．

ここでは，このような競争優位性を形成するうえで最も重要と考えられる中核能力（core competence），特に中核技術を中心に議論することにしよう．ハメル＆プラハラード（1994）によると，中核能力は次のような3つの要件

を満たすことが必要であるとする．第1は，顧客価値を高いレベルで実現できる能力である．第2に，競合他社との明確な違いを訴求できる能力である．最後に，その能力を持つことで企業力を広げることができることが重要である．第1と2の要件は，競争優位性に関わるポイントであり，第3の要件は資源や能力の観点から，企業全体と事業との関係を検討する重要な論点を提供してくれる．

　ここで注意する必要があるのは，中核能力というのは単一の能力を意味しているわけではなく，複数のスキル，技術，組織要素が融合したものであるということである．さらに，「コア」であるためには単一の製品や事業のベースとなっているだけでなく，複数の製品や事業のプラットフォームとなっていることが重要なのである．このことは，上述した中核能力の第3の要件からも明らかである．つまり，中核能力の構築によって企業は，単に単一事業における競争優位性だけでなく，単一事業を超えて長期的な「企業優位性」を獲得できることを意味している．そして，このことの前提には，中核能力が「希少性」「模倣可能性」「代替不可能性」といった条件を満たすことが必要となる．

　さらに，ハメル＆プラハラード（1994）は，次の4つのレベルにおける競争を区別することが重要であると指摘している．第1に，既に述べた中核能力の構成要素であるスキルや技術を獲得する競争である．そのための方法としては，自社での技術開発のみならず，多様な企業や大学・研究機関との提携戦略を通じて行われる．第2のレベルの競争が，多様な技術やスキルを統合して中核能力を形成し，企業力を構築する競争である．第3は，コア製品レベルの競争である．コア製品は，中核能力と後述する最終製品・サービスの中間に位置している．例えば，シャープの液晶やキヤノンのレーザープリンターのエンジン部分は，このようなコア製品の典型的な事例である．最後に，よく知られているような最終製品・サービスにおける競争であり，戦略論における競争戦略や優位性の獲得は，ほとんどがこのレベルにおける競争を意味している．上述した4つのレベルの競争を識別することによって，一般にいわれているような最終製品・サービスレベルの競争では見過ごしてい

第2章 技術経営と戦略

	コスト・リーダーシップ戦略	差別化戦略	コスト集中戦略	差別化集中戦略
	技術政策の実例			
製品技術の変化	材料の使用量を減らしたり、工程を簡略化したり、物流要件を簡略化するなどの手段で、製品コストを切り下げる製品開発	切替コストの低減などを目的とした製品開発	狙いとする階層のニーズに合う品質水準に焦点を絞った製品開発	特定の階層のニーズに、幅広い階層を対象とする競争相手の製品よりも、よりよく適合する製品設計
製法技術の変化	材料の歩留りを上げたり、人件費を減らすなど、習熟効果に基づく製法改善 規模の経済性を高める製法開発	耐久性の向上、品質管理の向上、スケジュールの安定化、受注対応期間の短縮、その他買い手の価値を高める事項を支援する製法開発	狙いとする階層に奉仕する供給コストを下げるために、価値連鎖全体をその階層に合わせるための製法開発	買い手のメリットを高めるために、価値連鎖全体を特定の階層のニーズに合わせるための製法開発

図2-7 製品および製法技術と基本戦略　　　［Porter（1985），p. 223］

た重要な視座を得ることができるのである．

　最終製品・サービスにおける競争戦略に関して，最もよく知られているのがポーター（1980）の競争戦略論である．彼の理論によると，優位性獲得のポイントは大きく分けて低コストか差別化のいずれかである．技術の創造・蓄積・利用に関わる技術経営は，技術の変化を通じて既存のコスト構造や差別化に影響を与え，競争優位性の獲得に関わる事業戦略（競争戦略）に対して大きな役割を果たすことができるのである．ポーター（1985）のいう競争の基本戦略と製品技術，プロセス技術の関係を示しているのが図2-7である．

　この図から，競争戦略と技術戦略の整合的な関係を読みとることができるとともに，しばしば誤解されているプロセス技術は専らコストを，製品技術は差別化を強化するものであるという主張に対して，製品技術，プロセス技術のいずれも，コストにも差別化にも深く関連しているということが理解できる．

（参考文献）

Abernathy, W. J. and J. M. Utterback. 1978. "Patterns of Industrial Inovation", *Technology Review*, Vol. 80

Burgelman, R. A. and R. S. Rosenbloom. 1989. "Technology Strategy: An Evolutionary

Process Perspective", in (ed.), *Research on Technological Innovation, Management and Policy,* JAI Press, pp. 1-23

Christensen, C. M. 1977. *The Innovator's Dilemma: When New Technologies Cause Great Firms to Fail.* Harvard Business School Press (玉田俊平太監修, 伊豆原弓訳. 2001.『イノベーションのジレンマ：技術革新が巨大企業を滅ぼすとき』翔泳社)

Christensen, C. M. 2003. *The Innovator's Solution: Creating and Sustaining Growth,* Harvard Business School Press (玉田俊平太監修　櫻井祐子訳. 2003.『イノベーションへの解：利益ある成長に向けて』翔泳社)

Foster, R. 1986. *Innovation: The Attacker's Advantage,* Summit Books (大前研一訳. 1987.『イノベーション：限界突破の経営戦略』TBSブリタニカ)

Friar, J. and M. Horwitch. 1986. "The Emergence of Technology Strategy" in M. Horwitch (ed.). *Technology in the Modern Corporation.* Pergamon Press, pp. 50-58

藤末健三. 1999.『技術経営入門』生産性出版

―――. 2005.『技術経営論』生産性出版

Hamel, G. and C. K. Prahalad. 1994. *Competing for the Future,* Harvard Business School Press (一條和生訳. 1995.『コア・コンピタンス経営：大競争時代を勝ち抜く戦略』日本経済新聞社)

伊丹敬之. 1984.『新・経営戦略の論理』日本経済新聞社

金井一頼. 1989.「脱成熟の技術革新」日本経営学会『産業構造の転換と企業経営』千倉書房, pp. 151-156

Porter, M. E. 1980. *Competitive Strategy,* The Free Press (土岐坤他訳. 1982.『競争の戦略』ダイヤモンド社)

―――. 1985. *Competitive Advantage.* The Free Press (土岐坤他訳. 1985.『競争優位の戦略』ダイヤモンド社)

榊原清則. 2005.『イノベーションの収益化：技術経営の課題と分析』有斐閣

Steele, L. W. 1989. *Managing Technology: The Strategic View,* McGraw-Hill (山之内昭夫監訳　後藤正之訳. 1991.『技術マネジメント：総合的技術経営戦略の展開』日本能率協会マネジメントセンター)

寺本義也・山本尚利. 2004.『技術経営の挑戦』ちくま新書

Tidd, J., J. Bessant and K. Pavitt. 2001. *Managing Innovation: Integrating Technological, Market and Organizational Change,* 2ed. John Wiley and Sons (後藤晃・鈴木潤監訳. 2004.『イノベーションの経営学：技術・市場・組織の統合的マネジメント』NTT出版)

山之内昭夫. 1992.『新・技術経営論』日本経済新聞社

(金井　一頼)

第3章　産業再生と「技術者力」

§1　はじめに

　コンサルタントという職業柄，今まで数多くの企業の戦略策定に携わってきた．しかし，いつも思うことではあるが，動く戦略と動かない戦略との差は紙一重であり，そこには複雑なマネジメントシステムの優劣や人事システムの緻密度の違いでは説明できない根本的な要因がある．それは「勝ちパターン」を知った上での戦略であるか否かという点である．
　最近の日本の産業界，特に輸出型企業においては若干の上昇傾向が見られるが，それは中国の好景気や北米の安定景気という追い風にのっているからであり，企業としての本質的な変化に起因するものは少ないのが現実である．実際に，儲かるイメージを見出すことができず，儲かる技術開発や新製品開発のビジョンを描けないままに悶々としている企業は少なくない．自分たちが本音で儲かる気がするシナリオを持たずして事業を展開しても，少しでも壁にぶつかると迷いが生じて，ビジネスの現場では計画をいとも簡単に変更してしまう．本当に意味のある戦略，いわゆる「動く」戦略は，まずは頭を整理し，自社の勝ちパターンを充分に議論してはじめて作り出されるものである．従来の日本企業の特徴として，戦略あれども機能はせずという実態が挙げられるが，これは先に述べたとおり，儲けにつながる勝ちパターンを熟知せずに練り上げた戦略であるがゆえの当然の帰結である．逆に，勝ちパターンに従った儲かるシナリオを描くことさえできれば，あとはそれに連動した研究開発，技術開発，製品開発を進めていけばよいだけである．そしてそのようにして策定された戦略は，最終的には生き生きとした，活力のあ

る「動く」戦略となるのである．

　ものづくり国である日本にとって技術は必要不可欠な要素であり，儲かるシナリオに連動した研究開発は今後の事業の高収益化を生み出し，産業の活性化に大いに貢献するものである．そのためにも，技術者として，ものづくりに携わる人間として，あるいはメーカー（企業）として，あるべき姿，持つべき力を今一度整理する必要がある．

　流行・時流を追いかけるような開発に注力していては，自社の進むべき方向を見失い，やがては消耗戦の渦の中に巻き込まれていくことは必至である．そうならないためにも，本稿では日本のメーカーが世界に対して勝ち組となれる4つの儲けるパターンを説明し，またその各パターンに連動した技術者の戦略的行動モデルを紹介する．さらには日本のマネジメントスタイルの特徴と進むべき方向性を示しつつ，ゴールに向かって進むために必要な要素について解説する．

§2　戦略構築力（儲かるシナリオを描く）

　前章でも述べたが，儲かるシナリオを描くことはすべての始まりであり，最も重要なポイントである．儲かるシナリオを描くために，「顧客価値」という考え方を使って戦略を策定する．

2.1　顧客価値による分類

　米国の経営学者エーベルの著書『事業の定義』によれば，事業は，①C顧客（Customer），②T技術・ノウハウ（Technology），③F機能（Function）で定義される．F機能とは顧客からみた自社の価値であり，これは「顧客はなぜ他社ではなく当社の製品・サービスを買ってくれるのか，当社の製品・サービスの何に魅力を感じているのか」ということである．

　多くの企業では，Cは意識されており，顧客満足度，顧客ニーズの発掘などという言葉の浸透によりそのニーズ志向の徹底ぶりをうかがい知ることはできる．しかし競争の激しい現代は，狙った土俵でNo.1か，少なくとも

第3章 産業再生と「技術者力」

No.2にならなくては生き残れないといわれる時代である．これまでは客のニーズと自社の技術，つまりCとTを併せて提供する必要性にのみ注目しがちであったが，これからの勝因はF（顧客から見た価値）である．「顧客はなぜ他社ではなく当社の製品・サービスを買うのか」という一点に限るといえるだろう．

　そこでそのF（顧客から見た価値）について，技術・ノウハウを縦軸に，顧客のレベルを横軸にとって事業を分類した場合，6つのパターンに整理することができる（図3-1）．軸の取り方であるが，技術・ノウハウの軸は「他者並」の製品，「ひと味違う」製品，「ひと桁違う」製品の3つに分け，また顧客は「不特定多数」「個客」「価値観共有」のお客であるかどうかでやはり3つに分ける．最初の2つの「不特定多数（手離れよく売る）」と「個客（個別のお客に密着型で売る）」はいわばニーズ志向の客であり，前者は最大公約数のニーズ，後者は個別のニーズといえる．しかし最後の「価値観共有」客に関しては，これはニーズ対応ではなく，企業側の発信に応える顧客である．

	1 不特定多数 共通価値観への対応	2 個客 個別価値観への対応	3 価値観共有 特定価値観の提案
ひと桁違う 技術・ノウハウ　A	世界初 大塚製薬 浜松ホトニクス		こだわり
ひと味違う 技術・ノウハウ　B	匠 マブチモーター 3M インテル	ソリューション IBM (ビジネスソリューション) ローム キーエンス	スウォッチ アップル
他者並の 技術・ノウハウ　C	汎用品 DELL ユニクロ アスクル	ベストパートナー デンソー	

技術・ノウハウのレベル →

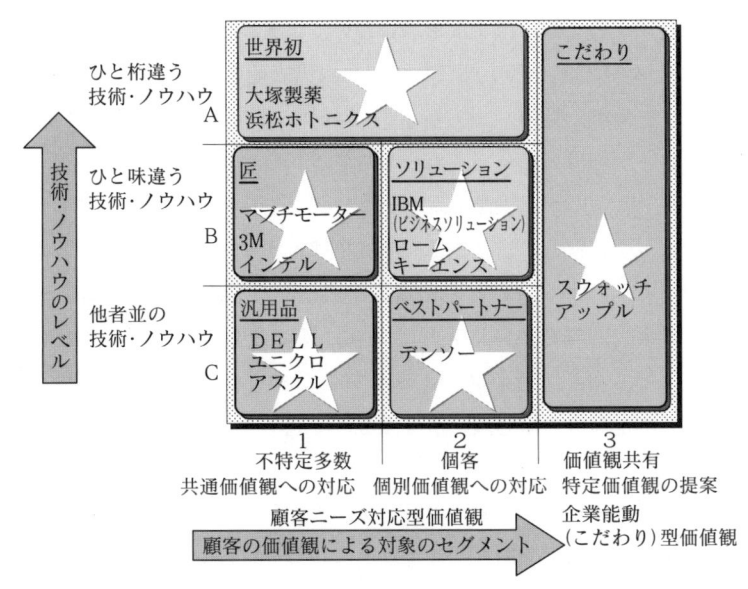

顧客ニーズ対応型価値観　　企業能動(こだわり)型価値観
顧客の価値観による対象のセグメント →

図3-1　6つの「顧客から見た価値」

ここで大切なのは，複雑に細かくそれぞれの軸を分けないことである．経営にとって大切なのは単純であることであり，複雑化してしまうと世界の素早い動きに対応できる機動力のある経営は望めない．世界中で儲かっている企業はこの6種類のFの上のいずれかにしっかりと軸足をおいているところなのである．

　この6種類のFに関する説明は以下の通りである．

①世界初型——ひと桁違う技術・ノウハウを持って，不特定多数または個客に対して，今までにない製品・サービスを提供する．大塚製薬や浜松ホトニクスのような企業が例として挙げられる．「世界初，市場初」の商品を常に狙い，「ひと桁違う技術」を使ってこれまでにない製品を開発し，じっくり時間をかけて市場を育てていく．5年10年の長期的スパンで時間をかけて開発した自社製品は普通名詞化するほどであり，その独特な個性を特徴としている．

②匠型——比較的小さなニッチ市場において，不特定多数の顧客に対し，他社とはひと味違う製品・サービスで勝負する．ある特定市場において，更にそのグローバルな市場においても業界標準を取ってトップの座につくパターンであり，このゾーンの代表的企業としては，精密小型モーター分野で世界シェアの60%を確保しているマブチモータや3M，インテルが挙げられる．これらの企業はグローバルのデファクト・トップ製品（実質上の業界規格製品）を擁する企業であり，ニッチ市場でトップシェアを獲得し，自社標準を業界標準とすることにより参入障壁を築いている．しかし時とともに市場が広がり価格競争に陥ることがあれば，事業売却等を視野に入れて早々に見切りをつけなくてはならないゾーンでもある．例えば3M社がかつて主力事業であったフロッピーディスク事業を，市場の広がりを受けて売却したことはその一例といえるであろう．

③ソリューション型——個客にひと味違う製品・サービスを提供する．問題解決がその基本であり，顧客以上に顧客を熟知しているということが求められる事業である．このパターンの好例としてはIBMのビジネス

ソリューション事業が挙げられる．IBMの事業領域はビジネスソリューションである．もちろん多くの企業がこの分野に特化しているが，IBMのように高収益を上げているとは言いがたい．その違いは，IBMは業界別に特化し，しっかり顧客業界に入り込み，まさに「顧客業界を顧客以上に熟知」している点が優勢の源であるといえる．

　また，このパターンにおいてもう一つのキーワードは「イージーオーダー化」である．パッケージ化したものをしっかりと作りこむことによって，無用の労力を省き，効率よく儲けることができるのである．ゼロから作りこんでいては疲弊するばかりである．またIBMの他にこのゾーンの好例としてキーエンスが挙げられる．同社はセンサーとその応用技術を核に，顧客に問題解決（ソリューション）を提供している．顧客は，自社の抱える悩みを解決してくれるという付加価値により，その製品を買うのである．

④汎用品型——不特定多数の顧客に対し，差別化されていない製品・サービスを提供する．参入企業も多く，厳しい価格競争が迫られるゾーンである．「安さ」，「利便性」，「安心」のいずれかを掲げた企業のみが生き残れるゾーンである．デルコンピュータ（DELL）やユニクロは「安さ」で勝負した．文具メーカーのアスクルは30人以下の中小企業にターゲットを絞り，基盤を固めた後，大企業に食い込み，新しいビジネスモデルを確立した．アスクルの顧客価値は徹底した「利便性」（明日来る）である．IBMはパソコン事業を中国企業に売却したが，IBMパソコンは「安心」を突出させていた．壊れない，フリーズしないなど，安定した操作を求めるビジネスユーザーに底堅い人気を有していた．中国企業はこのような「安心」にこだわるのか，あるいは「安さ」を武器にするのかは今後注目すべきポイントである．

　このゾーンでは安いか，便利か，安心かのどれかに突出していなければ生き残れない．中途半端な他社並の安さ・利便性・安心であればたちどころに吸収合併の波にのまれるだけである．例えばデルコンピュータのように，世界中の「ヒト」，「モノ」，「カネ」を使って「安さ」の点で

は右に出るものがいないほど徹底している企業がこのゾーンの勝者である．また，銀行業界で合併が進む理由も，銀行のビジネスがこのゾーンに入っているためである．利便性，安心などはその規模が勝負どころとなる．そのため生き残りをかけて大規模な合併や吸収が進んでいる．汎用品型のゾーンでは，中身が差別化されていない製品・サービスが，安いか，便利か，安心かという顧客価値をもとにして利益を汲み上げる仕組みをもつ企業だけしか生き残れない．あとはそれらの企業に吸収されるか，そうでなければ消えるかという選択肢しか残されていないという非常に厳しいゾーンなのである．

⑤ ベストパートナー型——製品・サービスの技術レベルは他社並みだが，ある特定の顧客に対して優先順位 No.1 を提供するパターンである．しかし競争の厳しい今日では，その親企業でさえグローバル競争社会における脅威にさらされているため，従来のような系列企業ではとても生き残ってはいけない．そのため，このパターンの企業であっても新たな軸足を探し出し，そこへシフトしていかなくてはならない．その一例としてトヨタのベストパートナーのデンソーが挙げられる．同社に占めるトヨタ本体から発注される仕事の依存度はすでに半分以下になっているものの，自社の能力をトヨタ以外の企業にも広くアピールしており，実際，着実にその成果を上げている．

⑥ こだわり型——企業の価値観を前面に出した製品・サービスを，それに共鳴する顧客に提供するビジネスである．戦後，日本は繁栄の道を歩み続け，世界で最も豊かな国の一つとなった．そうなると市場に氾濫する製品やサービスを選ぶ際に，機能や性能だけでは飽き足らず，自分の感性や好き嫌いで決めるようになってきた．タッチや感覚，音といった感性に訴えるものが決め手となるビジネスである．日本企業はこのゾーンはあまり得意ではなかったが，現在，ベンチャーをおこす企業の傾向もハイタッチ系，デザイン性の企業が増えていることをみれば，日本社会にも確実に変化が起こっているようだ．

最初に述べた5つのパターンがいわゆる合理的な判断をよりどころとする

「左脳型」ビジネスとよべる事業であるのに対して，このこだわり型のみ，感性や感情，好き嫌いに訴える「右脳型」ビジネスとよべる．この感性に訴えるビジネスは伝統的にヨーロッパ企業の得意とする分野である．スイスの時計メーカーであるスウォッチグループはその良い例である．かつて精密機械技術を武器に正確さで世界を制覇したいわば匠型企業の代表であったが，そこへクォーツ（水晶発振器）の技術革新がおこり，日本のセイコー，シチズンの台頭により匠の座から追われることになった．しかしスウォッチはその後，事業パターンの転進に成功し，見事に感性に訴える時計ビジネスで躍進を遂げたのである．デザインを武器にしたこだわり型のビジネスへ移行し，今では海外の空港や繁華街などにいくとよく見かける，カラフルでセンスの良いデザインのスウォッチショップの光景はまさに感性，デザインで勝負するビジネスへと見事に転換を果たし，成功を収めた証拠なのである．比較的低価格なスウォッチから，オメガのような高級ブランドまで含めて，製品ブランドに磨きをかけることにも余念がない．

クォーツで時計ビジネスに大成功をおさめたセイコーやシチズンは，今度は逆にICという新たな技術革新の波にさらされることになった．ICの技術を持ってカシオやアジアのメーカーが時計ビジネスに参入すると，こんどは低価格時計に追い討ちをかけられるという構図になり，セイコーやシチズンは，OAやFAなどの新たな事業分野へと，経営の重心を移している．

その他，こだわり型ビジネスの好例としてはアップルコンピュータがある．最近ではiPodが大きなビジネスに成長している．アップルはパソコンにしてもiPodにしてもデザインとワンマシン・インターフェイスにこだわりを持ち続けており，いわゆるアップルワールドのファンも多い．

2.2 日本製造業の4つの勝ちパターン

前節で詳しく述べた6つのFの勝ちパターンは世界共通である．日本はメーカーやものづくりが強いという特色があり，この6つのパターンの中の匠型ゾーンにおいてその能力を余すところなく発揮している．したがって日本製造業が世界に向って勝負を挑むとすれば，この部分は必要不可欠な要素

であろう．日本がデルのように汎用品だけで，あるいはIBMのようにビジネスソリューションだけで勝とうと思っても成功する可能性は極めて低い．それよりは日本の良さである匠の部分を絡めて強みを出すことを考えなくてはいけない．

　デルコンピュータ（汎用品ゾーン）の強さは，世界中の「人」，「モノ」，「カネ」を組み合せて安いものを提供できるというところにある．それに対抗するためには，日本独自のものづくりの強みを生かしてまず先行品開発を行い，そこで儲けてさらにその製品が汎用品に落ち込んだときにも利益を汲み上げる仕組みをつくりこんで対抗しなくてはならない．またIBM（ソリューションゾーン）には信頼のおけるしっかりとしたプロジェクトマネジメント力がある．そのIBMに対抗するには，その緻密なプロジェクトマネジメント力という利点をしのぐキーハード，キーソフトを持った，いわば日本型ソリューションビジネスの提供が求められている．さらに，日本が不得意とするこだわりゾーンに関しても，まずは地についた地味な開発からはじめて，そこに先端性をのせて日本型こだわりビジネスを提供していく．その他，日本の特色でもあるものづくりの強みを存分に生かせる匠のゾーンにおいても，スピーディーな開発を進めていくことによって，世界のデファクト・トップ製品となることを目指さなければならない．

　つまり日本の製造業が世界で勝ち残るためには，前述した4種類の方法し

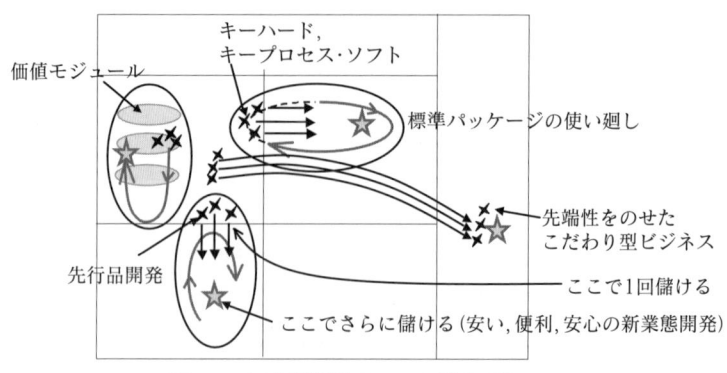

図3-2　日本製造業の4つの勝ちパターン

かないのだが，いずれの場合においても，ものづくりの根源に関わる匠の部分があってこそ成立するパターンであり，ここを決して疎かにしてはいけない．

§3　反射行動力（勝ちパターンごとの動き方を知る）

前節で述べた4つの日本製造業の勝ちパターンには，それぞれのパターンに対応した技術者の行動モデルがある．そのモデルに則った動きをすることで，昨今の熾烈な市場競争において求められる開発スピードの速さに対応できる．

3.1　技術者の行動モデル（1）

まず1つ目の行動モデルとして「匠」型事業における技術者の動き方を考える．このゾーンは日本が最も得意とする部分であり，実際に部品事業，デバイス事業等の分野においては世界をリードしている日本企業も多い．しかし一方では韓国，中国，台湾との競争も激化しており，今後生き残りをかけてどのような行動を取るべきかが常に問題となっている．このゾーンでの生き残りのキーワードは「デファクト・トップ」である．デファクト・トップの取れない開発を重ねていても，やがてそれらは汎用品型ゾーンに落ち込み，熾烈な価格争いの波に飲まれることとなる．そうならないためにも，実質上の業界標準製品といえるデファクト・トップ製品を目指した開発を行わなくてはならない．それには量とスピードの双方が求められる．まず第1段階としてユーザー業界 No.1 の企業への提案開発を行う．ここでは業界 No.1 か，少なくとも No.2 でなくてはならない．デファクト・トップを取るという目標から考えても当然の選択である．次にデファクト標準を狙った製品のコンセプトづくりや開発を重ねて，業界 No.1 企業に採用され，最終的にはグローバルデファクト・トップ製品となることを目標とする．ここで狙うのは世界シェア 60% 以上である．この開発は他社に先を越されてしまっては全く意味のないものとなるので，何よりも迅速な開発スピードが必須条件となる．そしてこのサイクルを迅速に次から次へとまわすことにより，この

ゾーンで成功できるのである．この行動モデルにおいて大切なことは，ニーズの探索と提案力，それに開発のスピードであり，技術者は常にそれらに対して感性を磨いておかなくてはならない．

3.2 技術者の行動モデル（2）

　次にソリューション型事業における技術者の動き方に関して，ここで重要な役割を果たすのは「キーハード，キーソフト」である．元来，ソリューションビジネスには緻密なプロジェクトマネジメント力が必要とされ，そしてその儲けの源泉はそのプロジェクトマネジメント力にあるが，しかし日本はこのプロジェクトマネジメント力の点では欧米に対して大きく遅れを取っているというのが現実である．そのような状態ではとてもこのゾーンでは生き残ってはいけない．そこで，緻密につくりこまれた欧米のプロジェクトマネジメントにはない，キーハードやキーソフトを核とした日本型ソリューション型ビジネスに活路を見出すわけである．それはいわば受注競争における切り札的な役割である．これがない状態でシステム構築やエンジニアリング事業等のソリューションビジネスに参入すれば，たちまち価格競争に陥ってしまうであろう．まずは核となるキーハード，キーソフトを開発し，更に顧客業界を顧客以上に熟知して，それらの開発を軸に上下左右，自由にシステムを拡大していく．ただし，その過程において標準ユニット化やパッケージ化によるイージーオーダー方式を心がけなくてはならない．フルオーダーメイドシステムや手作りのシステム提供ビジネスでは到底高収益を望むことはできない．基本的には個別対応が多い業界ではあるが，極力ハードやソフトは使い回して，プロセスを共通化することが儲けのポイントとなる．そして一度獲得した顧客から更なる受注を引き出して，安定したビジネスを行えるようにするのである．

3.3 技術者の行動モデル（3）

　汎用品型事業における行動パターンのポイントは先行開発である．このゾーンでは価格と規模の競争に終始し，実際に欧米企業の行動パターンを見

る限りでは，その強大なバックアップ体制をよりどころとしてこのゾーン内部で事業を回している．しかし，日本企業の動き方はそれとは大きく異なるものである．まずは匠のゾーンにおいて，次世代製品のニーズを掘り起こし，明確に差別化された付加価値のある製品の先行開発を行う．そしてその製品力で利益を上げるのであるが，こういった製品もいずれは他社の追随を許すところとなり，ライフサイクルとともに汎用品ゾーンに落ち込んでくるのである．しかし匠のゾーンから汎用品のゾーンへ落ち込むちょうどその瞬間に最大の利益を上げることができるのである．この瞬間はまだ熾烈な価格競争が始まる前の，ある程度の価格が維持されている状態であり，十分付加価値が取れるところにいる．そのうえ，市場は拡大の一途を辿っている時期にあり，そのボリュームは増え，絶好の儲けのタイミングを迎えているのである．このタイミングを見極め，ここで高収益を上げてそれを次の製品開発に投資するのである．そして日本企業が得意とする匠型製品の開発を進めながら，一方では「安さ」，「利便性」，「安心」のいずれかで突出できる仕組みを作っていかなくてはならない．

　この汎用品型事業において，いわば生命線のような役割を果たすものが新業態開発スピードである．次世代ニーズを知り，それを量産開発し，やがて汎用品として価格競争に陥る前にしっかりと儲けた後は，「安さ」，「利便性」，「安心」のいずれかに突出させ，新たな顧客との接点を求めて新業態をスピーディーに開発しなくてはならない．差別化されていない製品から利益を汲み上げる仕組みを持たなければ，日本企業が欧米の強大な競合他社に勝つことは難しいであろう．

3.4　技術者の行動モデル（4）

　こだわり型勝ちパターンの行動モデルの定石は，逆説的に聞こえるが「たくさん売れる商品は開発してはいけない」ということである．このゾーンのビジネスは伝統的にヨーロッパの企業が得意とするところであるが，日本にもそこへ踏み込めるだけのチャンスはある．それは汎用品型ビジネスにおいて，最初にまず匠型製品の開発が必要であったように，こだわり型でも匠型

で培った技術に先端技術をのせることにより可能になるのである．単にデザインや遊びだけで勝負していては，ヨーロッパの伝統に勝つことは難しい．日本ならではの匠の技術と感性の世界の融合が，日本製造業における一つの大きな可能性といえるだろう．

　それでは実際にこだわり型ビジネスにおける技術者の行動モデルであるが，まずはこだわり型であるゆえに当然その「こだわり」を設定するところから始まる．ここでは組織レベルでしっかりと意思を集約することが必要である．次に価値（感性技術）を体系化し，妥協しないルールを明確にしておかなくてはならない．このこだわり型のビジネスで最も避けなくてはいけないことは「妥協」である．最初に緻密な青写真をつくり上げ，役割分担を明確にし，全体をしっかり見据えて徹底したブランドマネジメントを行わなくてはならない．一瞬の「妥協」は命取りになるのである．このブランドマネジメント力が日本企業では不得意とされる部分であるが，とにかく一度しっかりしたブランドをつくりあげれば，あとはその継続に注力する．その際にこの項の冒頭でも述べたように「たくさん売れる商品は開発しない，シェア10%以上は狙わない」ということである．それでは企業としての規模の拡大が見込めなかったり，存続が危ぶまれたりしそうである．しかし個々の製品事業では確かに10%以上は狙わないとしても，そのようなこだわりをもったブランド製品を多数ラインナップすれば，そのような不安もなくなるのである．

3.5 現状の問題点

　しかし，日本企業の現状は非常に厳しい状況におかれている．新製品開発のスピードが生命線となる匠型ビジネスにおいても，そのスピードが遅い．またキーハード，キーソフトをもって取り組むべきソリューション型ビジネスであるのに，それらを持たずフルオーダーメイドのようなソリューションを提供している．更に，ブランドづくりがビジネスの基本であるはずのこだわり型ビジネスにおいて，そのブランドが作れずに試行錯誤ばかり重ねてはブランドづくりに失敗している．その他，かつては系列の安定を謳歌してき

たベストパートナー型ビジネスも系列の崩壊に伴い，自らの存在意義を失いつつある．これらの問題を抱えたビジネスすべてがいまや汎用品型のゾーンに落ち込み，竹槍型消耗戦とでもよぶべき，疲弊の一途をたどっているのである．このゾーンで生き残るには差別化されてない商品やサービスから利益を汲み上げる仕組みを持たなくてはならない．しかし実際にはそれらを持つことなく，熾烈な価格競争，サービス競争の消耗戦に巻き込まれているのである．

§4　擦り合せ力と組み合せ力（日本企業の本当の強みを生かす）

　日本企業と欧米企業のマネジメントスタイルを比較すると，日本の場合，多くは擦り合せ型であり，欧米は逆に組み合せ型が多くなっている．

4.1　擦り合せ型，組み合せ型マネジメントの相違点

　擦り合せ型と組み合せ型という言葉は，東京大学経済学部の藤本隆宏教授が自動車の設計から生産までのやり方の違いの研究の中で用いており，そこでは生産，設計の現場において，日本の自動車メーカーは擦り合せ型，欧米の自動車メーカーは組み合せ型と定義されている．生産，設計の現場で使用されている言葉であるが，実はこれらは企業のマネジメントスタイルにもあてはめることができる．日本では最初に確固たる青写真を持つことなく，まずは技術者たちが頭をつき合わせて議論を重ね，様々な意見を反映させてようやく一つの青写真を作成する．そのようなマネジメントスタイルは擦り合せ型である．イメージで説明するならば粘土細工である．試行錯誤を重ね，色々な形に作ってはなおし，最終的に一つの形を作り出すのが粘土細工である．また内部からイノベーションを生み出し，そしてその内部の資源を最大限に活用しながら，1つの青写真を創り上げていくスタイルともいえる．

　一方，それに対して組み合せ型に関して言うと，これは欧米の企業に多く見られるように，まず青写真ありきというスタイルである．しっかりした青

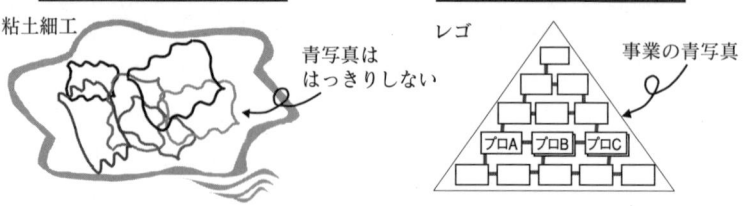

図3-3 擦り合せ型と組み合せ型

写真が先にあり，その青写真に基づいてプロや製造拠点，販売拠点を集めて組み合せるのである．イメージでたとえるならば，お城や乗り物などを組み立てて作るレゴ・ブロックのようなものである．またこのスタイルでは内部の経営資源にこだわらず，積極的に外部の経営資源を活用することも特徴である．たとえばデルコンピュータが世界中の「ヒト」，「モノ」，「カネ」を使ってビジネスを展開させているのをみれば一目瞭然である．

したがって，この根本的にマネジメントスタイルの異なる欧米の手法をそのまま日本企業に導入すると混乱を招くのは必至であり，日本企業の経営者はその点に充分に注意しなくてはならない．ただ盲目的に欧米の制度やシステムを導入しても，擦り合せ型の日本のマネジメントとの間に軋轢を生じかねない．

4.2 今後の方向性

日本は擦り合せ型，欧米は組み合せ型であるということは前述したとおりだが，それではそれぞれがその強みを発揮できるビジネスは何かというと，まず擦り合せ型が有利なビジネスは匠型やベストパートナー型である．ただしベストパートナー型はかつての系列であったり，ファミリー企業の傘下でその恩恵を受けてきた企業であったりしたが，現在ではほぼ消滅の方向に向かっている．一方組み合せ型のビジネスは，この2種類以外の分野でその強みを十分に発揮している．欧米企業は日本企業に比べると比較にならないほどの世界中の経営資源を組み合せる力を持っている．このような圧倒的な組み合せ力を持っている欧米企業に勝つためには，日本はどうすればよいの

か．それは知恵を生み出す擦り合せ型と規模を稼ぐ組み合せ型の二刀流で臨めば良いのである．まず日本企業はその特技といってもよい擦り合せ力を更に強くしなければならない．なぜなら個人主義の欧米ではコラボレーションという点で日本の擦り合せ型に遅れをとっており，すべてを組み合せで考える傾向が強いため，新たな創意工夫というものが生まれにくい．そこに擦り合せ力が立ち入るスキがあるからである．内部からイノベーションがおこる日本の研究所に対して，欧米の研究所は，例えばベンチャーや大学等の外部の力を借りてはじめてイノベーションがおこる場合が多い．つまり擦り合せマネジメントである日本企業の研究所はイノベーションを生み出す装置であり，欧米企業の研究所はイノベーションを増幅する装置であるという見方ができる．だからこそ日本企業はこの擦り合せ力の特徴を生かすことを怠ってはならない．

　しかし一方では，実際の企業規模を維持したり，拡大したりするには擦り合せ力だけでは不十分であるという現実がある．そこで組み合せ力を利用して儲ける仕組みを作らなくてはならない．この擦り合せ型と組み合せ型をうまく使い分ける二刀流が今後の日本の製造業が生き残るためにも必要である．

§5 「場」力（体を張ってコミットメントする）

　組織の方向付けや，新製品・新事業開発のためのコンセプト作りには必ず「場」が必要である．企業の中に多くの「場」を作り，それぞれの立場で革新と創造にむけての議論を戦わせることによって，強力な方向性をもった集団がうまれるのである．

5.1 戦略コンセプトづくりの「場」

　前節までの話において，日本企業が一体何をするべきかという筋書きは概ね紹介してきたが，しかし実際，企業の日々の業務では，利益の追求に奔走し，じっくりと事業コンセプトを考えている余裕やチャンスがなくなってきている．そこで，日本的発想であるが「場」の力を借りて自社が取るべき戦

略，実行すべき計画を練るのである．その一つの手法として，拙著『50時間で会社を変える！』でも紹介しているが，「50時間の場」の活用がある．これは社内の多忙なエース社員を10人程度集めて，いわば50時間，ひたすら仮説・検証を繰り返し，本当にメンバー自らが納得できる方向性をみつけていくやり方である．50時間といっても，連続して会議を行うわけではなく，1回あたりの会議は約4時間，次の会議まで2週間程度のインターバルをとり，通常3，4ヶ月かけて仮説・検証を繰り返してコンセプトをまとめる手法である．「50時間の場」のおおよその流れは以下の通りである（図3-4）．

① 開始〜10時間——まずメンバーに漠とした問題意識や主観的な思い入れを語ってもらい，事業展開の上で最も問題だと感じていることや，「こうすればもっと大きなチャンスがつかめるのに」という点を議論し，お互いに意見の共有化を図る．その後「顧客から見た価値」，つまり「お客様は，なぜ自社の製品やサービスを買ってくれるのか」という点に関して議論を重ねる．

② 10〜20時間——現在の「顧客から見た価値」を検証して，将来はどのような「顧客から見た価値」を実現していくのかについて討議する．

③ 20〜30時間——将来の「顧客から見た価値」についての議論を引き続き進めるが，大半はここで議論が行き詰まる．いうなれば座礁であるが，

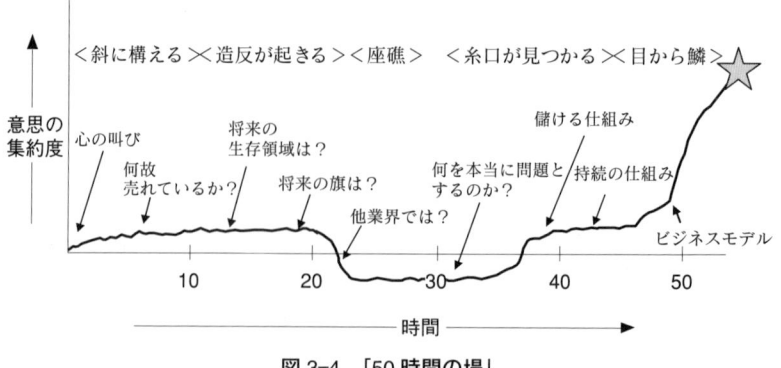

図3-4 「50時間の場」

ここが本当のスタートであり，打開に向けてメンバーの模索と主体的行動が始まるポイントでもある．どういう方向に進むべきか，顧客にどのような価値を提供できるのか，自分には何ができるのか，これまでの議論で出尽くした意見や考えをもとに，メンバー各自が自分なりの仮説を主体的につくり始めるのである．

④ 30〜40時間——糸口が見え始め，さまざまな仕組みが生まれ始める．
⑤ 40〜50時間——ここでようやくまとめに入る．この「50時間の場」において大切なことは，それまでは決して意見をまとめようとしてはいけないということである．なぜならそれは妥協を意味しており，意思の集約とはならないからである．

この「50時間の場」のプロセスでは，大体40時間前後で糸口をつかみはじめると，ある時期においてそれまで壁に突き当たっていた議論が，あるメンバーの発言や新しい視点の提示によって一気に動き出し，一つの合意が形成されることが多い．

一般的な企業では，経営戦略を立てる場合，ハードシステム型とよばれる分析的アプローチをとることが多い．まず外部環境や自社を取り巻く経済・社会情勢および技術動向の分析と予測を行い，内部環境分析として自社の経営分析を行い，業界一般的な最適解を導くというデータ分析型である．しかし「50時間の場」の進め方はソフトシステム型とよばれ，それとは正反対である．「50時間の場」では分析的アプローチも行わず，主観的な意見や考えを徹底的に話し合う．分析は後回しで，メンバーの漠とした問題意識や思い入れをぶつけ合い，蒸留してコンセプトをつくり上げていくが，討議の過程でそれらを集約することはしない．分析にかける時間とエネルギーを減らし，その分を意思の集約プロセスに回すのである．こうして生み出されたコンセプトは，エース級の社員が推進当事者としての意識と意欲を持って自らの意思を集約したものである．そこで導き出された解は業界の一般的な解とは異なり，彼ら自身の固有解であり，思い入れも前者とは比べ物にならないほど強いものである．

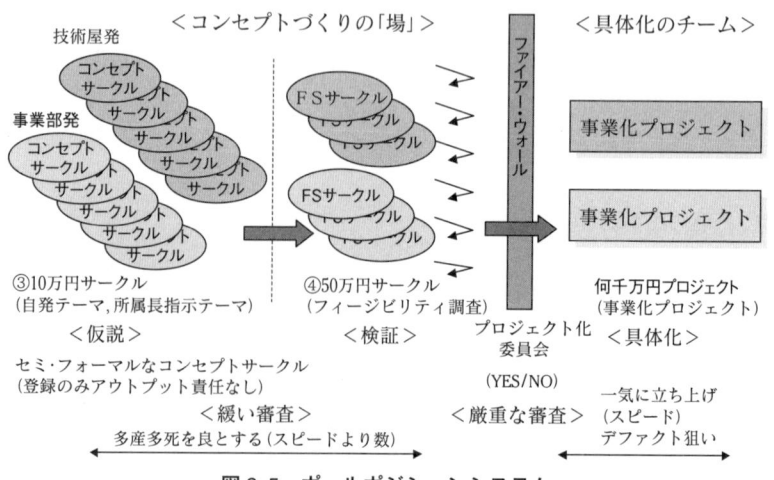

5.2 新製品開発における「場」力（ポールポジションシステム）

ポールポジションとは，F1レースの最終日，最前列，インコーナーの最も優勝の確率の高いポジションのことである．事業の革新，新事業の開発においてもポールポジションをとり，一気にトップシェアをとり勝たなければならない．つまり，新製品開発や新事業開発において，F1レース同様に予選を戦わせ，1位，2位を取れる企画だけ事業化するのである．予選の段階ではスピードよりも量が重視される．自発的なサークル活動から始め，個々人で仮説をたて，それを共有しながらコンセプトをつくり上げる．小遣い程度の僅かな予算をつけて数多くのコンセプトサークルを社内に立ち上げるのである．このようなコンセプトサークルの中からやがてある種の確信を抱いたサークルが生まれると，今度はそれを検証する段階に入る．その段階をFS（フィージビリティスタディー）サークルとよび，そこではある程度の予算をもらい，しっかりと検証を重ねる．その後，事業の立ち上げプロジェクト化に向けては大きな壁を越えなくてはならない．ここでの審査は厳重なものであり，1位，2位を取れる事業企画にだけ事業化予算をつけ，いわばトップギアで走らせるが，一方ではほとんどのコンセプトがここで差し戻しとなる．しかしその中でこの審査をパスしたものこそポールポジションに立つ素質の

図3-5　ポールポジションシステム

充分ある企画提案であり，あとは事業化にむけてひた走るだけである．

　さて，この最初の段階で発足するコンセプトサークルに関して，コンセプトを作るにはチームではなくサークルが最適である．サークルもチームも，またグループも小集団という意味では同じような集団に思えるが，実は内容は全く別である．グループはメンバーの所属や属性で分けた小集団であり，例えば「男性のグループ」，「大阪府出身のグループ」などがその例である．それに対してチームとは1つの共通の目的，目標のために集まったスペシャリスト，プロの集団である．例えば「野球のチーム」といえば，勝利という共通の目標に向かい一丸となって戦う集団のことである．ではサークルとは何か．それは問題意識や価値観を共有する人々の集団である．環境問題に関心のある人々の集団や昆虫の観察に興味のある人々の集団がそれである．したがって，コンセプトを生み出そうとするならば，それはチームやグループではできないことである．

　このようなコンセプトサークルを社内にいくつも立ち上げることは，非常に重要なことである．いかに順調に業績を伸ばしていたとしても，次に続く技術革新や新事業が生まれなければ，やがては衰退していく運命にある．連続的な事業の革新と創造を怠れば，たちまち企業は転落してしまうのである．したがって常に高収益であるためには，企業内に継続的に革新と創造を生み出す仕組みがなくてはならない．その仕組みがこのポールポジションシステムである．つまりポールポジションシステムとはトップシェアを取れる企画提案を量産することを目的としたシステムなのである．

§6　「塊」力（最強の塊をつくる）

　欧米のシステムは個人が強くなれば全体が強くなるという発想であり，個人をベースとしたシステムに基づいている．しかし，日本は個人を強くしても強くならず，むしろ不協和音が生じてうまくいかなくなる場合が多い．日本はやはり「塊」で向かっていくのが一番その強みを発揮できる手段なのである．その「塊」力は技術やヒトにもいかせるものである．

6.1 技術の「塊」力（価値モジュール）

今までの技術の見せ方といえば，精密加工技術や配合技術，素材に関する蘊蓄や半導体製造技術等，要素技術が大きな役割を演じてきた．しかし技術も今までのような，要素技術をならべてみせるやり方では限界である．そこで塊という考え方が必要になる．技術の「塊」（価値モジュール）という考え方である．これは顧客の目線から見てわかりやすい複合化された技術のくくりということである．これをもっている企業はこれから伸びていくであろう．従来の技術がいかに高度で素晴らしいものであっても，価値モジュールがなければ，いくらデファクト・トップを取ろうと思って業界 No.1 や No.2 の企業にアプローチしても，なかなか客先に提案できないのが現実である．

このように書くとまるで技術の「塊」（価値モジュール）と従来の技術が別のものであるかのように思えるが，これは決して別のものではない．むしろ中身は同じものであるのだが，それらを複合化させることと，その見せ方が違うだけである．つまり，従来からあったそれぞれの要素技術を，あるコンセプトのもとに複合化させたり，関連する技術を集めたりしてくくったものが技術の「塊」（価値モジュール）なのである．ともすると難解でわかりにくい要素技術を，顧客から見た価値でくくり，わかりやすく提示することなのである．

ここでいくつかその技術の「塊」（価値モジュール）の例を挙げてみる．ま

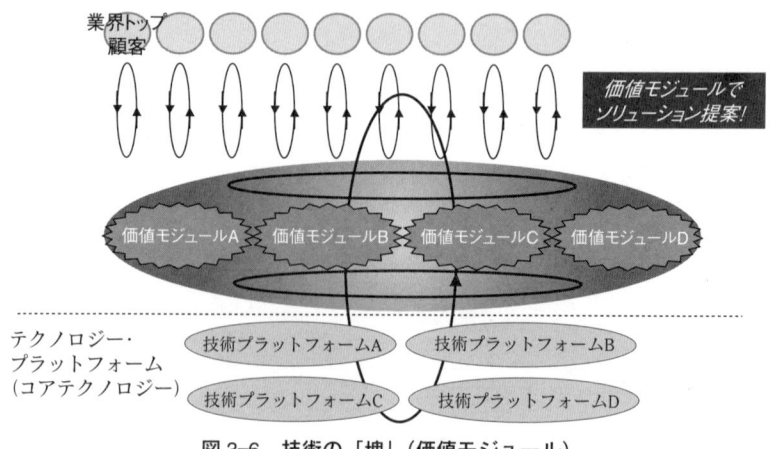

図 3-6 技術の「塊」（価値モジュール）

ずは3M社のバスの車体広告フィルムに関して，同社のフィルムは現在この分野においてトップシェアを握っているが，そのフィルムには様々なコアテクノロジーが存在する．接着技術，印刷技術等々，様々な技術が複合化された結果としてのバス車体用広告フィルムであるが，その価値モジュールともいうべき技術の塊を象徴する言葉が「きれいに剥がせる」というフレーズである．これこそ顧客目線からみたわかりやすい技術のくくり（技術の「塊」，価値モジュール）である．顧客の目線では，難解な要素技術の説明を何時間もかけて理解するよりも，端的にひとことで「何ができるのか」ということを提示してくれる方が非常にわかり易いのである．顧客から見た価値は当然，顧客サイドにたってはじめて理解できるのである．

次に，エプソンの「省電力」という価値モジュールもそうである．液晶や半導体など自社が製造する多くのデバイスに「省電力」という技術を施している．顧客は他社以上の「省電力」という価値を認めて買ってくれる．非常にシンプルでかつわかり易い言葉で説明された技術が大きなよりどころとなる．つまり，技術の複合化が進む今日においては，そのいくつもある難しい技術プラットフォームを技術の言葉でバラバラに説明するのではなく，それらを一つの技術の「塊」（価値モジュール）としてくくり，「一体何ができるか，また，顧客に対して何をしてあげられるものなのか」という点を簡潔に伝えられなければならない．技術の塊（価値モジュール）を，顧客から見た価値でわかりやすくやさしい言葉で表せるものがこれから先は大きく伸びていくだろう．

6.2 顧客価値をベースにしたヒトの「塊」力

日本的な強みとしてその威力を発揮する「塊」力は，技術に限ったことではない．これはヒトに対してもあてはまる．顧客から見た価値の6つのパターンをベースに組織を考える際に，選択する6つの種類によってそのヒトの「塊」の作り方は異なる．例えば，ソリューション型であれば顧客業界を顧客以上に熟知することがポイントである部分なので，当然ここは顧客業界別にヒトの塊を作らなくてはならないであろう．また匠型では，「きれいに

剥がせる」,「省電力」といった価値モジュールが大きな役割を担う部分であるから,その価値モジュールごとにヒトの塊ができるはずである.その他,汎用品型では「安い」か「利便性」か「安心」かという点をポイントに絞って考え,ベストパートナー型であれば,どの顧客に密着するかという点でヒトの「塊」を考えなくてはいけない.こだわり型ではブランド（こだわり,個性）を軸に「塊」を作り,世界初型であれば,その世界初の開発の核となるコアテクノロジー別に「塊」をつくればよいのである.

§7 まとめ

今後,儲かるビジネスのシナリオには顧客価値の最大化という要素は不可欠である.そのために必要なフォース（力）として①戦略構築力,②反射行動力,③擦り合せ力,組み合せ力,④「場」力,⑤「塊」力という5つのフォースを述べてきた.これら5つのフォースが連動してこそ,日本企業の更なる飛躍が期待できるところである.日本企業の経営者諸氏や開発の第一線で働いている技術者のみならず,あらゆる分野の人々にこのフォースを認識してもらい,閉塞から再生へ,さらには飛躍に向けて一つの指針となれば幸いである.

（参考文献）

エーベル.石井淳蔵訳.1984.『事業の定義―戦略計画策定の出発点』千倉書房
野中郁次郎,清沢達夫.1987.『3Mの挑戦―創造性を経営する』日本経済出版社
藤本隆宏,武石彰,青島矢一編.2001.『ビジネス・アーキテクチャ』有斐閣
藤本隆宏.2004.『日本もの造り哲学』日本経済新聞社
三菱総合研究所編.1991.『21世紀型社会への構図』ダイヤモンド社
水島温夫.1996.『人を動かす,組織を動かす―「場」発想の経営革命』ダイヤモンド社
水島温夫.2001.『50時間で会社を変える！』日本実業出版社
水島温夫.2004.『技術者力の高め方』PHP研究所
水島温夫.2005.『組織力の高め方』PHP研究所

（水島　温夫）

第4章　技術経営とプロジェクト・マネジメント

§1　はじめに

　プロジェクト・マネジメントの内容は何をさすのだろうか．一般的にプロジェクト・マネジメントは日常の経営用語として頻繁に利用され，管理者同士でもお互いに内容を共有しないで利用するきらいがある．ここでは，プロジェクト・マネジメントとは，「目標・使命を実現するためのプロセス・マネジメント」であると考え，「プロジェクトには，有期間性，課題特定性，資源有限性が条件として与えられている」と考えられる．このプロジェクトの具体的な例は，様々な企業での課題で明らかにされるが，一般的には，エンジニアリング産業や建設産業などで見られるところの個別特定的事業案件を対象にプロジェクトとしてとられる場合である．さらに，今日的なプロジェクトとしては，特定の使命と価値を実現するための複雑な経営問題を含めてプロジェクトとして理解する場合がある．前者のとらえかたは，第1世代のプロジェクト概念であり，後者のようなとらえ方は，第2世代あるいは第3世代のプロジェクト概念である．これについては，§4以下で検討することにしよう．
　さて，そのような多義的な意味が付与され，しかも日常の経営用語としても多面的に利用されているプロジェクトとそのためのマネジメントについては，新たな大きな意義が付与されていると思う．例えば，様々な企業の技術的課題をプロジェクトとしてとらえ，次のような課題を効率よく，しかも，効果的に解決するためのマネジメントが経営者などに要請されていると思われるからである．1つは，企業間を横断した課題をマネジメントすることで

経営上の成果を生み出す必要があること．2つめは，企業戦略を実現するための仕組みに，プロジェクト・マネジメントが必要であること．3つめは，社会的な意義をもつ案件を実現するために，複雑な問題を解決するのに，プロジェクト・マネジメントが必要であること．

様々な内容を含むプロジェクト・マネジメントについて，以下述べるように，経営管理会計との関係を意識して，プロジェクト・マネジメントの意義と役割を現代的な課題との関係で明らかにするのが，本章の目的である．

§2　経営管理会計の機能のとらえ方

プロジェクト・マネジメントとの関連で，経営管理会計の機能を検討することにしよう．経営管理会計はここでは，次のように定義することにしたい．経営管理会計の機能は，経営戦略とオペレーションとをつなぐ，リンケージ機能にある．このリンケージ機能とは，2つの側面を含んでいる．1つは，経営戦略が大きな経営上の目標を実現するためのコンセプトであるとすれば，それを，具体的なアクション（あるいは行動案）に変換するための翻訳機能を担当する手段・方法である．これは，経営戦略をブレークダウンすることであり，我々はそこには，プロジェクトという概念と価値指標という概念が重要であると考える．このうち，価値指標の策定・展開は，経営管理会計の活動である．これは，具体的な実行活動の結果あるいは，その過程を戦略プロセスにフィードバックするための評価活動である．実行活動（オペレーション）そのものを定義したうえで，様々な活動の体系を何らかの価値指標で表し，戦略からプロジェクト，プロジェクトからオペレーションに展開される実行方法の体系を価値表現し，実績あるいは成果からその後の戦略そのものをどう修正するのか，あるいは，その手段の固まりであるプロジェクトの修正・廃止，あるいは，プロジェクトからの成果として実現・実施されるオペレーションの課題を明らかにする過程である．

もっとも，過去の事例研究やケースから，プロジェクト・マネジメントとの関連で経営管理会計の意義を検討すると，様々なフェーズで両者は，関係

性をこれまでも持っていたと思われる．例えば，資本予算案（設備投資案）の評価・順位付けのための経営管理会計の事例研究（Bierman, Harold, Jr., and Seymour Smidt, 1984），さらにそれを実務の上でも洗練化させたものとして，PPBS（planning-programming-budgeting systems）として，全社計画を個別構造計画（programming）に展開するところで，経営管理会計とプロジェクトを関係させた試み（R. N. Anthony, 1965）などがある．最近の研究では，PPBSという枠組みは忘れられて，公式的な戦略的計画のなかで，プログラムやプロジェクトを予算編成につなぐ重要な計画方法として検討している（R. A. Anthony, and Vijay Govindarajan, Chapter 7, 2001）．最近の戦略論の1つの流れは，資源ベースのアプローチである（Andrews, K（1991），高橋邦丸（2004））, コア競争力理論を中核にして，どのような内容で組織間の協力や連携を構築するのが戦略的に優れたマネジメントなのかが検討されており（Farok J. Contractor, and Peter Lorange, 2002），プロジェクトマネジメントが問題にされている．

　本章では，一般的な意味で，戦略的計画をプロジェクトに落とすための経営管理会計の仕組み，それに，プロジェクトからオペレーションにつなぐ仕組の経営管理会計の2つにわけて，その機能を検討する．したがって，オペレーションの結果あるいは，実行過程から戦略策定へのフィードバック，あるいは戦略の見直し問題などについては，別途検討すべき課題であるが，ここでは紙幅の関係で詳しくは触れないことにする．

§3　プロジェクト・マネジメントとPBSC

　すでに考察したように，経営管理会計は，経営戦略（戦略的なコンセプト）とオペレーション（実行過程）をつなぐリンケージ機能にその意味がある．また，経営戦略はあくまで案であり，実行する上では，一連の手段やそれを体系的につなげる為のシナリオがなくてはならない．しかし，オペレーションは，ある業務や課題の経常的実施であるので，その前提には何らかの成果なり価値実現の評価の仕組みがなくてはならない．すなわち，代替案からなぜこのプロジェクトを選択したかが評価がされないといけない．そのような

オペレーションと戦略をつなぐところで経営管理会計の価値を重視したマネジメント方法論が必要である．

これは，図4-1で，経営戦略を戦略的価値指標として展開する部分が，まず経営管理会計の機能である．これを戦略的PBSC（Program & Project Balanced Score Card，略してPBSC）と呼ぶことにする．もうひとつは，それが，特定のシナリオの選択を通じて，プロジェクトの形成，プロジェクトの評価につながることである．

この戦略的PBSCは，戦略的な価値指標を明らかにしたものであり，その対象は，戦略を実現する上でどのような手段をとり，それによってどのような価値を実現するか，事前に評価し，目標ならびに使命から見た場合の妥当

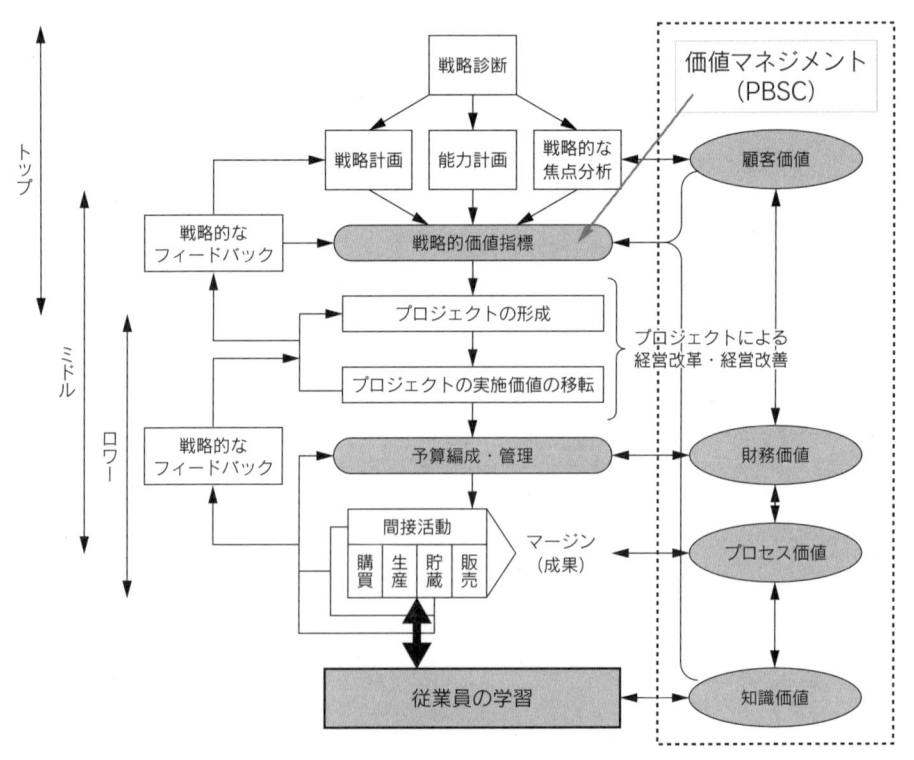

図4-1　経営戦略と価値マネジメント

［二神恭一（1984），p. 34 を修正］

第4章 技術経営とプロジェクト・マネジメント

性と合理性を評価するためのものである．すなわち，単純に会計価値としての財務指標により手段を事前評価するだけでなく，一連の手段との関係で，多元的にかつ代替案を価値評価しようとするものである．図にそって説明すると，まずは，自社の強さと弱さそれに外部環境の状況を SWOT 分析（強み，弱み，機会，脅威）により行い，具体的なアクションとなる計画（戦略計画），それに必要な資源と能力の計画，ならびに，成功に必要な KPI（key performance indicators）を明らかにすることを含む．この段階を整理するために，戦略的 PBSC を導入する．これは，少なくとも，4つの次元で戦略的プランのシナリオを展開するものである．それは，Kaplan と Norton により提唱されているバランス・スコアカード（balanced scorecard）でいう，戦略的マネジメントツールであるが，その機能は，戦略的 PBSC とは大いに異なる．すなわち，戦略的 PBSC では，戦略を実行するための戦略的プログラムを多元的価値視点から評価し，それを戦略的プロジェクトに展開するための方法論である．したがって，財務価値，顧客価値，プロセス価値，知識価値がバランスされた特定のプログラムを評価しようとしている．この戦略的 PBSC で，切り出されたプロジェクトが，個別プロジェクトごとの project-BSC によりさらに個別評価されて具体的に資源配分としてのプロジェクト予算につながっていく．

　なお，図4-1 では，予算編成・予算管理とそれに関連する project-BSC の説明は省略して表現されている．この予算には，2つのタイプが含まれている．1つは，プロジェクト予算であり，特定の課題や目的に対応して資源配分された予算である．もう1つは，事業予算であり，これは，責任単位で設定された予算であり，基本的な単位は，事業ユニットあるいは SBU（strategic business unit）単位である．ここで含意されている流れは，まず，戦略的 PBSC でプロジェクトを切り出し，project-BSC でそれを評価したあと，プロジェクト予算につなぎ，その結果と事業ユニットの経常予算とを合成して，プロセス価値としての事業ユニット予算につながる．なお，知識価値は他の3つの価値を支援するための従業員の必要なプロセスに対応した特定の知識・情報をさすものであり，組織のソフト面でのインフラストラクチャーの具体的

な要件を意味する．例えば，マーケティング・プロセスでは，特定商品に関する，販促・顧客獲得のためのツール・媒体（広報，包装，ブランド，流通チャネル）のベストミックスをどうするかに関する情報であったり，知識であったりする．

§4　3つの世代の PM について

プロジェクト・マネジメント（project management，略して PM）には，様々な定義があることは，すでに指摘した．これまでの PM の変化あるいは進化とでもよべる内容の変遷は，論者により説明されている（小原（2002），芝尾（2003））．その内容にしたがうと，3つの世代の PM がある．1つは，1940年代から60年代の PM であり，代表的なものは，アメリカ合衆国で行われた，マンハッタン計画などからアポロ計画までの大規模なプロジェクト・マネジメントである．ここでの PM のテーマは，「品質と納期を目標にして，一定の期日までに決められている成果物を出すことであり，そのために計画・実施・観察のサイクルをうまく回すことである」．このなかで，3つの課題が PM に与えられている．それは，品質・コスト・納期のマネジメントである．そのために，プロジェクト組織が設立され，プロジェクトの進捗管理が行われ，一定の範囲でリスク（製造品質と資源消費）を管理させるマネジメントが重視されたわけである．このための代表的な手法は，アーンド・バリュー・システム（earned value system）と呼ばれている．また，プロジェクト組織で作業をうまく進めるための作業分解法（Work Breakdown Method, 略して WBS）が開発された．この第1世代をまとめると，次の8つの点が指摘される．1）作業プロセス重視のマネジメント，2）現場重視のマネジメント，3）納期重視のマネジメント，4）技術志向重視のマネジメント，5）ミッション軽視のマネジメント，6）個別受注生産型，7）戦略無視のマネジメント，8）プロジェクト価値無視のマネジメント．

以上のうち，第1世代の PM の大きな課題は，戦略無視，あるいは，プロジェクト価値を無視したマネジメントという点である．これは，PM を担当

するマネジャーはエンジニアであり，経営的な PM の意義や目的あるいはそれが実現する価値には，PM は全く関与しないことにある．すなわち，上から与えられたものを忠実に実現するためのエンジニアリング・マネジメントということになる．しかし，この PM は，エンジニアリング会社や政府の大規模計画では多用な用途で利用されてきたが，やがて PM の考え方は，プラントエンジニアリングを除く他の種類の企業活動や事業活動に転用され，その基本的な要素に変更を必要とする．その理由は，1970 年代から 80 年代に登場する PM の主体が，軍（米国の場合）やエンジニアリング会社から，IT 産業へ移ることに関連している．

　その典型例が，**PMBOK**（Project Management Body of Knowledge，1987 年発行され，1996 年に更新され，2000 年にも一部改訂）と呼ばれる，**PMI**（アメリカの PM に関する資格認定団体で Project Management Institute の略）による PM の標準知識体系の出現である．ここでの PM 知識は，9 個の知識エリアから構成されており，そのなかは，統合マネジメントと個別マネジメント（タイム・マネジメント，コスト・マネジメント，品質マネジメント，調達マネジメント，範囲マネジメント，組織マネジメント，リスク・マネジメント，コミュニケーション・マネジメント）から構成されている．この大きな特徴は，「業務プロセスを重視しながら，ステーク・ホルダーのニーズに合致する期待成果を獲得することである」．すなわち，1990 年代にアメリカで起こった，ビジネスプロセス・リエンジニアリングの考え方に合致したものであり，顧客のニーズを満たしつつ生産性や事業スピードを高めるために，プロセス革新を実施するための方法論として一躍注目されるようになった．具体的な例としては，ボーイング社で行われた，ボーイング 777 旅客機の開発でもこの考え方は利用されている．たとえば，コスト・マネジメントでの ABC・ABM の活用であり，ABC で顧客価値に貢献しない活動とコストが明らかにされ，ABM のより無駄な活動を排除し，プロセス・ベースで仕事を進めることが生産性を大きく高めることで，企業活動を組織階層ベースからプロセス・ベースへと変革するために，PM の重要性が経営者に認識されることになる．

　しかし，第 2 世代の PM は，複雑な全体の問題を解決するという方法論に

は，向いていない．すなわち，プロジェクトが複雑に関連し，まずその全体問題を扱うことで，戦略的な課題の実現や事業価値をまず考えるという点では，第2世代のPMは依然として，エンジニアリング・マネジメントあるいは，オペレーション中心のマネジメントであった．そこで，この経営の全体性を考慮するという点を第3世代では3つの点で，統合マネジメントと呼んでいる．1つは，プロジェクトのライフサイクルをマネジメントすること．2つめは，価値マネジメントをPMの実施に先立ち考えること．3つめは，複雑な問題を扱う方法論として，プログラム概念を提唱すること．この考えを世界に先駆けて提唱したのは，日本で開発された，P2M（Project and Program Management）というPMの知識体系であり，これは，PMCC（Project Management Certification Center，日本名「プロジェクトマネジメント資格認定センター」）というNPO組織（2005年4月よりPMAJ（Project Management Association of Japan）に変更）により運営されている．この第3世代の考えるPMは，これまでの課題解決型やステーク・ホルダーのニーズを満足する成果を求めるものから，事業価値や企業価値を実現するためのPMであり，明らかに，新たな視点が付与されている．現代の多くの企業活動はまさに，この企業価値を実現するためのマネジメントを必要としており，PMは，そのための方法論としても重要な位置づけを持つ可能性があると思われるのである．ここでは，この第3世代型のPMを念頭において，経営管理会計の役割，すなわち，戦略とオペレーションのリンケージ機能をさらに検討することにしよう．

§5 プログラム・マネジメント

第3世代のPMの大きな特徴の1つは，シングル型PMで行うマネジメントから，複数のプロジェクトをマネジメントする発想にある．これは，図4-2にあるところの，シングル型PMから，複合型PMへの流れであり，企画をすることから企画の価値を問題にし，そのためには，単一のプロジェクトで成果物を得るだけでなく，複数のプロジェクトの有機的統合により複雑な問題を単純化して，問題を解決するアプローチである．これをここでは，

第4章 技術経営とプロジェクト・マネジメント

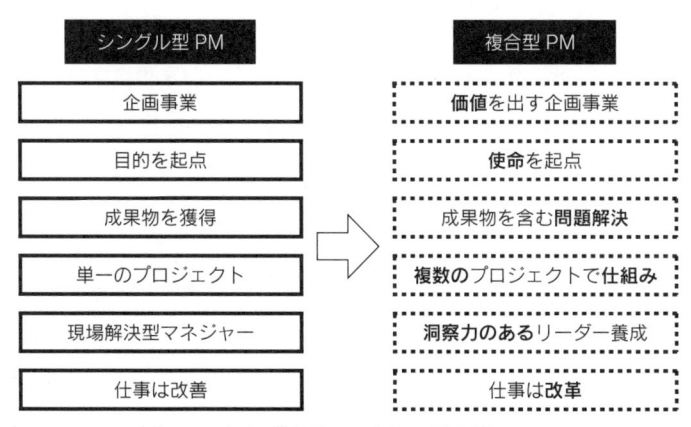

```
┌─ シングル型 PM ─┐          ┌─ 複合型 PM ─┐
│   企画事業     │          │ 価値を出す企画事業 │
│   目的を起点    │    ⇒    │   使命を起点    │
│   成果物を獲得   │          │ 成果物を含む問題解決 │
│  単一のプロジェクト │          │複数のプロジェクトで仕組み│
│現場解決型マネジャー │          │洞察力のあるリーダー養成│
│   仕事は改善    │          │   仕事は改革    │
```

図 4-2　シングル型 PM から，複合型 PM へ

プログラム・マネジメントと呼ぶことにする．プログラム・マネジメントとプロジェクト・マネジメント（単一プロジェクトのマネジメント）の大きな相違点は，複数のプロジェクトを束ねた企画事業で価値を生み出すか，単一の事業プロジェクトを企画するという区分にある．すなわち，前者では，ある目的を達成する個々のプロジェクトの総体が果たすべき使命や創出する価値をまず問題にする．後者では，プロジェクトそのものは，ある目的を達成するために，個別的かつ特定のプロセスを実行し，前もって決められている成果物を出すことにある．

　勿論，この区別は，相対的なものであり，企画事業を問題にする場合には，そこから生まれるべき価値が当然に問題にされるべきである．しかし，第2世代までの PM では，価値そのものは，戦略策定のプロセスあるいは，経営者側で策定されており，PM を実施する側からみれば，所与として扱われた．ところが，あえてプログラム・マネジメントとして考察されるべきマネジメントは，その PM の基本的な使命や実現すべき価値の意義からみて，必要なプロジェクトをどう関連づけるのか，どうプロジェクトに優先順位をつけ，ねらいとなる事業の価値がどうなるかをまず考察することがマネジメントリーダーに要請される．これまでの PM とは，その経営上の機能という点で大いに相違することにある．換言すれば，PM は，エンジニアの技術から経

営の技術に昇華されていることに大きな意味があると言える．

　例えば，ある企業で，外部環境が大きく変化し，いま事業ドメインを変えないと，おそらく5年以内に倒産するという厳しい事態にある．その場合に，多くの社員は，研究，生産，財務，人事，営業，開発などで，危機感は共有されていても，それではこの危機をどう克服するか，シナリオや経路はメンバーに共有されていない．職能横断的に何らかのプロジェクトを作る必要性はわかっているが，それでは，どういう順序でその課題の優先順位をつけ，何からスタートするべきなのだろうか．ある革新的な経営者は，そのとき，次のようなシナリオを作る．まず，自分達の現在の事業の問題点を洗い出し，環境と機会に対して新たな事業ビジョンを作ること．現在の無駄な活動をとめること．次に，新しい事業企画に必要な資源を確保すること．最初に決めた事業ビジョンにあった組織とPJ活動を始めること．これらは，経営者であれば，誰でも考えることでもある．しかし，これら一連の流れをスケジュール化して，大きな戦略的な流れに変える必要がある．ところが，多くの経営者は，たとえプロジェクトで発想するとしても，最初の課題抽出，ビジョンの立案，具体的新事業企画，そして多数のプロジェクトという形で，問題がすぐに実行局面につながり，大きな戦略性をもつ流れにならないケースが多い．また，多数のプロジェクトはどう関連するのかは，経営者以外には分からないことや，どこでプロジェクトをやめるのか，また続けるのか，それが戦略とどう繋がるのかは，最初は意識されるが，そのようなプロセスがシステム化されていないと次第にプロジェクトの貫徹のみが，スタッフの重要課題になってしまう．

§6　価値マネジメントの導入

　以上のようなプログラム・マネジメントを展開する上で，必要な課題は，価値マネジメントの導入である．すなわち，（プロジェクト）PJからどのような価値が生み出されるのか，PJの事前・期中・事後に，戦略・ミッションの観点からPJを大きな束として評価する視点が必要である．この課題につ

第4章 技術経営とプロジェクト・マネジメント

いては，経営管理会計が有用な位置を占めていると考える．すでに経営管理会計の位置づけについては，冒頭で指摘したとおりであるが，重ねて言うと，「戦略とオペレーションをつなぐリンケージ機能」である．このリンケージには，KaplanとNortonらが提唱したBSCを，我々はPMについて展開する必要があると考える．そこでは，2つの展開過程がある．1つは，すでに図4-1でも指摘したように，プログラム価値指標としてのBSCとプロジェクト価値指標としてのBSCである．それについてここで概説することにしよう．

まず，基本的にKaplanとNortonが提唱したBSCは，業績評価スキームの拡張であるもの，マネジメントサイクルを支えるBSC，それに戦略経営を支えるコミュニケーションツールとしてのBSCの3つのタイプがあることが指摘されてきた（森沢（2001））．

しかし，彼の主張では，戦略そのものをどう経営管理会計からオペレーションに落とすのか，その関連性は不明であった．むしろ，経営者の計画・方針の評価ツールとしての側面が強調されるが，オペレーションへの繋がりについては，方針管理などのこれまでのツールとの違いが明らかでないとも言える状態である．あるいは，従来どおりの予算管理と中期経営計画（実行計画）の並列化になるだろう．

この関係を大雑把に概観し，新たなプログラム・マネジメントを導入することとそれを評価するためのBSCを関連づけることで，以下の図4-3の関係を描くことになる．

この図で示されている企業は，複数の事業を保有しており，各事業に対応して，ビジネス戦略（事業戦略）を立案し，それに合わせた具体的な行動計画であるプログラムを生み出している．このプログラムは，複数のプロジェクトを包摂する戦略的行動案であり，プログラムは大別すると，変革プログラムと経常（オペレーション）・プログラムに分かれる（なお，ここでいうオペレーションは，経営管理会計との関連で議論されるオペレーションとは，範囲・次元ともに異なる）．ここでいう経常と変革の違いは，前者は実際の経常的業務のなかで処理されるべき仕事（タスク）をさしており，生産，販売，ロジスティ

71

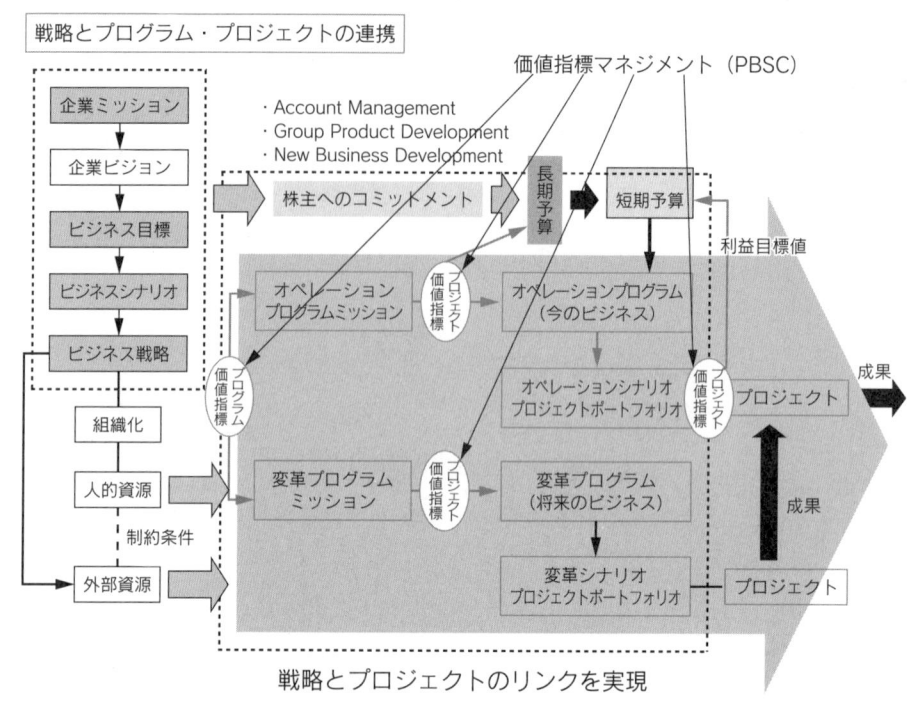

図4-3 戦略とプログラム・プロジェクトをつなぐためのPBSC

クス，支払・回収，アフターサービスなどをさす．一方で，変革はこれまでの仕事の仕組・内容を変えるためのあらたな実行計画であり，多くの製造業では，新製品・新市場のいずれかに関係する場合が多い．この2つが相俟って，事業単位は，既存のビジネスサイクルを革新しながら，改善も同時にすすめていくことになる．具体的にそのための個別計画は，プロジェクト(PJ)であり，それは多数のPJであるためにしばしば優先順位を評価するために，プロジェクト・ポートフォリオとして，各PJを簡単な2次元の座標の上でレビューすることも行われる．例えば，X軸はプロジェクトのリスク，Y軸は定量効果（財務成果）などで確認されるが，これは，個別のPJについては，それを評価する起点として，ポートフォリオは機能することになる．

なお，予算管理もこの図では表現されており，従来の財務管理的な側面は，

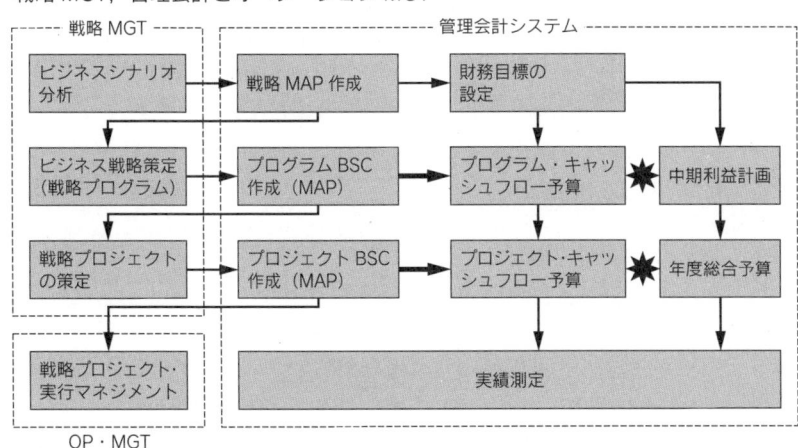

第4章　技術経営とプロジェクト・マネジメント

戦略 MGT，管理会計とオペレーション MGT

図 4-4　PBSC（プログラム・プロジェクト・BSC）と戦略との関係
［鈴木・松岡，27 ページ図表 1-10 を元に編集（小原・浅田・鈴木（2004））］

経常（オペレーション）・プログラムと変革プログラムのいずれについても，長期予算（長期キャッシュフロー計画）のなかでは増分ベース（キャッシュフロー）で評価されることになる．しかし，短期予算化する場合には，これは実行計画そのものになるので，利益ベースで表示されるべきものとなる．

それでは，このような PBSC は，具体的にはどのような関係をさすのか，基本 BSC を説明したのが，図 4-5 である．これを我々の図 4-4 で示した戦略的 PBSC でいう内容としては，プログラム価値指標がまず明らかにされる必要がある．

基本の BSC は，キャプランとノートンの提唱するものであり，財務の視点，顧客の視点，内部プロセスの視点，それに学習と成長の視点からなる，4つの多元的目標がバランスして，事業のビジョン・戦略を評価する．しかし，ここで基本 BSC は，事業ラインの内容そのものの実行をどう担保するかについては不明であり，具体的なアクションそのものは表現できていない．これは，キャプランとノートンの場合には戦略マップであるが，我々は，戦略マップという戦略のシナリオを作る部分を一度限りのプロセスとは見な

73

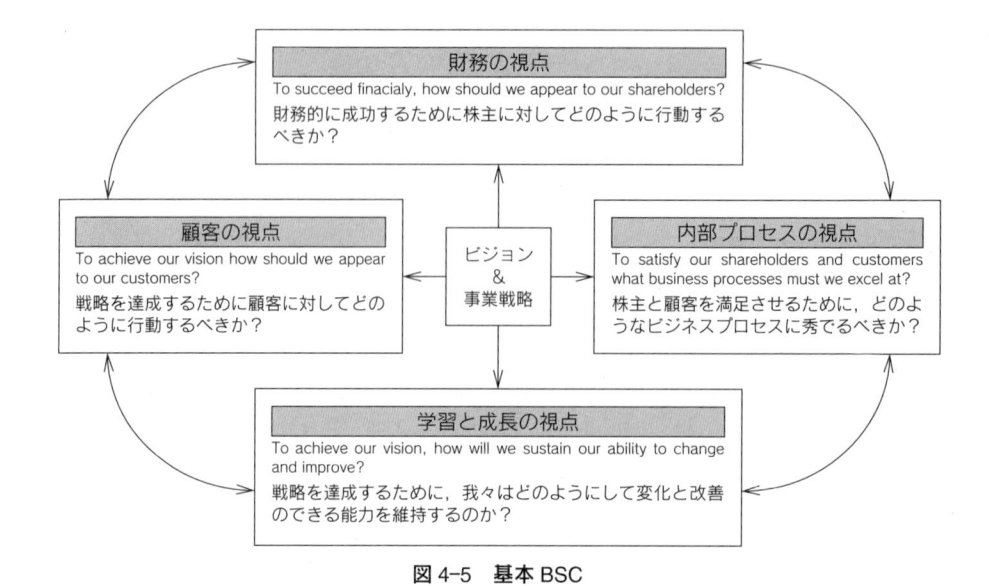

```
                    ┌─────────────────────────┐
                    │      財務の視点          │
                    │ To succeed finacialy, how should we appear to our shareholders? │
                    │ 財政的に成功するために株主に対してどのように行動する │
                    │ べきか？                 │
                    └─────────────────────────┘
┌──────────────────┐     ┌──────────┐     ┌──────────────────────────┐
│    顧客の視点     │     │ ビジョン │     │   内部プロセスの視点      │
│ To achieve our vision how should we appear │ & │ To satisfy our shareholders and customers │
│ to our customers? │    │事業戦略  │     │ what business processes must we excel at? │
│ 戦略を達成するために顧客に対してどの │    │          │     │ 株主と顧客を満足させるために，どのよ │
│ ように行動するべきか？ │           │          │     │ うなビジネスプロセスに秀でるべきか？ │
└──────────────────┘     └──────────┘     └──────────────────────────┘
                    ┌─────────────────────────┐
                    │   学習と成長の視点       │
                    │ To achieve our vision, how will we sustain our ability to change │
                    │ and improve?            │
                    │ 戦略を達成するために，我々はどのようにして変化と改善 │
                    │ のできる能力を維持するのか？ │
                    └─────────────────────────┘
```

図4-5　基本BSC

いで，3段階にわたると考えている．すなわち，価値目標を引き出すための戦略シナリオのレベルのMAP，戦略的プログラムとプロジェクトの関係をしめすプログラムBSCのレベルのMAP，プロジェクトの多元的評価をするためのProject-BSCのレベルのMAPである．図4-4にあるように，戦略MAPは，3階層として表示されており，それぞれは，機能が異なることに注意する必要がある．また，それぞれのMAPの中身は，対象を価値指標の点から具体的に表現すると次のようになる．

なお，この図で追加的に説明されている経営管理会計と戦略マネジメントとの関係は，それが最終的には実行マネジメントを誘導し，管理するための大きな仕組みであり，ここでいうリンケージ機能を果たすことになる．

BSCの基本的な関係は，図4-5で示したとおりである．この基本BSCについて，因果関係として把握すると，戦略MAPと呼称され，そこには少なくとも3つ～4つの多元的指標の間の因果関係が表現されることになり，それぞれの種類別の価値指標は，具体的な定性的あるいは定量的な指標として展開される．図4-6は，具体的な特定のプログラムBSCの目標，価値指標，

第4章 技術経営とプロジェクト・マネジメント

狭い意味での予算管理

	戦略成功要因	プログラム目標	プログラム指標	長期予算
財務視点	収益性確保	キャッシュフロー	キャッシュフローとコスト	プログラム予算プロジェクト予算
顧客視点	顧客満足の獲得	カスタム率,オプション率	プロジェクト別カスタム率	
内部プロセス視点	優れた業務プロセス	生産プロセスの強化プロジェクト間の調整	納期遵守率調整委員会開催数	
学習成長視点	優れた技術者	技能蓄積と活用	提案件数,提案採択率	

短期予算 → プロジェクト実施

図 4-6 戦略的経営目標・指標への展開

それにプロジェクト予算の関係をみたものである．戦略成功要因は，各価値指標におけるキーとなる成功要因を抽出したものであり，顧客視点では顧客満足の獲得であり，内部プロセスの視点では優れた業務プロセスの獲得・維持である．また，学習・成長の視点では優れた技能者の養成である．このような要因を具体的なプログラムとして展開する上で目標を展開すれば，カスタム率やオプション率の設定，生産プロセスの強化，技能蓄積とその活用の程度などが目標化される．これらが，最終的にはキャッシュフロー目標の実現という形で，事業財務目標の達成につながる．

もっとも，これらの目標が1つの戦略的プログラムでどう関連しているのかは，戦略マップの作成とそれをもとに切り出された戦略プログラムをみないといけない．例えば，次のような簡単な事例で考察してみよう．エアバス社とボーイング社とは，いまやフルライン製品群で旅客航空機市場で世界的レベルで競争しており，とりわけ，中距離機の分野では，エアバスがA340型，ボーイングが777型で競争している．そこで，次世代の航空機は，現在の最大の関心が，ハブ・アン・スポーク型のネットワーク運行から2拠点間の頻繁な輸送ニーズへ代わりつつあると言われている．一方では，環境性能の飛躍的な向上とエネルギー効率の飛躍的な向上という二律背反的な課題に

製造会社は直面している．ここで，ボーイング社の戦略的プログラムとしては，エアバス社を上回る効率性・環境性能をもつ新型機の開発プログラムが稼動している．そのプログラムは，幾つかのプロジェクトの集合体である．1）新しい素材を利用した高効率な機体の開発・設計の活動，2）それをこれまでの製造原価の 25％ダウンで作るための開発方式の確立する活動，3）キー・サプライヤーを情報・通信技術でつなぐバーチャル開発方式によるネットワーク型設計組織の確立のための活動，4）新しいパートナーの確立による戦略的アウトソーシングのための活動，5）777 機開発で確立した顧客重視のマーケティング戦略活動，6）以上の結果をうけて，開発リスクを分散する財務戦略活動．

そこで考えられる，ボーイングの戦略的プログラムのための PBSC は，次のようなものである．

§7 戦略マップの作成について

図 4-7 は，ボーイング社の戦略プログラムに対応したプログラム BSC 設定のための戦略 MAP である．ここでは，財務目標を達成するために，2 つの大きな戦略的プログラムが規定されている．オペレーション・プログラムは表示されていない．戦略的プログラムとしては，新型機開発プログラムと戦略的提携プログラムがそれである．前者は，新機の機体開発を中心にしたもので，それの実行のための PJ1 というプログラムには，バーチャル開発体制構築 PJ と新素材開発 PJ の大きく 2 つのプロジェクトが関連する．戦略的提携プログラムは，PJ2 と PJ3 というプログラムに細分化され，それぞれが，グローバル SCM プロジェクト，顧客重視の客室開発・製造プロジェクト，それに，新原価企画プロジェクトに細分される．以上のようなプロセス・マネジメントを支えるために，学習・成長の視点でエンジニアー・マーケティング担当者・生産担当者は，どのような知識・技能の確保・強化をすべきかが，最後のボトムラインで示されている．なお，IPT というのは Integrated Production Team の略で，生産に MKG・顧客・開発エンジニアを

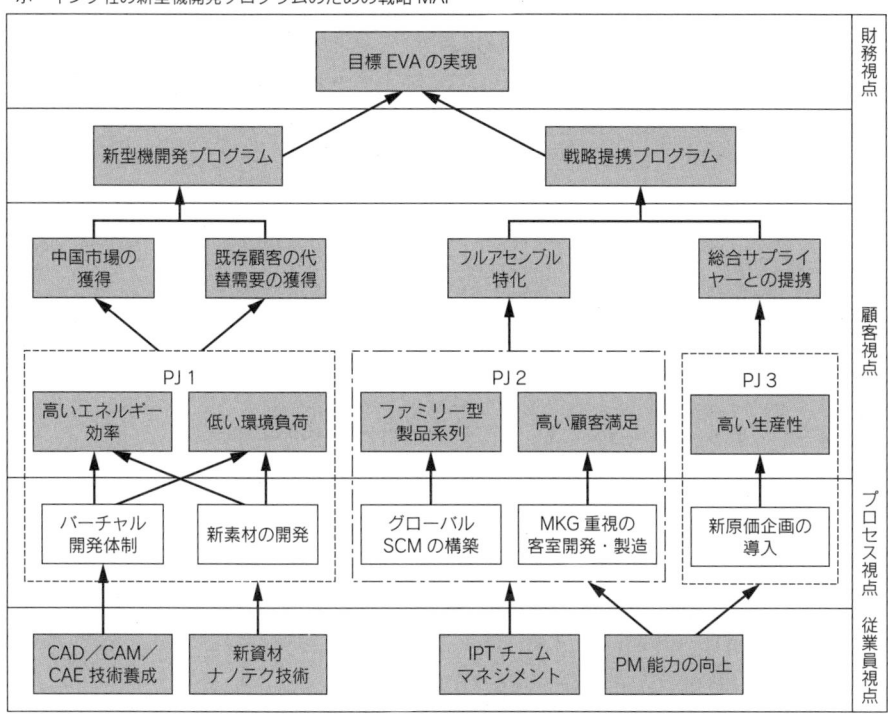

第4章　技術経営とプロジェクト・マネジメント

ボーイング社の新型機開発プログラムのための戦略 MAP

```
財務視点
├ 目標 EVA の実現
│   ├ 新型機開発プログラム
│   └ 戦略提携プログラム
顧客視点
├ 中国市場の獲得
├ 既存顧客の代替需要の獲得
├ フルアセンブル特化
└ 総合サプライヤーとの提携
プロセス視点
├ PJ1: 高いエネルギー効率／低い環境負荷
│   ├ バーチャル開発体制
│   └ 新素材の開発
├ PJ2: ファミリー型製品系列／高い顧客満足
│   ├ グローバル SCM の構築
│   └ MKG 重視の客室開発・製造
└ PJ3: 高い生産性
    └ 新原価企画の導入
従業員視点
├ CAD／CAM／CAE 技術養成
├ 新資材ナノテク技術
├ IPT チームマネジメント
└ PM 能力の向上
```

図 4-7　プログラム BSC を生成するための戦略 MAP

入れた生産マネジメントを行うことである．ここでは，開発・生産・MKG の情報が生産過程で共有され，個別顧客の要求をいれた生産活動が展開される．

　このように，シナリオとしての戦略 MAP を PBSC の方法論を利用して作成することで，大きな戦略的課題を組織，技術，人材に関連づけて，関係者全員が課題や役割を吟味し，必要な PJ をプログラムにリンクさせて，設定されていく．これは，経営管理会計の仕組みが，単なる財務価値を計算する会計上のツールということでなく，戦略と具体的 PJ の実行過程をつなぐ機能であり，換言すれば，戦略から実行への翻訳と実行者と戦略者とのコミュニケーションに直接関わるのが，PBSC の機能ということになる．

もっとも，そのようになるためには，具体的にPBSCを回す組織をどうデザインするのかが重要な課題である．米国企業では，それは，コントローラーの機能に入るかもしれないが，日本では，この役割を占める組織は，まさに技術開発・製品開発を経営的視点から検討するスタッフの機能であり，エンジニアと管理会計担当者の共同作業の場であると言えるだろう．

§8　まとめ

　以上のPBSCならびに，価値マネジメントと戦略的プログラムをつなぐ議論は，極めて今日的な経営課題を浮き彫りにしている．それは，戦略・ミッションをどう有機的に関係したプロジェクトへとつなげていくかである．PBSCは，その課題について1つの解答を用意するものと解釈できよう．しかし，この方法論には，課題も多数存在する．まず，シナリオ分析を戦略マップに落とす活動をだれが担当することが経営上効率的なのか．おそらく，トップのリーダーシップとともに，それを支援できる組織的チームが必要であり，この課題はそう簡単に実現できるものではない．また，経営管理会計のリンケージ機能は，プログラムBSCや，プロジェクトBSCをどうプログラム予算やプロジェクト予算につなげていくかであるが，これは，積み上げ予算でなく課題解決型の増分予算であるので，その策定には，精度の高い財務見積算定の経験が必要だろう．さらに，経営管理会計の本来の機能は，EVAなどの財務価値に一元的に統合化して，経営課題を評価するところにあったが，このPBSCなどは，むしろ多元的価値を強調していることから，BSCの統合的な価値という発想とは違う価値観があることである．これは議論になるところである．

　最後に，我々は，PBSCによるプロジェクトやプログラムの事後評価については言及しなかった．しかし，ライン組織でなく，特定のミッションにしたがい課題を解決することは，ライン管理者やラインスタッフの仕事割合を大きく，経常活動から変革活動にシフトするものであり，当然ながら，それによる成果をどう個人評価に繋げるか，大きな課題である．

いずれにしても，いまや，企業間競争は，スピードと価値実現の競争であり，一方で短期的な価値を実現するにも，長期的な戦略の裏打ちが必要であり，この長短のバランスをどうするかも，大きな課題である．これら課題への解決として，PBSC の適用について，今後の事例の出現を待ちたいところである．

（参考文献）

浅田孝幸．2002．「非財務測定尺度の意義：バランス．スコアカードについて」『国民経済雑誌』第 186 巻第 1 号
小原重信．2002．『P２M 入門』H&I
小原重信・浅田孝幸・鈴木研一．2004．『プロジェクト・バランス・スコアカード』生産性出版
芝尾芳昭．1999．『プロジェクトマネジメント革新』生産性出版
高橋隆一．2003．『新製品開発のプロジェクトマネジメント』同友館
高梨智弘・万年勲．2003．『プロセス・マネジメント入門』生産性出版
高橋邦丸．2004．『資源ベースの企業行動と会計情報』同文舘出版
芝尾芳昭．2000．『プロジェクトマネジメント革新』生産性出版社
二神恭一．1984．『戦略経営と経営政策』中央経済社
森沢徹．2001．「バランス・スコアカードによる業績評価制度の改革」知識資産創造，12 月号，60-77
P２M プロジェクト＆プログラムマネジメント　標準ガイドブック，2001
Harold　Kerzner 著，野崎通・井門良貴訳．2003．『プロジェクトマネジメント成熟度モデル』生産性出版社
Kaplan, R. S. and D. P. Norton 著，吉川武男訳．2000．『バランススコアカード：新しい経営指標による企業変革』生産性出版社
Kaplan, R. S. and D. P. Norton 著，桜井道晴監訳．2003．『キャプランとノートンの戦略バランスト・スコアカード』東洋経済新報社　(Kaplan, R. S. and D. P. Norton, 1996 a. The Balanced Scorecard-Translating Strategy into Action. Boston, Harvard Business School Press.)
Kaplan, R. S. and D. P. Norton. 1996 b. "Linking the balanced scorecard to strategy." *California Management Review,* Fall, 4, 53-79
Andrews, K. 1991. The Concept of Corporate Strategy (Third Edition). Inrwin
Anthony, R. N., and Vijay Govindarajan. 2000. Management Control Systems. Tenth edition. McGraw-Hill Irwin

Anthony, R. N. 1965. Planning and Control Systems, A Framework for Analysis. Harvard University（高橋吉之助訳『経営管理システムの基礎』ダイヤモンド社, 1968 年）

Contractor Farok J. and Peter Lorange. 2002. Cooperative Strategies and Alliancess, Pergamon

Bierman, Harold Jr. and Seymour Smidt. 1984. The Capital Budgeting Decision-Economic Analysis of Investment Projects（Sixth Edition）. Macmillan Pubulishing Company

McGrath, M. E. 2004. *Next Generation PRODUCT DEVELOPMENT.* McGraw-Hill

Milis, K. and R. Mercken. 2004. "The use of the balanced scorecard for the evaluation of Information and Communication Technology projects" *International Journal of Project Management.* 22, 87-97

Norreklit, H. 2000. "The balance on the balanced scorecard—a critical analysis of some of its assumptions" *Management Accounting Research.* 11, 65-88

Otley, D. 1999. "Performance management: a framework for management control systems research" *Management Accounting Research.* 10, 363-382

Sandström, J. and J. Toivanen. 2002. "The problem of managing product development engineers: Can the balanced scorecard be an answer?". *Int. J. Production Economics.* 78, 79-90

（淺田　孝幸）

第5章　IT戦略マネジメント

§1　はじめに

　情報通信技術の革新とグローバル競争の激化に伴って，企業の中でのIT（情報技術，Information Technology）の役割がますます大きくなっている．従来のようにITを単なる業務ツールとして，情報システム部門を中心に開発・運用・管理すればよい時代ではなくなってきた．今日，経営環境の変化に対して，事業戦略の見直しと展開を短いサイクルで迅速に行っていくことが求められている．ITは事業戦略実現のために不可欠な要素であるが，IT資産の整備・拡張は一朝一夕にできるものではない．長期的な拘束条件となりうるインフラ資産と変化対応すべきアプリケーション資産に関する適切なアーキテクチャ・デザインが必要となる．ITのアーキテクチャ・デザインによって，ITは不良資産にも，コアコンピタンスにもなりうる経営の財産なのである．
　ITの役割の重要性が高まるとともに，ITマネジメントの機能は経営管理の中でも領域を広げている．図5-1はITマネジメントの機能体系と機能の関連を示したものである．図中の上下の階層は経営の意思決定レベルを示しており，上層は全社・コーポレートの経営意思決定，中間層は各事業レベルの意思決定，下層は基盤であるシステムに関する意思決定を示している．また，図の横軸は左から右にかけて，マネジメント―開発―業務・システム運用というマネジメントプロセスの流れを示している．経営管理の機能の中で，ITはシステム層に限定した課題ではなく，事業レベル，全社・コーポレートでの意思決定にも関連し，その重要性が高まっている．しかし，現実

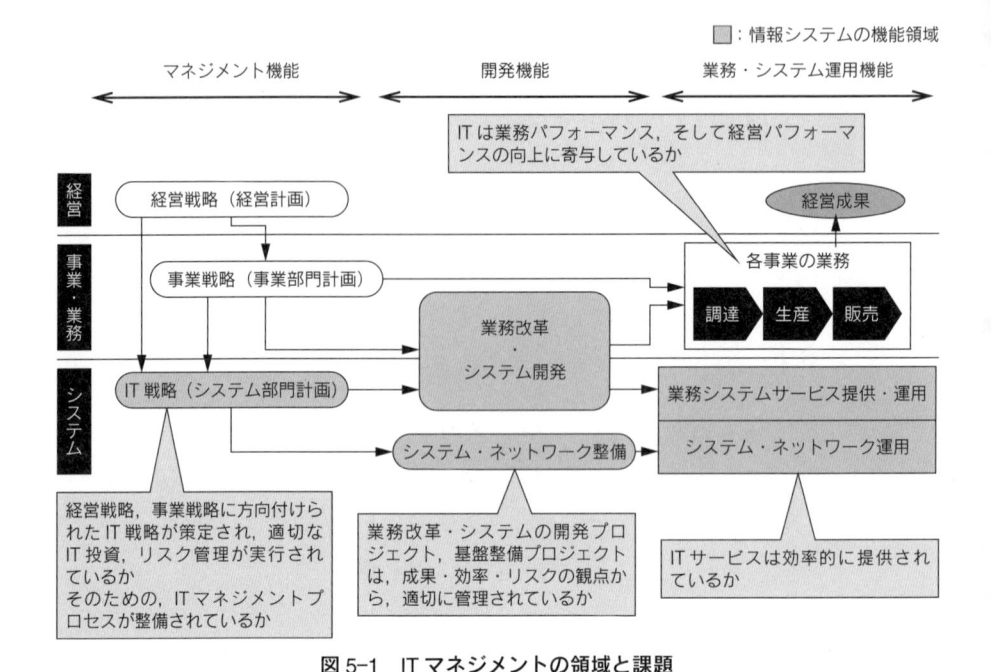

図 5-1　IT マネジメントの領域と課題

には，IT 部門がシステムの開発と運用という図中の右下の領域を担当する一方，事業・コーポレートの経営成果という上層との繋ぎ，左側のマネジメント機能との繋ぎが弱いのが現状である．

では，IT を有効活用し，経営をうまく進めていくためにはどのようにしたらよいであろうか．本稿では，このような問題意識に基づき，IT マネジメントに関する調査結果を示しながら，日本企業に対する処方箋を検討する[1]．

§2　高業績企業の組織能力と IT 戦略

2.1　競争地位と成長性から見た企業類型

まず，今日の経営に求められる組織能力と IT 戦略の関係について，筆者がかかわった調査データに基づき見てみたい．この調査は日本企業の社長を

---

(1) 本稿は，歌代 [2003] 等の研究内容をベースにしている．

対象としたもので，企業のIT戦略の方向，ITマネジメントの現状と課題等を聴取したものである[2]．経営能力と経営成果との関連を分析するための基礎として，回答企業を2つの業績指標から4つの類型に分類する．調査では，中核となる事業の日本市場における競争地位（売上高ベース）を聴いている．トップという回答が29%，2～3位グループが30%，10位以内と11位以降で計41%となっている．この結果から，まず現在の競争地位として，トップか2番手以降かに分類する．加えて，開示情報より営業収益成長率を求め，成長企業（成長率3%以上）と停滞企業（成長率3%未満）に分けた．競争地位と成長性の組み合わせにより，次の4つの類型を導出した．

AA型（18社）：中核事業においてトップで，営業収益も成長している企業

AB型（30社）：中核事業においてトップであるが，営業収益が停滞している企業

BA型（38社）：中核事業において2番手以降であるが，営業収益が成長している企業

BB型（69社）：中核事業において2番手以降であり，営業収益も停滞している企業

2.2 企業類型による経営能力の差異

調査では，企業の経営能力24項目に関して，競合他社と比較した社長の評価を，強み～弱みの4段階尺度で回答いただいた．強みであるとの回答が多かった経営能力としては「ブランド力」「製造技術」「優良顧客の確保」等があげられ，弱みとしては，「特許等の知的財産権の蓄積」「新事業開発力」の回答が多かった．

この結果を前掲の企業類型別に分析するために，企業類型ごとに各項目の強み／弱みの4段階尺度を数値として平均値を求めた．その結果を図5-2に示す．トップ企業（AA型，AB型）は，2番手以降（BA型，BB型）に比較して，全般的に各経営能力ともに強みとなっている．特に「ブランド力」「優

---

[2] 日本CIO連絡協議会が2000年6月に調査票を郵送し，190社からの回答をえた（日本CIO連絡協議会［2000］）．

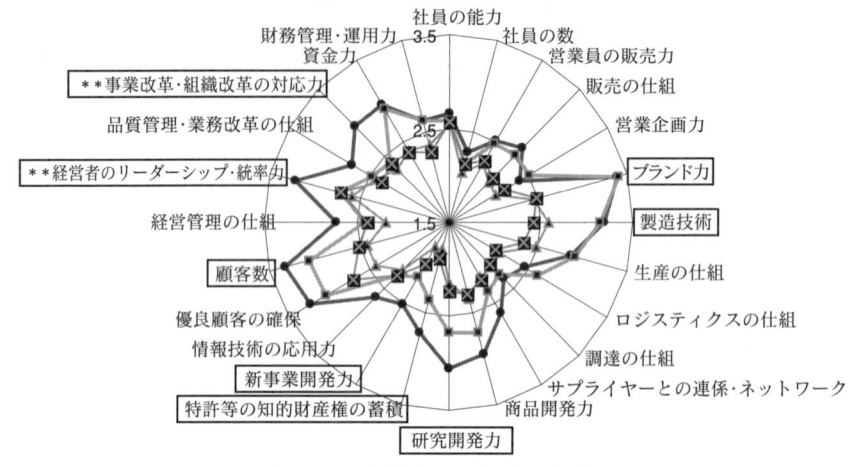

図5-2 企業累計の経営能力の差異

[日本CIO連絡協議会調査結果に基づき著者加工]

　良顧客の確保」「顧客数」「製造技術」「生産の仕組み」では，トップ企業と2番手以降で大きな差がついている．これまでの高業績企業は，高効率・高品質の生産システムにより，販売ボリュームを拡大していくという，規模の経済をベースにした戦略と事業展開により成功してきたことがうかがえる．

　次に，トップ企業について，成長（している）トップ企業（AA型）と停滞（している）トップ企業（AB型）の差に着目するともう一つの傾向が把握できる．「経営者のリーダーシップ・統率力」「事業改革・組織改革の対応力」や，「研究開発力」「商品開発力」などいくつかの項目は成長トップ企業の大きな強みになっているが，停滞トップ企業はそれに比べ低水準となっている．これらの経営能力はいずれもイノベーションや組織変革に係るものであり，今後の成長を左右する組織能力としてこれらのイノベーション関連の力の重要性が示唆されている．

2.3 IT活用領域の方向

調査では，過去2年，今後2年におけるIT導入の目的を聴取している．回答結果によれば，過去2年間では，「経理・会計オペレーションの省力化・効率化」(60%)「販売業務オペレーションコストの削減」(44%)等の回答が多い．これに対して，今後2年間では，「経営情報のリアルタイム化」(52%)「顧客情報の収集・管理の高度化」(36%)の回答率が高い．これらから，IT化の方向は，オペレーションコスト低減を目的にしたものから，経営・市場情報活用とスピード経営に係る課題対応にシフトしていることがうかがえる（図5-3）．

導入目的を前掲の競争地位と成長性による企業類型との関連で見ると，IT導入領域の方向のより進んだ傾向が認められる．例えば，「経営分析の詳細化」「経営管理指標の多様化」といったテーマは，停滞トップ企業の今後2年間の目的としては低いが，成長トップ企業では比較的高くなっている．成長トップ企業は高いイノベーション力で基幹業務の変革（効率化とスピードアップ）を推進し，さらに経営分析・管理業務でのIT活用によってそのイノ

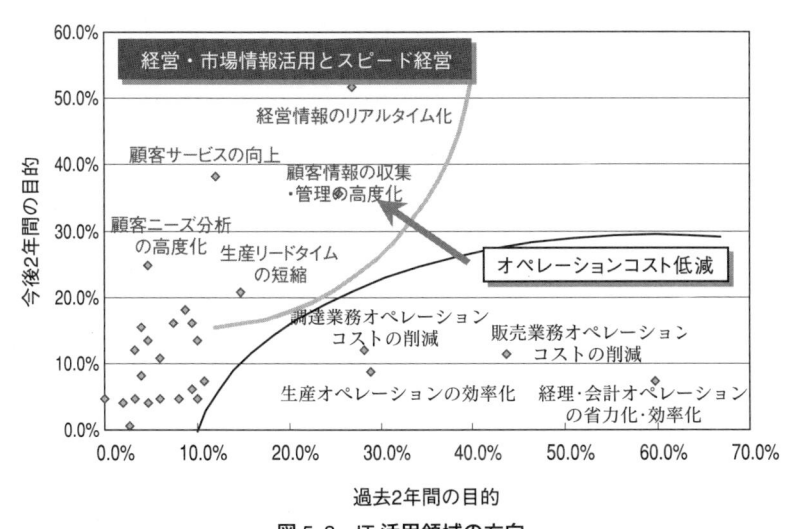

図5-3 IT活用領域の方向

[日本CIO連絡協議会調査結果に基づき著者加工]

ベーション力を強化していくように見受けられる.

§3 経営成果を高める IT マネジメントの条件

3.1 IT マネジメントの 4 つのタイプ

次に,別の調査データから,IT マネジメントの良し悪しが経営成果を左右するという点を検討する.この調査は日本企業の CIO(情報担当役員)を対象としたものであるが,この中で企業の IT に関する計画・戦略の立案方法,個別システムの企画・開発・運用の方法とプロセス等を聴取した[3].

IT に係る中期計画[4]については,70% の企業が作成していると回答している.しかし,計画書の記載内容には差異があり,IT 中期計画の中で定性目標を掲げている企業は多い(91%)が,計数的目標まで展開しているものは 54% である.IT 中期計画は,「IT マネジメントの成熟度」を示すものと考えられる.この面から企業を,IT 中期計画を有し,かつ数値目標を展開し,PDCA サイクルを管理している体系的 IT 管理型(S)と,そうでない低管理型(N)に分類できる.

次に,IT 戦略の策定方法であるが,IT 投資の重要性が高まっている今日,トップ直轄で IT 戦略の意思決定を判断する会議体を設置する企業が増えている.調査結果によれば,社長が意思決定組織の長であるとする企業は全体の 50% であった.これは,「IT 戦略策定の組織的アプローチ」を示すものであり,IT 戦略の意思決定組織の長が社長となっているトップ関与型(T)と,そうでないボトムーミドル型(B)に分類できる.

以上の「IT マネジメントの成熟度」と「IT 戦略策定の組織的アプローチ」という 2 つの観点から,IT マネジメントを 4 つのタイプ,(1) TS 型:体系的管理でトップ関与,(2) BS 型:計画的管理だがボトムーミドル中心,(3) TN 型:計画的でないがトップ関与,(4) BN 型:ボトムーミドル中心で管

---

(3) 日本 CIO 連絡協議会が 2000 年 9 月に調査票を郵送し,175 社からの回答をえた(日本 CIO 連絡協議会 [2000]).
(4) 名称は『IT 中期計画』とは限らないが,全社 IT に関する中期的なビジョンや計画を取りまとめたものを指す.

第 5 章　IT 戦略マネジメント

理度低い，に分類し，経営成果との関係を見ると，興味深い傾向が明らかになった（図 5-4）．

3.2　旧来型 IT マネジメントの問題点

アンケート調査結果では，IT の管理と実現状況，業務プロセス指標と経営成果の改善状況に関して具体的な項目を聴取した．図 5-5 はそれを統計分

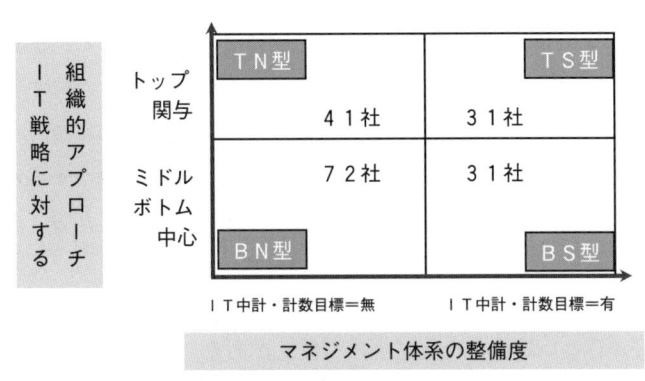

図 5-4　IT マネジメントの類型
［日本 CIO 連絡協議会調査結果に基づき著者加工］

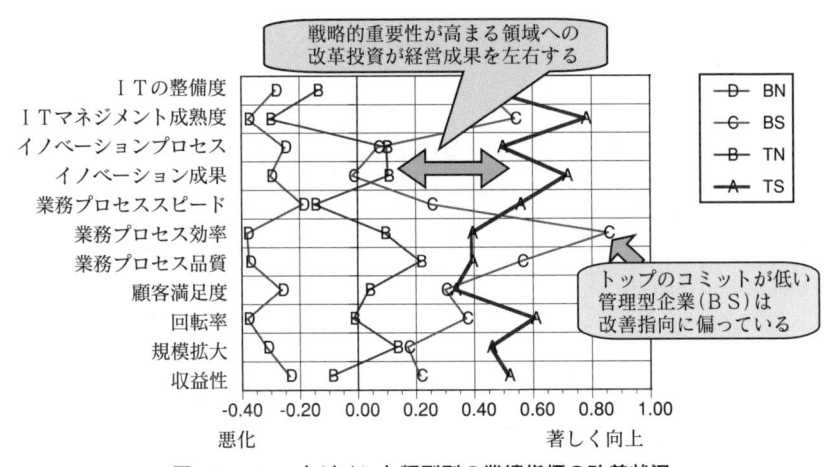

図 5-5　IT マネジメント類型別の業績指標の改善状況
［日本 CIO 連絡協議会調査結果に基づき著者加工］

87

析により総合指標化し，前掲の4タイプごとに平均値を示したものである．

最も優れた経営成果改善を達成しているのはTS（体系的IT管理でトップ関与）型である．各指標とも他のタイプに比べ良好な指標値を示している．これは体系的なITマネジメントによりITの高度利用が進み，それが業務の効率，品質，スピード面での改善に繋がり，顧客満足度向上を通し，最終的に財務的成果向上が達成されているものと推察できる．

これに対し，2番目に経営成果改善が良好なBS（体系的IT管理をしているがボトムーミドル中心）型の各指標のポジションが特徴的である．業務プロセスの効率面・品質面は，TS型以上に改善されているが，その他が低い．これは，IT投資も積極的でシステムの整備も進んでいるが，業務効率に焦点が偏り過ぎているものと思われる．業務スピード，製品開発などのイノベーションプロセスや，製品開発の成功率等でTS型に比べかなり劣っており，また，財務関連の指標もTS型に比べ低い．重要性が高まっている業務のスピードアップやイノベーション業務領域でのITの寄与が低く，それが経営成果に繋がらない理由となっている可能性がある．旧来型ITマネジメントにありがちな典型的な問題といえる．

また，この他のBN型，TN型，すなわち体系的なITマネジメントができていない企業では，業務，経営成果ともに総じて改善が進んでいないという傾向が示されている．

3.3　ITから経営成果に向けての業績指標の連鎖

前述のTS型とBS型との差異に関する解釈を検証するために，アンケート調査結果で求めた総合指標間の因果関係を分析した[5]．図5-6はその結果である．指標間の関係を標準回帰係数とともに矢印で示した[6]．

IT先進度のアプローチ（ITマネジメントの成熟度）とアーキテクチャ（情報システムの整備度）は高い相関があり，アプローチが高いほど，アーキテク

---

(5) 多階層の重回帰分析を適用したパス解析による．
(6) 4つの視点と要因間の因果関係についてはKaplan & Norton［2000］のバランストスコアカードのフレームワークを参考にした．

第5章　IT戦略マネジメント

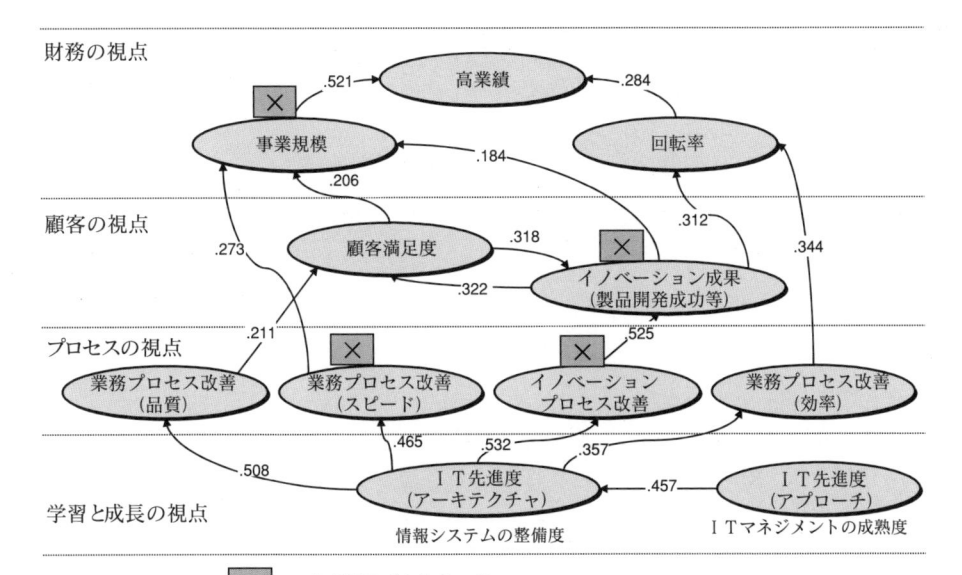

図5-6　経営成果にいたる業績指標の連鎖構造

チャが高度化する．情報システムのアーキテクチャは，業務プロセスの効率，スピード，品質，およびイノベーションプロセスの改善を促進するが，各係数の大小から，相対的には，効率化よりもスピード，品質，イノベーションプロセスへの寄与が重要になっていることが示唆されている．

　財務の視点から見ると，高業績に対しては事業規模拡大が最も重要で，加えて回転率の向上も寄与している．事業規模拡大には業務プロセスのスピード改善と顧客満足度，イノベーション成果が重要な指標となっている．一方，回転率の向上には業務プロセスの効率化が寄与しているが，製品ライフサイクルの短命化に伴いイノベーション成果による効果も小さくない．

　これらの関係を踏まえると，BS型の場合，イノベーション成果と業務プロセス改善（スピード）がTS型に比較して低く，そのため，事業規模の拡大がTS型に比べ低くなっていると解釈できる．

3.4 ITマネジメントタイプの特徴の整理

以上を整理すると，ITマネジメントの各類型の特徴を以下のようにまとめることができる．

- 持続的に高業績（収益の拡大）を収めている企業は，イノベーション・革新に関連した組織能力が高く，経営分析・管理領域でのIT活用も先行している．
- ITマネジメントが体系的でトップが関与する企業類型では，ITにより業務革新を図り，それによって経営成果を高めるという効果の連鎖が認められる．
- 一方，ITマネジメントで体系的管理は行うがトップの関与が低い企業類型では，効率化を中心としたIT化の取り組みは進んでいるが，製品開発等今後重要性が高まるイノベーション型業務領域への投資・改革が手薄であり，事業規模の拡大等の経営成果に十分繋がっていない．

§4　バランス・スコアカードの必要性と意義

4.1 ITマネジメントのポイント

これまでに示した2つの調査結果による成功要因に関する分析からは，解決すべきITマネジメントの問題が明らかになってくる．図5-7の右側は，今日の平均的な企業におけるITマネジメントのPDCAサイクルを示したものである．情報システム計画によりシステム開発が行われ，そして，完成したシステムが供用され，業務オペレーションによって事業価値を生む．しかし，まず一つ目の問題は，PDCAサイクルの起点となる情報システム計画にCのチェックとAのアクションが適切に繋がっていない場合が多いことである．すわわち，業務ニーズに応えた情報システム整備ができていないことであり，「業務現場とシステム部門の間のボトルネック」が存在することである．前掲の調査結果によれば，ITマネジメントが体系的に整備・運用されている企業（TS型，BS型）は，総じて業務プロセスの改善度が良好である．体系的なITマネジメントには適切なPDCAサイクルが含まれており，

第5章　IT戦略マネジメント

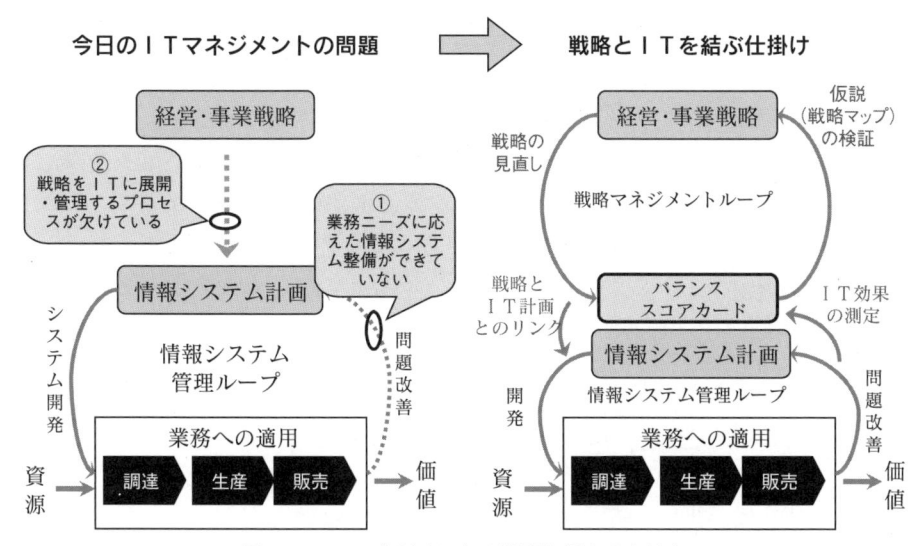

図5-7　ITマネジメントの問題と将来のあり方

その重要性が示されているといえよう．

　しかし，それだけでは今日の事業環境変化の中で良好な事業成果を生むことを保証しない．経営・事業レベルでの戦略展開が必要であり，情報システム計画は，業務ニーズだけに応えるだけではなく，経営・事業戦略に対応するものでなければならない．しかし，これまでの情報システム計画アプローチは，どちらかといえば，現行の事業や業務方針を前提にした，業務改善型に偏っており，経営・事業戦略を情報システム計画に展開するプロセスが欠けている場合が多い．すなわち，二つ目の問題は「戦略とオペレーションの間のボトルネック」である．ITマネジメントが体系的に整備・運用されている2つの企業タイプの中でも，IT戦略にトップが関与しているTS型が，重要度が高まっているイノベーション関連の業務改革が進んでいる一方，IT戦略へのトップの関与が低いBS型の場合，業務効率改善は優れているが，経営成果改善に繋がっていない．BS型は，体系的なIT管理の仕組みはできているが，それゆえに現場の業務改善ニーズや過去の要件に固執しがちであり，その反面環境変化に対する新たな戦略課題に対応することが不得意であ

る．このような企業においては，ITの計画・管理に限らず，「戦略のマネジメント」の仕組みが次期の課題といえる．TS型のように，戦略課題を見極め，それに対応したIT活用を推進していくことが求められている．

このようなITマネジメントにおける問題を解消していくには，図5-7の右側に示すような2階層のPDCAサイクル，すなわち「戦略マネジメントループ」と「情報システム管理ループ」から成るダブルループにより，戦略とITの連携マネジメントを進めていくことが望まれる．そして，その鍵となるツールとして期待されているのが，バランス・スコアカード（BSC）である．

4.2 BSCと日本企業にとっての意義

米国で10数年前に誕生したBSCは，1990年代後半には日本でも関心が高まり，導入企業が増えている．リコー，富士ゼロックス，日本フィリップス，パイオニア，寶酒造などが初期の導入事例として報告され，さまざまな業界に，そして病院や自治体など非営利組織にもBSC導入の動きは波及している．

筑波大学大学院小倉研究室が2002年11月に実施した調査によれば，東京証券取引所1部上場の151社中15社が導入済み（10%），13社が導入検討中・準備中（9%）であった［小倉研究室，2003］．初期の事例も2000年前後からの導入スタートであることを考えれば，経営手法としての普及は着実に進んでいるといえる．

しかし，日本企業の動きの中で懸念を感じる部分もある．BSCに対する日本企業の反応は二極化している．一つは「方針管理みたいなものなら既にやっている」という否定的な声であり，他方は「方針管理（または目標管理）をBSCへ拡張していこう」という推進論者である．BSCは日本企業にとって無意味なものなのか，それともマネジメント革新の武器なのか見方が分かれる．この点は各社が個々に判断する必要があるが，そのためにはBSCの体系・本質と，日本企業にとってのBSCの意味を理解することが重要である．

そこで，ステレオタイプ的な議論になるが，日本型企業と米国型企業の特

第 5 章　IT 戦略マネジメント

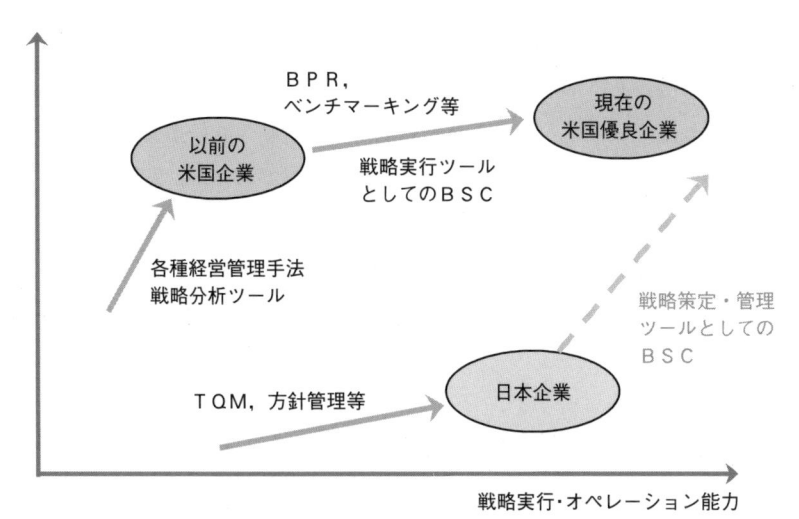

図 5-8　日米企業の経営能力ポジションと BSC の役割

徴から見た BSC の重要ポイントを考えてみたい（図 5-8）．米国企業は，経営分析手法，戦略計画手法に基づくトップダウン経営に特徴があり，戦略策定能力の高さが大きな強みであったといわれている．PPM，価値連鎖を初めさまざまな手法・コンセプトが経営学者やコンサルタントから提案され，実践されてきた．しかし，1980 年代に入ると日本企業の海外進出や日本製品の品質に対する脅威が米国内で高まるとともに，米国の弱みがクローズアップされた．戦略策定ばかりに気をとられ，計画どおり実行できない，うまく作れない，人が動かない等の問題である．そこで，戦略麻痺症候群の処方箋として，日本的経営システムの研究が始められ，TQM，コンカレント・エンジニアリング等が米国企業で採用されるようになった．1990 年代の米国企業の復興は，米国企業の弱みである戦略実行力を日本的経営手法で補完したことが大きい．

1990 年代初めにキャプランとノートンによって提案された BSC も，このような文脈の中で米国企業の中で採用されてきた業績管理手法と位置付けられる．BSC は既存の経営手法のエッセンスが融合されている点に特徴があるが，特に日本で発展してきた TQM，方針管理の考え方が重要な構成要素

となっている．例えば，BSCの原型とも考えられる米国のアナログ・デバイス社の事例がある［櫻井，2003］．同社の場合，コーポレート・スコアカードと呼ばれるスコアカードにより，継続的改善活動の評価指標を拡張し，財務面と業務プロセスとをリンクさせたことも特徴であるが，方針管理プロセス導入による戦略実行力改善での効果がより大きかったと思われる．すわなち，米国企業では，強みである戦略策定能力を活かしながら，弱みであった戦略実行（オペレーション能力）をBSCによって強化し，経営の総合力が高まった，と解釈できる．

日本企業にとっても「強みを活かしながらいかに弱みを克服するか」が課題である．前述のように，BSCへの二極化した見方はいずれも日本企業の強み＝オペレーション能力に焦点をあてた見方である．BSCに対する否定的な見方は，既に実行，オペレーション能力に関しては問題ないとする見解であり，肯定的な見方は，経営企画＝方針管理，人事＝目標管理，品質管理＝TQMという現状のPDCA管理フレームの中での改善策としてBSCの4つの視点に着目しているレベルである．しかし，目を向けなければならないのは弱み＝戦略策定／戦略マネジメントの方である．弱みを直視し，それを補完するためにBSCを適用しようとする議論が少ない．「戦略策定から戦略レビューのPDCAサイクルを再構築し，それをコントロール／オペレーションサイクルと連携せよ」というのが日本企業への最も重要なメッセージといえる．

§5 プロジェクト指向BSCとITマネジメントのあり方

5.1 伝統的BSCの問題

では，BSCを用いてマネジメントシステムの弱みをどのように改良していけばよいのか，この点を具体的な問題を示しながら検討したい．

伝統的なBSCの構築方法では，まず前述のように導入対象の事業部門のトップレベルで戦略マップおよびスコアカードを作成する．スコアカードに

は，戦略目的（戦略的課題）やその実現状況を管理するためのKPI（業績評価指標），到達すべき目標値等が設定されている．その次に，事業部門の戦略目的を下位の部門に展開する．この上位組織から下位組織への展開の流れを滝に例え，カスケードと呼んでいる．この流れ自体は，方針管理における展開アプローチと同じであり，目標管理制度としても採用されている企業が多い．すなわち，BSCを導入してもこの展開プロセス自体に新規性はそれほどない．むしろ，BSCの有無にかかわらず，組織階層を前提とした展開の場合，下位部門は達成容易な戦略目的を列挙する傾向がある，そのため上位戦略目的実現のための下位戦略目的が十分展開できていない，といった問題がしばしば生ずる．

　これは日本企業の今日の組織マネジメントでは，ますます起こりがちになっている．一つは，日本企業には，機能別組織をベースに組織編制している企業が多いことが上げられる．事業部制を敷いていても，生産や販売の一部機能は共有の場合も多い．また，当然ながら事業を分けていても，顧客やリソースに関してのシナジーが存在する．例えば，SI事業ではソリューション事業とサポート事業が別のプロフィットセンターになっていても，双方の戦略目的を実現する上で相互補完的な役割を持ち合っている．サポート事業本部の売上高・契約数は，ソリューション事業本部の新規受注，リピート受注に依存している．逆に，ソリューション事業本部のリピート受注には，サポート事業本部のサポート品質や，顧客情報整備の影響を受けることになる．

　もう一つの理由は，全社，事業部門の戦略課題に対応する活動の多くがプロジェクトとして実行され，経営に占める戦略的なプロジェクト活動の比率が高まっていることである．そのため，戦略目的を組織階層にしたがって上位から下位に落とし込むだけでは，十分な部門間調整ができず，戦略目的の実行の担保は難しい．

5.2　プロジェクト指向BSC

　これを解決するためには，組織階層，責任会計の階層による縦のマネジメントコントロールを補完することが必要である．その方策として近年注目さ

れているのが，プロジェクトマネジメント（およびプログラムマネジメント）とBSCとの融合である［小原・浅田・鈴木，2004］．特に，変革型プログラム，戦略施策型プログラムの2つのプログラム概念を導入し，BSCとリンケージすることが上述の方針管理に準じた導入アプローチでの問題を回避し，戦略と実行を真に結びつける上で有効である．ここで，変革型プログラムとは，企業のビジネスシステム，マネジメントシステムを改革するための一連の施策である．その中に具体的なプロジェクトが紐付けされる．例えば，サプライチェーンマネジメントSCM革新のプログラムの場合，在庫拠点再編，SCP（サプライチェーン計画）ソフト導入といったプロジェクトが推進されることになる．一方，戦略施策型プログラムは事業活動における戦略テーマである．これまでのマネジメントコントロールシステムは責任会計をベースにした組織階層に依存し過ぎていた．そのため，機能別組織の場合，製品ライフサイクルの統合マネジメントが弱かったり，製品別事業部の場合，顧客マネジメントの視点が欠如するといった問題が起こりがちである．戦略施策型プログラムはそれを補完するための枠組みであり，見込み型事業の場合ブランド，製品群といったライフサイクル管理の単位をプログラムとして設定し，それに製品開発プロジェクト，販売促進プロジェクトが紐付けされるようにする．また，受注型事業の場合，重要顧客や市場セグメントを単位としてプログラムを設け，ソリューション開発，顧客リレーションシップ管理などのプロジェクトを関連付けるようにする．

　これらの2つのタイプのプログラム－プロジェクトの体系を前提に，プロジェクト指向BSCでは，事業部門（SBU）の戦略目的を，組織階層ではなくプログラムおよびプロジェクトの流れから展開する．すわなち，第一に事業部門のトップレベルの戦略マップを変革プログラム，戦略施策型プログラム別に作成し，各々を戦略テーマとしてスコアカードを作成する．戦略テーマスコアカードをもとに，関連するプロジェクトのスコアカード，および関連するライン組織のスコアカードにカスケードしていくことになる．その結果，組織横断で取り組む戦略課題の実行が一元管理でき，戦略実現に向けての事業・業務活動の整合性を高めることができる．

5.3 プロジェクト指向 BSC による戦略と IT の連携

IT マネジメントの問題である経営・事業戦略と情報システム計画の連携についても，プロジェクト指向 BSC を活用することが有用である．図 5-9 は IT マネジメントのための BSC のカスケード展開構造を示したものである．基本的には，IT マネジメントだけでなく，全社または当該事業部門で BSC を導入していることが前提である．マネジメントプロセスとしては，まず，毎期事業部門の戦略・計画の立案からスタートする．戦略・計画の表現様式に BSC の戦略マップやスコアカードを用いることとし，まず事業レベルの戦略マップ，スコアカードを策定し，一般にはそれを機能部門にカスケード（展開）することになる．しかし，前述のように，プロジェクト指向 BSC では，事業レベルのスコアカードを，プログラム−プロジェクトを優先し，カスケードすることになる．その結果，プログラムおよびプロジェクトのスコアカードを作成する．例えば，事業戦略でキャッシュフローの改革をするため，SCM 改革プロジェクトを立ち上げる場合，SCM 改革プログラ

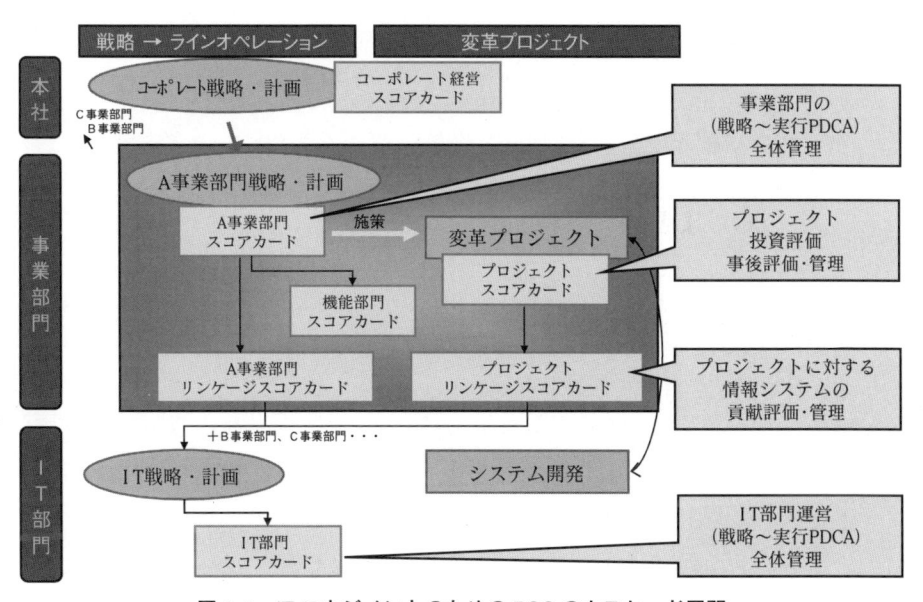

図 5-9 IT マネジメントのための BSC のカスケード展開

ムで目指す成果と目標値を，プロジェクトスコアカードとして設定することになる．また，通常のように事業部門の目標を実現するため，機能部門に目標展開され，機能部門スコアカードも作成される．

　ITマネジメントにプログラム指向BSCを用いる場合，プロジェクトスコアカード，機能部門スコアカードを与件として，IT部門がそれに対しどのように貢献するかを表す「リンケージ・スコアカード」を展開していく．リンケージ・スコアカードとは，キャプラン&ノートンがIT部門等のシェアード・サービス部門（間接部門）のBSC導入方法として提示したものであり [Kaplan and Norton, 2001]，事業部門に貢献するというシェアード・サービス部門のミッションを，サービス提供先の事業部門のスコアカードの写像として作成するスコアカードのことである．すなわち，事業部門のスコアカードの中で，IT部門が貢献する部分を抽出したものである．プロジェクト指向BSCでは，事業部門の写像だけでなく，プロジェクトスコアカードからのリンケージ・スコアカードもある．そして，これらの事業部門からの要件を実現するための組織整備課題をIT部門スコアカードとして取りまとめる．また，IT部門スコアカードの中には，部門財務目標（社内売上高等）を含む場合もある．以上のようなスコアカードの展開構造に基づき，ITマネジメントのPDCAサイクルを廻していくことになる．

§6　まとめ

　不断の環境変化の中で，企業の変革能力が問われており，ITを梃子に基幹業務の変革を推進し，かつ非定型・知的業務を支援するためのIT投資が望まれている．ITは経営戦略を実現する上でなくてはならない資産であり，そのためには，ITを管理する体系が基盤として不可欠である．しかし，戦略とITとの連携を適切にマネジメントし，それを経営成果に繋げている企業は多くない．

　本稿では，日本企業の社長およびCIOを対象としたアンケート調査結果の中から，よりよいITマネジメントの条件を浮き彫りにした．その中から

は，ITマネジメントのPDCAサイクルを構築するとともに，トップダウン型の戦略展開を組み合わせることの重要性が示唆された．その要件を実現するために，BSCの有効性をレビューし，プロジェクト指向BSCによる経営・事業戦略とITとの連携フレームワークを提示した．プロジェクト指向BSCの基本となる思考プロセスや，それに基づくITマネジメントは，優良な企業では行われていることである．しかし，学習し成長する組織体においてはそのプロセスを公式のマネジメントシステムとして具現化することが求められる．今後，ITマネジメントは，経営企画系の経営計画・方針管理，経理・財務系の予算管理，人事系の目標管理・業績管理，さらにはプロジェクト管理，プロセス管理といった既存のマネジメントシステムとの連携と調整が必要となってくる．ITマネジメントに限らず，プロジェクト指向BSCを核として，将来のマネジメント・アーキテクチャを再構築すべき時期といえる．

（参考文献）

日本CIO連絡協議会情報システム調査研究委員会編．2000.『IT革命によるデジタル経済への対応―インターネットをビルトインした新たなビジネス・モデルの構築』日本CIO連絡協議会

歌代豊．2003.「経営成果を高めるためのITマネジメントの条件」『組織学会研究発表大会論文集』組織学会

小原重信・浅田孝幸・鈴木研一編．2004.『プロジェクト・バランス・スコアカード』生産性出版

Kaplan, Robert S. & David P. Norton. 1996. *The Balanced Scorecard*. Harvard Business School Press （吉川武男訳．1997.『バランス・スコアカード』生産性出版）

Kaplan, Robert and David Norton. 2001. *The Strategy—Focused Organization*. Harvard Business School Publishing （櫻井通晴監訳．2001.『キャプランとノートンの戦略バランスト・スコアカード』東洋経済新報社）

（歌代　豊）

第6章　MBOと事業再生

　企業経営の観点からは，事業再生が必要とされるような状況を招かないために，個々の事業の競争力を高め，かつ常に適正な事業構造を維持するための新陳代謝が促進されるマネジメント・コントロールの仕組みを確立することが重要である．しかし，経営の効率性ばかりを追求する結果，縮小均衡型の経営に陥ることは避けなければならず，今日求められているのはダイナミックな攻めの成長戦略を展開することである．本章では，日本企業がこれまで進めてきたマネジメント革新の実態を踏まえた上で事業再生に係わる課題を俯瞰し，企業の成長戦略にとってM&AやMBOが持つ意味合いを探る．

§1　マネジメント革新と事業構造改革

　日本企業は，それまでの右肩上がりの経済環境が終焉するという大きな環境変化に直面した．一部の限られた新興の市場分野を除き，マクロな経済成長に支えられた事業規模の拡大を期待することはできなくなったばかりか，競争環境が厳しさを増したことにより収益性も大きく低下した．このような状況下，多くの日本企業はマネジメント革新と事業構造改革への抜本的な取り組みを余儀なくされた．1990年代後半，企業にとって低収益体質から脱却することが主要なテーマであった．

1.1　日本企業が進めてきた三つの革新

　1991年のバブル経済の崩壊以来，日本企業の多くは業績の低迷に苦しめられてきたが，実は日本企業の経営パフォーマンスは1980年頃をピークに長期凋落傾向を示している．従来日本企業は業務執行の効率性は高いもの

の，差別化された戦略展開を志向することに関しては弱みがあると言われてきた．しかし，従来高いといわれていた業務執行の効率性も，米国企業が積極的に IT を取り込んだ BPR を進めた結果，近年日本企業は業務執行面における優位性も喪失した．

その結果，90 年代後半は戦略的な経営力の強化と業務執行の効率性向上の両面を視野に入れた経営改革を実践することが求められた．戦略的な経営力の強化のためには，先鋭化された価値を選択する能力を養成し横並び経営から脱却することと，選択した価値を実現するための戦略実行をコントロールする仕組みを整備することが必要であった．業務執行面における効率性の回復も，主としてホワイトカラー生産性の向上に焦点が当てられ，それは戦略的な経営力の強化と表裏一体の課題であった．

日本企業が抱えていた課題領域は，①市場対応課題，②機能対応課題，③資源対応課題に大別された．市場対応課題とは，右肩上がりの経済が終焉しグローバル・コンペティションが激化していることと並行して，企業価値増大圧力が高まってきたことに対応するために，将来のエマージング市場や海外の未染手市場への足がかりを確保することにあった．機能対応課題とは，一貫した事業連結体制を通じた競争力のあるバリューチェーンを構築することにあり，特に IT 活用の重要性が高まった．資源対応課題とは，内的な環境要因の変化を受けて多様化した人材要件に対応したマネジメント体制へ移行することと，外部の経営資源をより積極的に活用することにより各種の改革を加速化させることであった．

このような課題に対して，企業が第一に進めたのは事業のリストラによる事業構造の改革であった．不採算事業に対する抜本的な収益改善策が追求され，それでも効果が見込めない場合には事業そのものからの撤退が進められた．従来は経営資源の緩やかな移転により事業の構造を徐々に転換するやり方が主流であったが，この時期には売却等即効性のある手段を用いた撤退が多く見られるようになった．

継続する事業領域においても，それまでのビジネス・モデルにとらわれるのではなく，競争力のあるバリューチェーンを実現して収益力を高めること

を目指したコア機能革新が志向された．コア・コンピタンスが強く意識されるようになり，競争優位性を確立できない機能領域に関しては外部と連携したバリューチェーンの補完が行われるようになった．事業競争力を高めるために，外部資源の活用も視野に入れたコア機能革新への取り組みであった．

　事業構造をより適正な状態に保つ，コア機能に特化するためのパフォーマンスを評価する，その結果として株主をはじめとするステークホルダーに対してコミットした成果を達成する，といったことを実現するためにはマネジメントの革新も重要な取り組みテーマであった．グループ経営において事業連結でのパフォーマンス向上を実現することで企業価値を高めることが，マネジメント革新の基本的な方向性であった．

1.2　グループ経営とコーポレート・ガバナンス

　企業が取り組んできたマネジメントの革新とは，①事業連結経営体制を確立すること，②事業構造改革能力を強化すること，③インテグレーテッド・ディバーシフィケーションを追求することであった．これらの取り組みにより，企業価値の向上を目指すためのグループ経営体制を再構築することが狙いであった．

　グループ経営改革への取り組みの直接的なトリガーとなったのは，2000年3月期からの決算制度の変更であった．それまでの単独決算中心の体制から，実質支配力基準を適用した連結主体の決算制度に移行したことで，単体での業績を重視する従来型の経営が通用しなくなった．その他にも，連結納税制度の導入とは時間差があったものの純粋持ち株会社が解禁された，企業再編関連制度が改正され手続きが簡素化・容易化した，株式交換制度や会社分割法が整備された等，企業や事業の再編手法に関する選択肢が大幅に拡大した．さらに，景気低迷が長期化し企業の収益構造が悪化する中で，法人による株式の持ち合い構造が崩壊したことも大きく影響している．このような環境変化が時期を同じくして進行したことで，経営は各種の再編手法を効果的に活用することで資本効率性を高めることが必須の条件とみなされるようになった．マネジメントの仕組みも，それを強く意識した体制への変革が求

第 6 章　MBO と事業再生

グループ経営改革の動向	グループ経営改革における重要視点
■グループ会社の再編 　▷グループ会社の統廃合 　▷分社化（事業分社／機能分社） 　▷完全子会社化 ■連結決算対応から事業連結経営の確立へ 　▷連結事業管理体制の構築 　▷連結業績管理システムへの取組 　▷関係会社管理における事業連結性の重視 ■分権経営とグループ組織構造 　▷事業別連結責任を追求するカンパニー制 　▷持株会社制への取組 　▷グループ全体の資源配分権を統合するグループ本社（HQ）	➡グループ内経営資源配分の最適化 ➡事業構造変革能力の強化 ➡連結事業責任体制の強化 ➡事業部門組織の自律的運営能力の強化 ➡分権組織活動に対するモニタリングとコントロール機能の最適化 ➡グループ共有機能の統合による効率性・専門性の追求（シェアードサービス） ➡マネジメント・コントロール手段としての業績評価体系の再構築 ➡インテグレーテッド・ディバーシフィケーションの推進（意思決定の分権化と経営資源の共有化） ➡グループ・コミュニケーションの再構築（グループ経営方針の徹底化）

図 6-1　グループ経営の再構築に向けた取り組み

められるようになった．

　具体的な取り組みとしては，カンパニー制や分社・持ち株会社化を含む分権経営体制の確立が先ず挙げられる．これらの組織機構改革は事業連結での責任体制を明確化するものであり，分権組織の業績評価指標として資産・資本の効率性や資本コストを反映した指標類が用いられるようになった．また，組織業績評価制度の改定に伴い，分権事業組織の長を中心に成果主義の強い報酬制度が採用されるようになった．企業グループ，分権事業組織，分権事業組織の長のいずれもが，企業価値に直結する指標でもって管理される体制が志向された．

　連結事業単位での分権経営が強化されるのと同時に，グループ本社・コーポレート機能の強化も追求された．分権事業組織の自律性により個々の事業レベルでの競争力を強化するだけでなく，グループ全体で経営資源を有効に利用しグループ最適を目指すための機能の充実が必要とされた．グループ目標と連動した分権事業組織の目標設定，グループ・マネジメント・インフラの整備，グループのコア・リソースの蓄積・強化，次世代事業の探索と開発等はインテグレーションによるシナジーの発揮が重要と認識されている領域

であり，分権化が進むのと同時に強化されたコーポレート機能である．

　グループ経営において分権事業組織体制の強化とコーポレート機能の強化とが並行して進められたが，それらの改革が効果を発揮するためにはコーポレート・ガバナンス体制そのものの見直しも必要とされた．グループ経営力強化のための機構改革と同時並行的に役員改革が進められるケースが多く見られた．株式持合い構造が終焉し企業価値重視の経営を展開するために，分権事業組織のミッションとコーポレートのミッションを明確化するのに合せて，役員のあり方を含むコーポレート・ガバナンス改革を進めることが不可欠の対応となった．

　日本の商法では，取締役は経営の執行機能と監督機能の両方を持つことが規定されている（ここでの議論は委員会等設置会社の形態は想定していない）．取締役に経営の重要な執行機能を求めた上で，さらに自己監督機能までを求めることにはかなりの無理があるのではないかということが基本的な問題意識としてある．また，従来の日本企業の取締役は，コーポレート・レベルの執行と部門レベルの執行という観点では，部門レベルの執行に重点がおかれる傾向も見られた．これらの問題を解決することがコーポレート・ガバナンス改革における重要な課題認識であった．

　監督機能の強化だけを求めるのであれば，中立的な社外取締役の充実により対応することも考えられるが，それでは執行機能面での不安が残る．そこで，米国型に近いコーポレート・ガバナンスの仕組みとして執行役員制を採用する企業が増えた．執行役員制の導入に伴うコーポレート・ガバナンス改革には，大別して三つの大きな取り組みが見られた．

　その第一は，商法上の取締役数の削減による取締役会の機能回復と迅速な経営意思決定体制の構築である．第二は，部門レベルの執行機能を極力執行役員に委譲することで，取締役はコーポレート・レベルの執行により専念できるようにしたことである．ただし，部門レベルの執行機能とコーポレート・レベルの執行機能は完全に分離できるものではなく，各社とも未だに兼任体制のあり方や会議体の持ち方等に関して試行錯誤を繰り返しているのが実態である．第三は，取締役から部門執行のミッションを取り除いたことで

社外取締役の登用可能性を高め，監督機能の充実を目指したことである．執行役員制によるコーポレート・ガバナンスの仕組みは各社の任意の価値判断に委ねられているが，それが目指したものはグループ経営力の強化とステークホルダーに対する責任体制の強化であった．

1.3 事業構造の改革

マネジメント改革は個別事業の強化と，積極的な事業の新陳代謝を図ることで常により収益力の高い事業構造の実現を目指したものであった．過去，事業規模や市場シェアの拡大に向けた取り組み，あるいは新規の事業領域の取り込みに対しては積極的な取り組みが見られたが，事業からの撤退に関しては緩やかな経営資源シフトにより比較的長い時間をかけるやり方が主流であった．また，バリューチェーンの設計に関しても，競争優位性やコア機能性の観点を重視するよりも，内製化にこだわったフルセット主義の傾向が強かった．しかし，経営環境が厳しさを増したため，よりドラスチックな構造改革が必要とされるようになった．

事業構造改革への取り組みに関しては，事業責任区分の明確化と事業価値の評価が適切に行われるようになることが第一歩となる．その結果，不採算のノン・コア事業の整理，不採算のコア事業の整理が進んだ．不採算な事業からの撤退が完了した次の段階での取り組みは，採算性の面では黒字であってもノン・コアと判断される事業からは撤退し，そこに投下されていた経営資源をコア事業領域に重点配分することで，グループ事業構造をより望ましい姿に進化させて行くことであった．

事業構造改革への取り組みが適切に行われるための条件としては，グループ企業のミッション別管理を実現することと，撤退に関してシステマチックな意思決定ができる仕組みを確立することが挙げられる．

グループ企業のミッションは，付加価値指向の事業会社群と，コスト効率指向の機能分社群に大別される．事業会社群はさらに，独立事業を営むものと，周辺事業を営むものとに区分される．また，機能分社群は，事業を補完する機能を担うものと，グループ全体の支援機能を担うもの（いわゆるシェ

アード・サービス）とに区分される．これらグループ企業のミッション別区分に応じて，適切な主幹部署を設置し，合わせて評価制度も多様化させる必要がある．シェアード・サービス会社に対する関心が高まったこともきっかけとなり，このようなグループ企業体制フレームへの転換が進みつつある．

　撤退の意思決定は個別的な要素がたくさん含まれるのが一般的であり，機械的な意思決定は馴染まない．しかし，撤退の候補領域の抽出に当たってはシステマチックな評価が可能である．撤退候補領域が定期的にスクリーニングされ，経営に対しても事業担当者に対してもウォーニングが適宜発せられることが重要である．ミクロな事業レベル（カンパニーや事業本部といったSBUよりもさらに細分化された単位）で経済的な付加価値等のモニタリングを行い，常に撤退領域に関する警告が出される仕組みを持つ企業が増えている．

　多くの企業では，不採算事業からの撤退は一段落し，今後は新たにより戦略的な判断が必要とされるグループ・プレミアムを意識したノン・コア事業の整理に取り組む段階に到達している．どのような事業構成でどのようなバリューチェーン機能を持つことがシナジー効果を生み出し，グループとしてのプレミアム価値を実現できるかを判断することが経営の最も重要な意思決定事項の一つである．

§2　事業再生のメカニズム

　マネジメント革新と事業構造改革により業績を回復させた企業も多いが，そのような対応がうまく機能せず，事業再生のスキームが避けられなくなってしまった企業も多数存在する．事業再生がなぜ注目されているのか，どのような対応が取られてきたのか，事業再生は今後どのような方向を目指そうとしているのかを概観する．

2.1　事業再生が注目される背景的要因

　事業再生が注目されるようになった背景には，三つの要因が絡んでいると考えられる．

1990年代の後半，経済が停滞する中，企業業績が大きく悪化した．業績悪化にもいろいろなレベルがあるが，一般的には赤字決算といった単年度のP/Lレベルの業績不振であれば，事業再強化のための経営改革を進めることで経営を立て直すことが可能であるとされている．業績の悪化が継続しそれがB/Sレベルにまで反映して債務超過状態にまで陥ると，大幅な財務リストラのための取り組みが要求されるようになる．さらに業績が悪化し資金繰りが破綻するに至ると，倒産処理のスキームが求められる．倒産処理を余儀なくされた企業が増加したというのが，事業再生が注目されるようになった根本的な要因である．

事業法人の業績が悪化すると同時に，金融機関の不良債権問題が大きく表面化するようになった．金融機関側の経営が良好で体力がある場合には，取引先企業の収益性・健全性の回復指導による自力再生が期待できる．しかし，金融機関自体の経営が圧迫され，金利の減免や債権放棄を主導することができなくなったことで，従来働いていたメインバンク主導の自力再建による早期事業再生を促すメカニズムが機能しなくなってしまった．メインバンクが不良債権問題により体力が毀損してしまったため，私的整理に当っての処理コストを吸収できなくなってしまったというのが第二の要因である．

事業再生を必要とする社会的要因を受けて，商法をはじめとした事業再編法制や民事再生法等の事業再生のための倒産法の整備が進んだ．しかし，法的整理のスキームを利用したのでは，経営破綻という世間的な評価が確立してしまい信用の維持ができなくなるというデメリットが発生する．法制度の整備により，法的整理の活用度合いは高まってきているものの，その活用比率は依然として全二万件のうちの三分の一程度を占めるに過ぎない．早期事業再生のためのより適用性の高いメカニズムを確立しなければならないという社会的要請が第三の要因として挙げられる．

2.2 事業再生メカニズムの変遷

事業再生に係わる考え方やメカニズムも，時代と共に変遷が見られる．これからの事業再生のあり方を考える上でも，その変遷について把握しておく

ことが必要である(表6-1).

1970年代にはメインバンクによる私的整理のメカニズムが機能していた．それは主として，メインバンクによる経営者派遣という介入手段を伴う事業再生であった．事業法人側では，メインバンクによる介入を極力避け自律性を保ち続けたいという意向が強く，早期事業再生を自力で進めることに対するインセンティブとなっていた．このような二重のメカニズムが機能していたのが1970年代であった．

1980年代は経済成長と資産インフレが進行したため，事業再生ニーズが顕在化しなかった時代である．経済成長と不動産価格の高騰により，企業の倒産件数自体が減少した．破綻処理が必要とされる場合でも，土地担保という仕組みによりメインバンクが破綻処理に要するコストを吸収できる時代で

表 6-1 制度整備の動向

年	組織再編関連制度	事業再生関連制度	金融関連制度			
			DIPファイナンス	企業再生ファンド	デット・エクイティ・スワップ	債権流動化
1996		・倒産法見直し開始				
1997	・持株会社解禁 ・合併法制見直し					
1998				・中小企業等投資事業有限責任組合法制定		・特定資産の流動化に関する法律(SPC)制定 ・債権譲渡特例法制定
1999	・株式交換制度 ・株式移転制度	・産業活力再生特別措置法施工			・産業再生法による支援	
2000	・会社分割制度	・民事再生法施工			・民事再生法における減資手続き導入	・SPC法改正
2001	・組織再編税制	・私的整理ガイドライン制定	・政府系金融機関による支援制度創設	・政策投資銀行による支援制度創設	・独禁法・銀行法の5%ルールの運用明確化	
2002	・連結納税制度	・会社更生法改正				
2003		・産業活力再生特別措置法抜本改正 ・産業再生機構設立		・整理回収機構(RCC)と企業再生ファンドの連携強化		・RCC当による貸し出し債券市場の創設と機能拡充

[経済産業省「早期事業再生研究会報告書」をもとに作成]

あった．その一方で，金融機関自身がバブル景気を煽り，その後長く続く不況の遠因を作った時代であったともいえる．

1990年代に入りバブル経済が崩壊すると，経済の停滞と資産デフレの結果大型倒産が相次いだ．破綻処理コストが顕在化した一方，それまでの事業再生メカニズムが機能不全に陥った時代でもあった．金融機関の体力が毀損し，合理的な財務再建策を遂行することが困難となった．最終手段としての法的な整理に着手しても事業価値が劣化していたため大幅なリストラを余儀なくされ，破綻処理コストが吸収できない環境となった．

このような状況を受け，2000年以降は事業再生に関する新たな制度・金融環境の整備が進められた．私的整理と法的整理ルールの断絶をなくし，両者の連続性を確保することで早期事業再生への取り組みを促進することが目標となった．また，保有資産価値ではなく，事業の将来収益に着目した財務と事業を一体化した事業再生の必要性が認識されるようになったのもこのころからである．

2.3 残された課題

事業再生を必要としない状況にあることが望ましいのはいうまでもないが，事業再生を嫌うあまり返って傷口を広げてしまい，手遅れの状態に陥った段階で初めて対応策が打たれるような事態は避けなければならない．事業再生は早期着手による迅速な再生が鉄則であるにも係わらず，なかなかそれが実現しない．

事業再生に関して，私的整理から法的整理へ，また清算型から再建型へ転換するための制度整備が進められてきている．それにも係わらず，早期着手・迅速再生の精神が実践されていない現状がある．第一の原因は，倒産に対するネガティブな評価が確立してしまっているため会社の延命に奔走してしまい，その結果として再生への着手が遅れることにある．さらに，個人保証の履行，保有資産価値重視の融資姿勢も，早期事業再生を阻害する要因となっている．

事業再生に着手するタイミングが遅れ，やむなく法的整理に至るケースが

多く見られるが，このような場合大幅な債務免除を伴う再建か精算に追い込まれてしまうのが一般的である．再建を目指す場合でも，債権回収率が低く雇用機会の喪失が拡大してしまうことが多い．

　社会の仕組みとしては法的な整理手段の充実も必要であるが，企業経営の観点からより重要なのは，事業再生を必要とする状況を招かないための経営の自助努力の仕組みの整備である．自力で早期事業再生に着手することを促進するマネジメントのメカニズムを構築する必要がある．

　そのために一番重要となるのは，企業（経営者）・金融機関・株主が事業の収益性（＝キャッシュフロー）を常にモニタリングできる体制を確立することである．ミクロな事業レベルのキャッシュフロー・ベースでの収益性をモニタリングすることで，事業再生の兆候を早期にキャッチすることが大事である．

§3　成長戦略のためのM&AとMBO

　外部の経営資源を積極的に活用した攻めの成長戦略が求められる時代を迎えている．競争優位性やコア・コンピタンスの概念は高収益な事業を作り出す上で依然として重要な要素であるが，それに加えて「タイム・ツー・マーケット」がますます重要な要件となってきている．そのため，内部の経営資源だけに依存した成長戦略はもはや通用しにくくなってきている．外部資源活用型の典型的なスキームとしてM&AとMBOによる事業構造改革が注目されている．

3.1　事業再編のためのコーポレート機能強化

　既に述べたように，経済環境の悪化による企業業績の低迷から脱却するために，分権経営により事業別責任を厳しく追及するマネジメントへの志向が強まった．しかし，それは一方では短期の効率追求に偏重し過ぎた事業運営という弊害をももたらしたとの認識がある．事業責任を負った分権経営組織のマネージャーが株主価値を意識しすぎるあまり，かえって保守的な事業運

第6章　MBOと事業再生

営となり，長期的視野に立脚した成長戦略のための布石が打てていないとの反省がある．1990年代後半は，それまで抱え込んでいた不採算事業をどうやって整理するかというのが中心的な課題であったため，株主と同じ目線に立ち短期に効率性を回復する手立てが求められたが，それが一段落した現在ではより積極的な成長戦略を志向することが必要と認識されるようになってきている．

　成長戦略には個別事業レベルで取り組むべきものと，グループ全体としてコーポレートが主導すべきものとがある．グループ全体として取り組むべき新規事業の発掘・育成は，コーポレートの重要なミッションの一つと認識されている．そのために，分権経営が強化されてきたにも係わらず，コーポレートにはグループ内における経営資源配分権の多くが留保されたままになっているケースが多い．既存事業の再編・統廃合と，そのことによる経営資源の余裕を活用して新規の事業分野への投資を行うことが，コーポレートの取り組む成長戦略の基本である．

　その際，個別事業価値の総和以上のグループ価値を実現すること，即ちグループ・プレミアムを創出することが大事となる．そのためコーポレートには，ブランド価値等の顧客資本，ノウハウ等の人的資本，企業文化等の組織資本といった無形資産に対する管理能力が求められるようになってきている．無形資産管理能力は，コーポレートが今後蓄積・強化しなければならない必須の機能である．

　また，個別事業レベルで取り組むべき成長戦略に関しても，本来的には分権事業責任の範囲で取り組めばよい領域であるが，前述のように分権事業組織の運営が保守的となっているケースが多いため，コーポレートの介入を必要とするケースが発生している．個別製品レベルの戦略に対して，コーポレートが成長目標を設定し必要な資源配分を決定する形で介入し，さらにそのような製品事業に対する業績評価基準も変えてしまっているケースが発生している．

3.2 事業再編と外部資源活用

　一昔前の事業構造改革に対する意識としては，自社が成長事業を買収することはあり得ても自社の事業を売却することに対しては消極的であるという企業が多かった．M&Aはどちらかというと経営が行き詰った際の最後の手段というイメージが強かった．それは雇用に対する考え方と裏腹の関係のものであり，事業と従業員は不可分の関係にあるため，従業員（の継続的な雇用）に対して責任を持つ経営を実践する上において，事業の売却は好ましい選択肢とは考えられなかった．

　しかし，連結経営力の強化という流れの中で，日本でも1990年代末からグループ再編を目的としたM&Aが急増した．現在では，M&Aで急成長を達成している企業も珍しい存在ではなくなった．それでも現在の日本企業が関与しているM&Aの全件数は年間約2,000件程度の水準にとどまる．米国では毎年，国内案件だけでも9,000件程度，外国企業を対象とした案件を含めるとその約倍の規模でM&Aが実施されている．

　M&Aによる事業再編は，その狙いが守りの意識が強いものから攻めの意識が強いものに至るまでの5つの類型に大別される．最も守りの色彩が強いのが救済・再生型のM&Aである．ルノーによる日産の救済等がその典型例である．それに続くのが機能の集約による事業効率追求型のM&A，あるいは規模（シェア）追求型のM&Aである．日石三菱，GSユアサ，みずほをはじめとするメガバンクの誕生等の例が数多くある．さらに積極的な攻めの色彩が強まるものとして事業補完シナジー型のM&Aがある．JAL－JASの統合例では，単純な機能集約やシェア拡大を狙ったものではなく，路線等の面においてそれぞれの事業が補完的な関係にあったことが重要な要因であったといわれている．さらに積極的なものとしては，次世代事業育成（R&D共有）型のM&Aが挙げられる．今後はこのようなM&Aが多数発生することが産業の活性化につながるものとして期待される．但し，ここに記したM&Aの類型はあくまでも概念上の区分であり，実際のM&A案件においては複数の目的が並存していることが多い．

3.3　MBO というスキームの活用

　事業構造改革を積極的に進める上では，常に自社にとってのコア事業とノン・コア事業を識別し，ノン・コアとして認識した事業に関してはMBOを有効な手段の一つとして位置づけ，その適用可能性を探ることが重要となる．MBOとは，ノン・コアの事業を切り出す際に，社内の経営者が外部の金融機関や出資者の協力を得て新会社を設立して事業を継承するものである．

　英国はMBO先進国といわれるが，産業の国際競争力の低下に対してサッチャー政権が強力に推進した規制緩和と民営化という流れの中で，MBOという手法が台頭したためである．その後も大企業におけるリストラの進展とノン・コア事業の売却が進む中で，MBOの件数は大きく伸びた．その背景には，資金調達手段の多様化と，リスクをとるマネージャーの増加という要因があったことを忘れてはならない．

　日本は英国に比べMBO件数は格段に少ない．一時期通産省（現在の経産省）が日本の産業活性化の手段としてMBOの積極的な後押しを試みたが，結果としてMBO件数が飛躍的に増えるという状況にはならなかった．リスクを取って事業を引き継ぐような経営人材が日本の企業には育っていなかったことが大きく影響した．MBO普及のためには，企業における人材マネジメントの変革が必須である．次善の策としては，新会社の経営者を外部から招聘するMBIというスキームもある（図6-2）．

　次に，MBOというスキームが持つ特徴を，①事業からの撤退を行う企業側の立場，②切り出される事業に対する投資家の立場，③売却対象となる事業の新しい経営側の立場のそれぞれから見てみる．

　事業からの撤退を実行しようとする企業側から見ると，MBOには次のような特徴がある．第一に，それまで当該事業を担当していた経営陣によって引き継がれるのが一般的なので，事業としての継続性が保たれる．即ち，従来の経営資源を引き続き活用することが前提となるので，雇用の維持も行われ易くまたそのためそれまでの事業現場の意思が尊重され易い．事業を売却した後も取引の継続が可能である点も，継続性という観点からは魅力とな

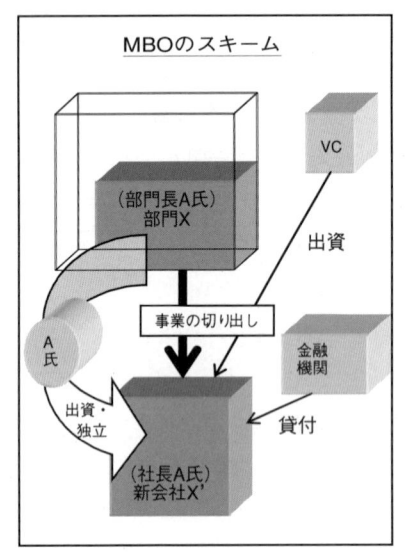

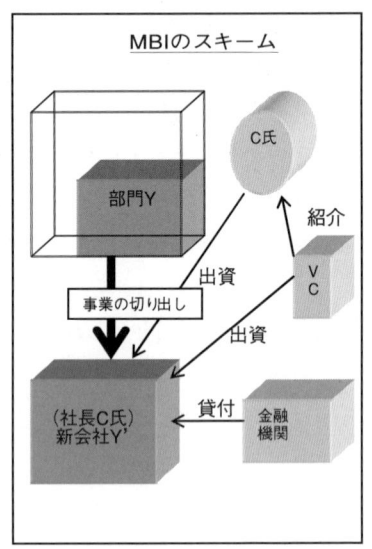

図 6-2　MBO と MBI の仕組み（概念図）　　［三菱総合研究所］

る．第二に，事業から撤退しても，対象となる事業の独立・暖簾分けという性格が強く，通常のケースでは雇用問題も発生しないので，相対的に他の撤退手法に比べマイナス・イメージが少ない．撤退に対するハードルが他の手段に比べて低いのが大きな特徴である．第三として，一般の売却では売却先を探索するためのコストや売却条件等の交渉に要するコストがかなりかかるが，既存の経営陣が引き継ぐMBOであればそのようなコストの発生が最小限で済む．撤退の意思決定から撤退の実施までに要する期間が短くなるので，短期間で株式を売却でき，その代金を受け取ることが可能となる．時間が経営の大事な要素である現代において即効性のメリットは大きい．第四として，比較的短期間に現経営陣の間でスピンオフの交渉が行われるので，株式市場の動向に左右されるといった外的な不確定要因が入る余地が少なく，双方が納得できる適正な価格で売却が成立する可能性も高まる（但し，適正と判断される価格を見誤ると，株主権を損なう危険性が高いという点には留意する必要がある）．第五として，完全なスピンオフに比べると，将来事業環境が変わり自社事業として取り込みたいような事態が発生した際には，再グループ化

の可能性が残されている．このように，事業からの撤退を実行しようとする側からすると，MBO は最もリスクが少ない撤退手段であり，MBO を実行する経営陣が存在するのであれば撤退のための最有力手段の一つとして位置づけられる．

　MBO というスキームを今度は投資家側から見ると，次のような特徴がある．先ず，投資対象となる事業（あるいは企業）の基盤の成熟度・安定性が一般のベンチャー投資との比較において相対的に高く，安全度の高い投資である．既存の事業主体が投資対象の母体となるので，事業の将来性（事業価値や損益，簿外負債等のリスク）に対する予測精度が一般の M&A 案件等に比べ高く，この点からもリスクの少ない投資であるといえる．また，MBO はエクイティ（ベンチャーキャピタル）だけではなく，デット（金融機関）との組み合わせにより成立するスキームである点もメリットの一つである．一般的にはベンチャーキャピタル側の保有シェアが高く設定される傾向にあり（50% 超であることが多い），投資先企業への取締役派遣等を通じた経営意思決定への参画が可能である．このように，MBO は，投資家にとっては経営にも積極的に参画できる可能性の高いミドルリスク・ミドルリターンの投資案件である．

　最後に，売却対象となる事業を引き継ぐ経営側の立場から，MBO のスキームを見る．第一に挙げられるのは，比較的少ない資金で事業を譲り受け独立することが可能である．事業に精通したマネジメントと従業員が事業を引き継ぐことになるので，事業運営における専門性（組織能力，暗黙知）が損なわれる危険性は少ない．そのため，新創業に比べると成功する確率が高くなる．また，独立によるインセンティブが働くため，従来の事業収益力に比べ高収益化が期待できる．MBO の対象となった新会社の経営陣は，それまでの体制に比べると緊張感が高まる一方で，エグジット（売却，株式公開，再 LBO）の際のメリットに対するインセンティブが働くため，活性化の度合いは多いに高まることが期待できる．独立企業となる結果，意思決定が迅速化し，企業風土も刷新されることで，業界競争力が強化される可能性は高い．但し，デメリットとしては，独立当初においては巨額で金利の高い負債を抱

えることが多く，そのようなケースにおいては追加的にタイムリーな投資行動を取ることが制限される可能性がある．

　このように，MBOによる事業の切り出し（撤退）は事業からの撤退を行う企業にとっても，切り出される事業への投資家にとっても，また売却対象となる事業を引き継ぐ新経営陣の三者にとっても，メリットの多いスキームであるといえる．それにも係わらず，現在までそれほどMBOが普及してこなかった理由はどこにあるのだろうか．

　先にも述べたが，人材の問題が一番大きいと考えられる．MBOにより切り出したい事業があっても，社内にその担い手となる経営陣が存在しないという問題である．日本のこれまでの企業風土では，独立心旺盛な経営陣は育ちにくいという現実がある．企業側が撤退のスキームとしてのMBOのメリットを理解し，そのような案件に対する投資家が存在していても，最も肝心な経営を引き継ぐ意志を持つ人材が不在であることがネックになっている．

　もう一つの問題は，大規模な構造改革が必要な場合には，MBOというスキームでは限界があることである．MBOで切り出せる事業には，適した規模や事業としての特性がある．やはりどのような事業でもMBOによって切り出すというわけにはいかない．

　さらに，今日ではM&Aがもはや当たり前の経営行動として認知されるようになったため，敢えてMBOにこだわらなければならない必然性が低下しているという実態もある．M&Aに対して以前のようなネガティブな印象がなくなってきた分，逆にMBOの持つメリットが相対的に小さくなってきている．

　それでは，今後MBOはどのような展開をたどるのであろうか．一つの有望な領域は海外事業における適用可能性である．日本のマネジメント・スタイルが馴染まない海外展開している事業部門に対して，MBOでスピンオフさせることで成功した例がある．海外事業ではM&Aにより事業を取り込むことだけではなく，切り出すことで現地化を進めることのメリットにも配慮すべきである．

第6章 MBOと事業再生

会社名	売却元	買収年月	買収額	形態
セガ・エンタープライゼス	米ガルフ・アンドウエスタン・インダストリーズ	84年4月	約90億	子会社売却
日本ウイルソン・ラーニング	米ウイルソン・ラーニング	91年3月	40億	子会社売却
アルファクス・フード・システム	アルファクス	94年2月	N.A.	部門売却
ワイ・オー・システム	ジャパンエナジー	95年3月	2,000万	子会社売却
日本ユニソフト	横河ディジタルコンピュータ	95年3月	3,750万	子会社売却
アメリカン・スピーディー日本	米スピーディーインターナショナル	95年6月	100万	子会社売却
トランステック	英スワイヤジャパン	96年2月	1.5億	子会社売却
ドッドウエル・マーケティング	英インチケープ・グループ	98年2月	4,000万	子会社売却
茨城ライスミル等7社	大倉商事	98年末	数百万〜1億	破産
ICS国際文化教育センター	WDIホールディング	98年12月	38億	子会社売却
ザイマックス	リクルート	00年2月	50億	子会社売却
イード	日産自動車	01年11月	3億	子会社売却

図 6-3 MBO の事例 [各種資料を基に三菱総合研究所作成]

　もう一つの可能性として挙げられるのは，新規事業展開のためのツールとしての MBO である．新事業創造に関しては，これまで様々な方法論が試されてきている．社内ベンチャー制度もその中の有力な方法論の一つである．しかし，日本の企業風土のもとでは，社内組織のままでの新規事業展開は成功する確率が低い．既存事業の持つ規模観，組織風土，プライオリティ付けの中にあっては，新しい事業の芽が育つ可能性は低い．であるならば，新事業展開は MBO のスキームを活用し既存の事業環境から独立させ，思い入れの持てる人間にインセンティブを持たせて任せる姿勢をとった方がメリットも大きいのではないかと考えられる．即ち，MBO を撤退のスキームとして捉えるのではなく，新事業創造を成功させるための攻めの手段として活用することも視野に入れる必要があるのではないだろうかということである．

3.4　事業再生視点からのマネジメント・システム

　1990年代は過去の負の遺産を整理するための経営革新と事業構造転換が進められた．その過程において事業再生のスキームを活用せざるを得ない状

況も発生した．これからは，法的整理に至る前の段階で，経営の自助努力により早期事業再生が行われる環境が整備される必要がある．

事業連結によるマネジメント・コントロールの体制が出来上がっていることを前提にすると，これからはプロジェクトやミニ・プロフィット・センターといったよりミクロなレベルにおける事業活動のマネジメント・コントロールと，ミクロの活動をグループ経営目標の実現を結びつけるためのバーティカルなマネジメント・コントロールのための体制を整備することが重要な意味を持つようになる．

将来の事業収益性予測をモニタリングでき，その情報がステークホルダー間で共有化されるようなコーポレート・ガバナンス体制へと移行することが求められている．管理会計・業績評価体系を見直し，ミクロ事業レベルでの収益管理が可能となる内部管理制度を確立し，ステークホルダーに対する的確な情報開示の仕組みを充実させる必要がある．常にミクロな事業単位で将来の収益性が予測可能な管理会計・業績評価の仕組みを整備することにより，事業に対する撤退を含む戦略的な判断が可能となり，その結果早期の事業再生への取り組みも自ずと促進されるようになる．

（参考文献）

阿部泰久．2004．「事業再生についての考え」『事業再生市場の現状と今後の課題に関するシンポジウム』資料

経済産業省．2003．「早期事業再生ガイドライン」

小松原聡．1999．「分権経営の進展下におけるグループ・マネジメント」『三菱総合研究所／所報』第35号，76-101頁

小松原聡．2000．「コーポレート・ガバナンスと21世紀に向けた経営のあり方」『ビジネスリサーチ』第916号，10-23頁

小松原聡．2002．「コーポレートガバナンス　21世紀に向けた経営のあり方」『企業価値創造のための新しいシステム　経営構造改革と事業評価・管理システムの実際』社団法人企業研究会，3-25頁

小松原聡．2005．「事業連結体制と今後の展望」『グループ企業の管理開会』税務経理協会，23-44頁

松木伸男．2004．「バイアウト市場の現場から」『事業再生市場の現状と今後の課

題に関するシンポジウム』資料
早期事業再生研究会．2003．「早期事業再生研究会報告書」
高木新二郎．2004．「産業再生機構が果たしている役割と今後の課題」『事業再生市場の現状と今後の課題に関するシンポジウム』資料
田中直毅．2004．「産業再生機構の評価と今後の事業再生市場の課題」『事業再生市場の現状と今後の課題に関するシンポジウム』資料

(小松原　聡)

第7章　ベンチャービジネスにおける技術経営

§1　ベンチャービジネスとの関わり

1.1　公開講義ベンチャービジネス

　1996年冬，筆者は，本間正明先生の研究室にいた．「PHP研究所からの寄附が入るから，それを原資にベンチャービジネス（VB）に関する公開講義を経済学部としてやってみないか」という話を伺い，二つ返事で引き受けさせて頂いた．その足で，先輩の高尾裕二先生のところへ向かい，講義のための具体案を練り始めた．その過程で，本間先生から，旧・日本開発銀行（現・日本政策投資銀行）大阪支店企画調査課長の根本祐二氏，そして公認会計士で監査法人アイ・ピー・オー代表社員の細川信義氏をご紹介頂き，強力なサポート体制のもと講義プログラムを作り上げ，1997年第1セメスターに，大阪大学経済学部主催『公開講義：ベンチャービジネス―その創造と育成―』を全16回の講義として開催することとなった．

　こうした動きに呼応してか，1998年，文部省リフレッシュ対応事業に採択され，社会人向けの公開講義という形式で，今度は大学院経済学研究科による『公開講義：ベンチャービジネス―その実践と発展―』と銘打った講義を全13回，大阪市内に講義会場を借りて行った．1回に2コマの講義を行い，前半は，ベンチャービジネスに関連の深いビジネスマン等に講義をしていただき，後半は，起業家の卵たちによるビジネスプランの発表とそれに対する質疑応答，ならびに討議が行われた．鐘淵化学工業株式会社代表取締役社長（当時）の古田武氏，あるいは通商産業省産業政策局新規事業課の杉田定大氏らと知り合うことができた．

翌 1999 年，今度は，通商産業省（当時）から VB に関する教育実証研究，という形で委託研究を受け，欧米先進ビジネススクールの VB 教育プログラム，支援プログラムなどを調査し，日本の事情との違いにいささかショックを受け帰国した．とりわけアメリカ西海岸のスタンフォード大，カリフォルニア大バークレー校などのベンチャービジネスへの取り組み姿勢は，システマティックかつ実践的で，大学関係者が主催する形で，ベンチャーキャピタル（VC）たちとの交流がキャンパス内で積極的に行われていた．当時シリコンバレーが，IT ベンチャー，とりわけソフトウェア企業による起業ラッシュの時期でもあった．

このままの現状では日本の産業ならびに大学は大きな遅れをとってしまう，という危機感を募らせた．それというのも，アメリカでは，バイドール法の実施以降，各大学は大学が保有する知的財産権を移転する機関（OTL, Organization for Technology License）の設置を積極化させるのみならず，知財利用の観点から，既存企業へのライセンスだけでは不十分だと考え，大学発ベンチャービジネスの育成に自らの軸足を移しつつあったからだ．要するに大学で研究されている技術シーズは，革新的であればあるほど，既存産業における既存技術を破壊する可能性が高く，このため大企業とのライセンス交渉には手間取ることが多い．それならば，大学が保有する技術をもとに VB をスタートアップさせ，IPO（Initial Public Offering：株式上場）を目指してもらったほうが，将来的なキャピタルゲインは大きくなる，という皮算用からだ．

1.2 株式会社ネットエデュ

OTL の設置後，第 2 世代を迎えようとしているアメリカに対して，日本の大学は研究室レベルでの産学交流はあるものの，一向に組織立った動きはしていなかった．そうした最中，株式会社日立製作所半導体グループが資金的にサポートする，情報技術ならびにビジネスモデルに関する研究会に参加するうちに，「日立としてコーポレートベンチャーキャピタル部門を立ち上げるので，サポートして欲しい」という依頼を受けることになった．依頼の主は，大阪大学経済学部を昭和 55 年に卒業した川北眞史氏（現・京都工業繊

維大学教授）であり，氏によれば，「技術あるいは市場の観点から日立とシナジーが得られるような事業会社があれば，日本および米国において積極的に投資していきたい．しかし日立には，VB 投資に関するノウハウがない」，とのことであった．

　経済学研究科としてこの話を受けるべきかどうか迷ったが，VB に関する理解およびその思いに対して，ファカルティ間で温度差がかなりあることに鑑み，名誉教授の中村宣一朗先生に相談したところ，経済学部の同窓会長の篠原祥哲氏をご紹介くださり，氏とも相談した結果，「いずれ学内にも，大学発 VB を支援する機関が必要になるだろう」ということから，前会長の山本信孝氏他にもお声をかけてくださり，経済学部同窓生有志による，株式会社ネットエデュ（以下，「ネットエデュ」という）を 2000 年 10 月 2 日に立ち上げることになった．

　代表取締役には，当時，国際公共政策研究科の M2 で経済法を研究していた社会人院生の小林恵氏に就任して頂き，経済同窓生で公認会計士の栗原貴子氏，桝井康男氏たちとチームを組んで，会社を運営してくださった．もちろん筆者も，外部ながらも深く関わり，日立製作所関連の案件を主としながら，複数の VB インキュベーションを手がけた．

　ネットエデュとして目指していたのは，大阪大学発の VB を立ち上げ，それらのインキュベーションを行うとともに，自らも成長し，やがては VC として飛躍していく，というシナリオであった．それゆえ，外部へのコンサルティングは，そのための準備段階であり，蓄積していかなければならないのは，大学発の VB シーズであった．さていかにして，技術シーズを探し出そうか．学内を見まわしたところ，「阪大をスタンフォード大のように」という意気のいいスローガンを掲げて，学生たちからの VB 創出を謳っていた人物がいた．現在株式会社サインポストの代表取締役 CEO を務める黒川敦彦氏であった．筆者と出会った頃の黒川氏は，NEDO（新エネルギー・産業技術総合開発機構）フェローという身分で，財団法人大阪産業振興機構・阪大事業部門（以下，「大阪 TLO」という）に知財コーディネータとして活躍していた．

1.3 FRCスタートアップ支援チーム

　時をほぼ同じくして工学研究科が，大学改革および新しい大学像を求めて，という内容で，文部科学省から5年間総額約40億円，という大きな予算を取り付け，フロンティア研究センター（FRC）を立ち上げており，学内外からさまざまな研究テーマを募集していた．そこに「技術シーズの商品化ならびに事業化支援に関する研究」というテーマで応募したところ，2年間で約1,000万円の予算規模で採択された．要するに大学発VBを創出する仕組みを研究しよう，というものであった．その研究グループのメンバーには，黒川氏も当然入ってもらい，さらに，大学発VBに強く共感するということから，経済学研究科の修士課程の学生たちも積極的に参加してくれた．そのうちの1人が，現在，株式会社アイキャットの代表取締役CEOを務める西願雅也氏である．

　研究グループとしては，黒川氏がTLO在籍中に温めていた技術シーズを出発点に，その商品化および事業化検討を行った．市場調査については，ネットエデュにも協力を要請し，色々な角度から検討を加えた．その検討内容こそが，VBにおける技術経営（MOT）だと，筆者は考えている．

　その要点を簡単に述べれば，(1) 技術において「明確な」新規性があること，(2) 市場において「具体的な」顧客が見えていること，(3) 事業におけるバリューチェーンを構築するための「補完的な」パートナーが存在すること，そして (4) 成長シナリオが「論理的に」描けること，であると考えている．

　例えば，(1) について，後述する㈱アイキャットでは，何処に開発技術の新しさがあるのかが，開発した研究者自らが気付いていなかった．何回も徹底的に議論した結果，出てきた答えが，歯科医師がインプランテーションを実施する際の「ガイド」（骨に器具を埋め込んでいく際の案内役となる器具）であった．また (2) については，㈱サインポストが，自らのサービスの顧客が，糖尿病患者なのか，医師であるのか，あるいは医療機関であるのか，製薬メーカーであるのか，について議論してきた．そして (3) については，後述する株式会社セキュアウェアが今もその具体的なパートナー探しに懸命になっており，(4) については，進捗度の違いはあるものの，3社に共通す

る課題，というように考える．

VBにおけるMOTについては，ややもすれば，人材面，資金面，技術面（とりわけ知財などにディフェンス），といった経営資源に力点を置いて論考を展開する向きも少なくないが，筆者としては，事業である以上，ビジネスモデルに密接に関係する上記の明確性・具体性・補完性・論理性を機軸としつつ，リスクテイクを恐れぬ野望と事業成功への熱い思い，といった側面を加味しながら，以下に各社を紹介していきたい．

§2 ケース紹介

2.1 株式会社セキュアウェア

株式会社セキュアウェア(以下,「セキュアウェア」という)は，ネットワークセキュリティに関する，ソフトウェアおよびハードウェア開発・販売，ならびにそれらに伴うサービスプラットフォームを提供しようとする，ITセキュリティ企業である．2005年7月現在で，資本金2,450万円，従業員数13名(役員・非常勤職員を含む)，内研究開発人員は6名(アルバイト含む)である．

(会社沿革)

2000年，大阪大学サイバーメディアセンター研究員(客員助教授)であった齋藤和典氏が，遠隔地からのPCやサーバに対するハッキングや乗っ取り，ネットワーク感染型のワーム侵入を検知する画期的方法(ASHULA™)を発見する．2002年，齋藤の当該発見をもとに，文部科学省から平成14年度大学発ベンチャー創出支援事業として「構造解釈に基づいたセキュリティプログラムの開発」(研究代表者：下條真司)として研究助成申請し，認可を受けて研究プロジェクトを発足，検知テストの結果，非常に高い有効性を確認する．これらの開発をもとに，特許を1件出願(申請者：下條真司[1]，発明者：齋藤和典)，2003年にも，2件の特許を出願する(申請者：大阪TLO，発明者：

---

(1) 後日申請者は，下條真司(現・大阪大学サイバーメディアセンター教授)から財団法人大阪産業振興機構へと権利移転，名義変更された．

齋藤和典）．

　2004年4月27日，発明者である齋藤和典氏を代表取締役として，資本金500万円のセキュアウェアを設立，同年6月米国大手ITベンダー，ジュニパーネットワークスと，ASHULA™のソフトウェアライセンシングについて基本合意に至る．同年9月，正式に契約を締結．同年11月，上記3件の出願特許（大阪TLO所有）を取得するため，VC等から1,950万円を調達し，資本金額を2,450万円に増資する．2005年3月，当該ソフトウェアをASHULA™（米国），エイシュラジェイピー®（日本）として商標申請．同年6月，ジュニパーネットワークスからASHULA™を組み込んだ製品（NetScreen IDP 50）が発売される．

（中核技術：ASHULA™）

　情報ネットワークシステム（以下，「システム」という）に対する外部からの攻撃には，多種多様なものがある．その中でも，システムに不正にアクセスしシステムを乗っ取る攻撃（Take Over Attack，以下，「TOA」という）は，きわめて重大な脅威であり，単に情報漏洩につながるのみならず，組織的業務を麻痺させ，多大な経済的損失を組織に与えかねない．潜在的な経済的損失の面では，インターネット社会におけるもう一方の脅威であるサービス拒否攻撃（同時に膨大なデータをシステムに送りつけ，システムをサービス停止に追い込む攻撃）をはるかに凌駕している．

　セキュアウェア開発のASHULA™は，とりわけ前者のTOAに対して強みを持っている．ファイアウォールを構成する従来のIDS/IPSセキュリティアプライアンス[2]においては，かつて行われた攻撃パターン（既知の攻撃パターン）を「シグネチャー」として認識し，それらを検知・防御している．つまり，従来のIDS/IPSにおいては，対応するシグネチャーを持たない「未知」の攻撃パターンに対しては，検知することができず，いきおい防御することもできない．これに対して，ASHULA™では，「未知」の攻撃パターンに対

---

　(2) IDS/IPSとは，Intrusion Detective System（侵入検知システム）／Intrusion Prevention System（侵入防御システム）の略．

しても検知・防御することが可能であり，これが ASHULA™ の特徴である．

ASHULA™ の技術的革新性は，次の点にある．通常の検知ソフトが，既知の攻撃プログラム全体のシグネチャーの「照合」を行っているのに対して，ASHULA™ は，攻撃プログラムが実行しようとしている機械語命令に着目し，攻撃を成功させるために「必須の命令群」を検知する．TOA を成功させるためには，攻撃プログラムがその「外見」をいかに変容させようとも，この必須の命令群の一部を用いなければならない．それゆえ，TOA である限り，新種であろうと未知の攻撃であろうと ASHULA™ の検知範疇内に入るのである．以下に ASHULA™ の検知技術の概要を図示する．

この革新性によって，次のような利便性が，IDS/IPS アプライアンスにもたらされることになる．すなわち TOA に必須の機械語命令群を検知しているので，(1) 極めて高い検知率（理論上100％），(2) 極めて低い誤検知率（40億分の1未満）を達成することが可能になるとともに，(3) バイト単位の極めて高い精度で命令情報位置を特定することが可能となる．そして TOA に関するラディカルなパラダイムシフトが起きない限り，ASHULA™ として

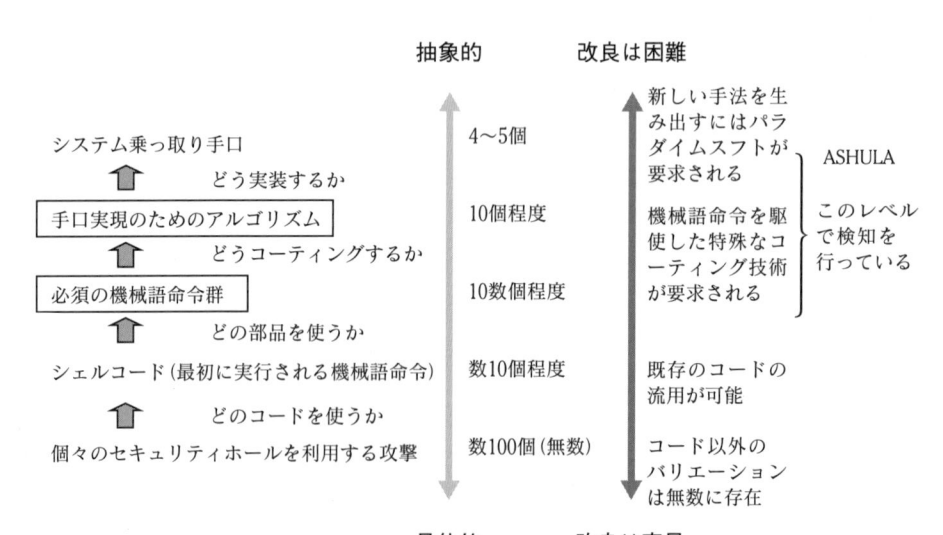

図 7-1　ASHULA™ による攻撃検知の特徴

はパラメータの微調整程度の修正だけで新種の攻撃に対応が可能であり，それゆえ非常に数少ないソフトウェアアップデート，極言すればアップデート不要の状態を作り出すことができる．

　ASHULA™ の技術的革新性および利便性は，世界 No. 1 のセキュリティアプライアンスベンダーである旧ネットスクリーン（現・ジュニパーネットワークス）[3] に評価され，2005 年 6 月「NetScreen　IDP 50」の名のもと，TOA の 1 種であるバッファオーバーフロー攻撃対策専用アプライアンスとして，市場投入されている．

　とはいえ，ソフトウェアとしての ASHULA™ に問題がないわけではない．複数の通信パケットに巧妙に埋蔵された TOA 必須の命令部分を注意深く探し出すために，メモリーリソースを多く消費し，処理速度が遅くならざるを得ない（15 Mbps 程度）．世界 No. 1 ベンダーであるジュニパーネットワークスのように，ハイエンドからローエンドまで豊富な製品群と世界中に顧客を持っている企業と違い，標準的な IDS/IPS ベンダーは，ソフトウェアとしての ASHULA™ に機能面で非常に高い評価を示してくれるものの，処理速度の面でライセンス契約に二の足を踏むのが実情である．

　セキュアウェアとしては，B 2 C 枠組のもと，PC ユーザーに直接あるいは間接的に配布する，という事業形態も検討を加えてきた．しかしながら，次のリスクを考えた場合，セキュアウェアとしては積極的に展開しづらい，という結論に至っている：既存のウイルスソフトウェアベンダーたちによる寡占市場状況，リバースエンジニアリングに晒されるリスク，さらにはリバースエンジニアリングされなくても，ASHULA™ のコンセプトが広く一般に知れ渡ることで TOA におけるパラダイムシフトが起きる可能性，である．

（課題の克服へ向けて）

　ネットワークシステムを流れる情報は，ISO/OSI　7 階層モデルにしたがっ

---

　(3) セキュアウェアが ASHULA™ のライセンス交渉を行っていた最中（2003 年第 2 四半期～2004 年第 1 四半期）に，ネットスクリーンは，ジュニパーネットワークスに買収された．

て，いわゆる電気信号としての「物理層」を通じてやり取りされるのだが，そこでは「L 2–L 7」の各階層に対応するデータが，いわゆるパケット内に一緒に押し込められる．ただパケットは特定バイト長しか持たないので，運搬に際しては，全情報が複数パケットに分割されることになる．ソフトウェアとしてのASHULA™が作動するために必要となるのは，いわゆるアプリケーション層L 7のデータであり，ここでのデータのみならず，L 2–6層での情報をもパケットから再構成しておかないと，ネットワーク過程でASHULA™を用いる場合，セキュリティとしての頑健性は失われることになる．

　セキュアウェアとしては，L 2–7でのデータを再構成する技術 (*Platform 7*) については，既に検討を加えてきており，このプロセスは定型処理部分であるので，ハードウェア化が望まれる．またソフトウェアとしてのASHULA™は，(1) 並列化が容易，(2) データベースを持たない，そして (3) アップデートが不要，という構造特性を有しており，このことはハードウェア化に適していることを物語っている．

　ハードウェアとしてのASHULAとPlatform 7をコア技術として，インターネットセキュリティ分野で新市場を創造できるような商品を開発するということが，セキュアウェアとしての喫緊の課題となっている．潜在需要はあるものの既存市場ではそれを満たしておらず，かつ競合各社の開発リーチが届いていないような商品開発が望まれるのである．

　開発商品自体の検討は既に終え，独立行政法人・新エネルギー開発機構へ開発助成を申請している現時点（平成17年8月）においては，企業としてのトップシークレットに相当するため，その中身を開示することはできないが，MOT的な観点からその商品コンセプトを煮詰めていくプロセスを開示すれば，まず何よりも，市場ニーズの観点からのコア技術の相対化（相対評価）があり，次にターゲット市場の具体化があり，3つ目として，その実現可能性を確認する，既存市場におけるプレーヤーへのヒアリングが挙げられる．とりわけ第3番目は，VBにしては非常に重要な側面を持っている．それというのも，生産・販売についての経営資源を全くと言って良いほど，持ち合わせていないからだ．

2.2 株式会社アイキャット

　株式会社アイキャット（以下，「アイキャット」という．）は，歯科用インプラント治療における手術支援システムの開発及び販売を行っている．2005年7月現在で，資本金1億3,000万円，従業員数12名（非常勤職員を含まず）で，内研究開発人員は4名である．

（会社沿革）

　大阪大学歯学部附属病院の講師であった十河基文氏は，インプラントや補綴を専門とし，これらの診断・治療にCTやシミュレーションソフトなどのコンピュータ科学を適用するための研究を行っていた．2000年から2001年にかけて「新概念に基づくインプラント治療シミュレーションシステム」（課題番号12470417）というテーマで科学研究助成金を文部科学省から得て研究を行っていた．ところが研究者としてインプラント治療に必要であると考える製品が市場には存在せず，十河はそのために自ら行動に出ることにする．

　まず2002年8月，特許を出願した（国内申請特願2002-245499，国際段階PCT/JP 03/10719，これらは大阪TLOで初のロイヤリティー還元実績を生む予定案件1/3ルールが適用されている）．その後，2003年3月，特許取得のサポートを行った当時大阪TLOに在籍していた黒川氏の勧めにより，FRCの「ビジネス・スタートアップ・プロジェクト」に応募して採択され，開発資金を調達する．そして2003年11月11日，黒川氏をCEO，西願氏をCFOとして資本金1,000万円のアイキャットを設立した．その際，大阪TLOとFRC，および特定非営利活動法人おおさか大学起業支援機構が連携してサポートを行っている．2005年4月には，ナビゲーションシステムのサービス提供を開始する．

（中核技術：インプラント治療シミュレーションシステム）

　アイキャットの事業領域である「インプラント治療」とは，歯科における欠損補綴法の1つの選択肢であり，歯の喪失部分に対して，ボルト状のインプラント（人工歯根）を埋め込んで新しい土台を作り，その上に人工の歯冠をつける歯科治療方法である．

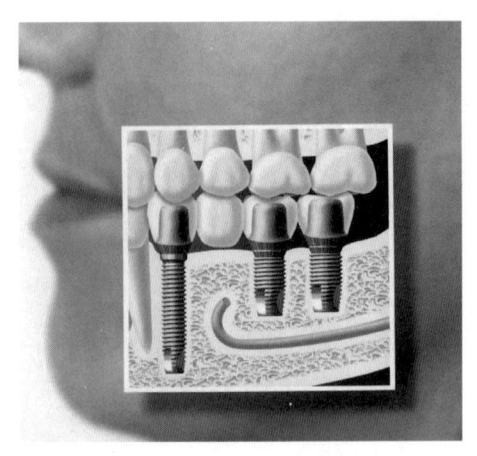

図7-2　インプラント断面図

　インプラントは，噛みごたえ，メンテナンス，さらに見た目においても天然歯に近い．一方で，あごの骨に穴を開けてインプラントを埋め込むという手術をするため，下顎においては神経を損傷させるリスクを，上顎においては上顎洞を穿通させるリスクを負う．また，最近では，埋入位置およびかみ合わせが不適切であった場合，周囲の骨を喪失させ，インプラント自体も脱落してしまうことが指摘されている．このため，手術と力学の2つの見地からリスク低減が必要となる．
　現在行われている通常の手術では，事前に見た目から作成されたサージカルガイドを口の中に装着した状態でCT撮影を行い，その後レントゲンフィルムやコンピュータソフトでサージカルガイドから画像診断を行った後，手術を行う．先に述べたリスクを低減させるためには，患者の画像診断の精度をあげ，その診断結果をいかに正確に手術に反映させるかという点が重要になる．しかしながら，事前に作成されたサージカルガイドと異なる方向に手術する場合は，歯科医師の勘と経験に頼ることとなるのが現実である．さらに事前に力学的な予知性を検討する方法がまったくないのが現状であり，これらの問題点に対して標準的な治療方法の確立が求められていた．
　またCTの利用についても，医科のCTは3軸の切断面のみで診断が可能

となるが，歯科においては対象となるあごの形がアーチ型であり，また傾斜して植えられる人工歯根は3軸空間では少しずれたねじれの位置にあるため，3軸の切断面からの画像だけでは捉えきれない．これらの欠点を補うためのシミュレーションシステム製品はあったものの，シミュレーションによる診断結果と手術の間に乖離が存在し，手術の煩雑な作業そのものは，結局，術者の経験や勘に依存していた．このような状況に十河氏は不満を感じ，手法，病院，医者の経験差に左右されず，患者が安心して手術を受けられる状況が必要だと考えていた．

アイキャットの提供する「ナビゲーションシステム」では，患者の手術部位に関する診査データを最初に全て収集する．得られたデータに基づき，歯科で必要とされる分析視点を考慮して開発されたシミュレーションソフトを用いて手術後の状態まで予測し，インプラント埋入位置の角度および深度を決定する．これを3次元画像に構成して表示することで歯科医師のより正確な診断をサポートする．この際，診断結果を適切に手術に反映させるために，埋入方向を示すサージカルガイド（アイキャットトリートメントガイド）を患者に合わせて作成し，提供する．加えて，埋入深度を示すドリル（アイキャットサージカルドリル）など，一連の冶具を提供することで，より正確な手術の実施を支援する．行われた手術などの臨床データを蓄積することでシミュレーション予測結果の精度も向上させることができ，「エビデンス（根拠）のある医療（EBM：Evidence Based Medicine）」を実施できるのである．

このように，データに基づいた手術プロセス全体のサポートを重視しており，従来は診断段階のサポートツールに過ぎなかったシミュレーションを手術の段階にまで直接リンクさせ，これを実施するためのサービスを提供しているところに新規性が見出される．

こうした製品について，十河氏には経験から漠然とビジネスとして成り立つだろうという感覚があった．実際のインプラントの市場規模について，当事の出荷本数で見れば2001年時点で65万本，1本あたりの治療費が30万円とすれば，治療費全体での市場はおおよそ1,950億円ほどになる．インプラントを扱う歯科医師数が，日本の歯科医師数の約8%程度に過ぎない現

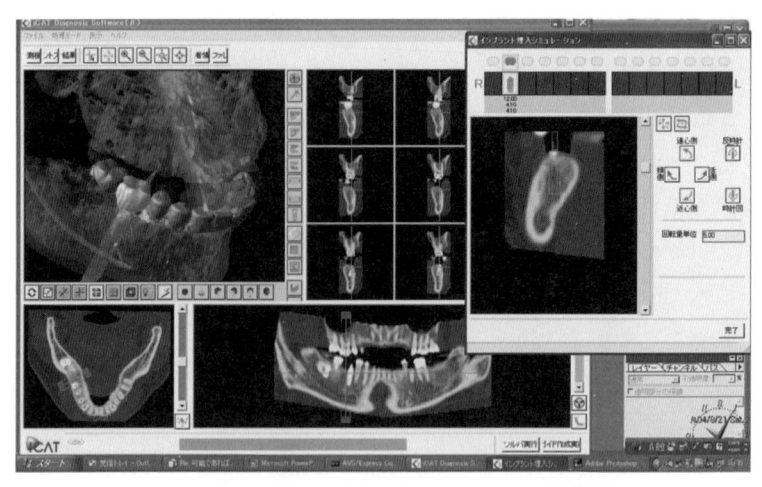

図7-3 アイキャットのシミュレーション画像例

在，これから伸びる可能性はあった．事業化において技術シーズの良し悪しのみならず市場をいかに把握しているかが重要であるが，この製品は十河氏本人が使いたいという動機から考えられており，発端の段階で十河氏本人に図らずも「市場」に対する認識が備わっていた．歯科医という立場から，ユーザーである歯科医はもちろん，患者の状況も十河氏には把握できたのである．

(事業に対する認識と他者への説明能力)

　しかしながら，既存企業には受け入れられず，自ら事業化を行う際には資金調達に苦労する．ベンチャーの市場としては，歯科関連市場そのものが限られており，また医療機器市場は小規模専門特化型企業が多く，高度先端技術製品は寡占状態であり，華々しくもなく魅力的なものでもなかった．そのためバイオなどに比べると世間の注目度も低くなる．そして何よりもアイキャットのプレゼンテーションやビジネスプランが未熟であった．

　資金的，技術的な協力を求めて，企業や機関に出向いて何度もプレゼンテーションを繰り返す中で，アイキャットは何をしようとしているのか，相手により伝わるように練り直す作業が行われた．アイキャットのビジネスのどの点が従来の製品にはない新規性であるのか，当初アイキャット自身，認

識していなかった．シミュレーションによって得られた診断結果を，その結果に基づいて作成するサージカルガイドによって手術に直接反映させるという点は，十河氏にとって当然あるべき姿であったため，アイキャットのビジネス概要を説明する際も特に強調されなかった．

　しかしながら，ビジネスプランを構築する過程で「アイキャットの新規性とは何なのか」と繰り返し問われることによって，ガイドこそアイキャットの新規性であるとして十河氏自らも認識したという．この過程でアイキャットが何をしようとしているのか，十河氏，黒川氏，西願氏の3人に明確なかたちをもって共有されたのである．このようなプロセスは，その後の事業化プロセスにおいても意味を持っていた．FRCからの資金提供を得るまでにビジネスプランが何度も練り直され，どのような方向性で今後ビジネスを進めていくのかという青写真が徹底的に議論され，洗練されたかたちで共有されていたからこそ，起業前後のさまざまな課題に取り組んでくることができたと考えられる．

2.3　株式会社サインポスト

　株式会社サインポスト（以下，「サインポスト」という）は，糖尿病患者に対するオーダーメイド医療プログラムの提供を行う．糖尿病患者への治療の一助となるべく，SNPチップを用いた遺伝子解析による糖尿病性合併症の予防診断システムの開発・販売を予定している．将来的には，生活習慣病の全般への診断システムの適応，健康食品等の周辺事業への拡大を目指す．2005年7月現在で，資本金7,560万円，従業員数13名（非常勤職員を含まず）で，内研究開発人員は8名である．

（会社沿革）

　サインポストの事業は，大阪大学大学院医学研究科病態情報内科学（旧第一内科）糖尿病グループの助教授であった山崎義光氏が取り組んできた研究，特に大阪北部（彩都）クラスター事業（文部科学省）「動脈硬化症発症複合SNPsの同定と発症予測可能SNPsチップの試作」の成果を元に基本的な原理を確

立させている．既にアイキャットで CEO として経験を積んでいた黒川氏は，山崎氏の研究に対して事業性を感じ，事業化の指揮をとることを決めた．

　会社設立前に東洋紡と試薬・DNA チップに関して技術提携を行い，サインポストは臨床データ収集・解析と DNA チップを利用した情報提供サービスに特化して製品化に向けて体制を整え，設立までに DNA チップと解析プログラムの試作を完了させた．またシステムに関しては大阪大学遺伝情報実験センター発のベンチャーである N. A. gene 株式会社と提携し，システムの開発・運用を行うことにした．このような提携企業である東洋紡，N. A. gene，及び日本ベンチャーキャピタル株式会社から出資を受け，製品化に向けた技術力，資金調達力を強化し，2004 年 9 月 1 日，黒川氏を CEO，山崎氏を CTO として資本金 4,060 万円の株式会社サインポストを設立した．2005 年 3 月に 5,000 万円，2005 年 5 月には，2,000 万円の追加増資を行っており，2006 年 1 月から試験運用を開始し，本格的なサービス提供は同年 5 月からの予定である．

(中核技術：糖尿病と合併症に関するデータベース)
　日本で現在糖尿病のために通院している患者は 200 万人を超え，糖尿病が強く疑われる患者は 740 万人（予備軍を含めると全国民の 15%）存在するといわれている．糖尿病は，動脈硬化症（心筋梗塞，脳梗塞，抹消動脈閉塞症など）や腎症（血液透析），網膜症（失明）など，重篤な合併症に進行する可能性が高く，莫大な国民医療費の支出を招いている．しかしながら，現在において糖尿病の根本的な治療法はなく，合併症の進行を事前に診断する方法は確立されていない．

　糖尿病とその合併症においては，その発症に遺伝的な要因が多いとされ，原因遺伝子を発見するための解析が行われている．しかしながら，体内における生体内伝達系は非常に複雑であり，単一の遺伝因子によって説明が困難なことから，複数の遺伝因子と疾病の関連性を解析することが必要である．山崎氏は，大阪大学医学部付属病院と関連病院に通院する患者数千症例に対し，複数の遺伝因子と糖尿病の関連性の解析を行い，有効なデータを得てい

た．これをもとにつくられたデータベースこそがサインポストの持つ優位性である．

　サインポストが保有する糖尿病のデータベースは，共通のプロトコルで収集された高品質かつ相応の症例数を抱える．それぞれの症例について時系列的にデータが収集されるのでデータベースの陳腐化は発生せず，SNPの組み合わせによる高い診断制度を持つアルゴリズムを開発している．糖尿病の臨床医である山崎氏が自身の臨床医としてのニーズにこたえうるものとして，研究開発してきた成果であり，同様の方法論により，糖尿病から離れた別の疾患に対しても対応可能である．

　サインポストは，糖尿病患者に対し，(1) 診断用 SNP チップと (2) データベースシステムを用いて，遺伝子診断に基づき患者一人ひとりが適切な治療法を選択できるオーダーメイド医療プログラムを提供する．このプログラ

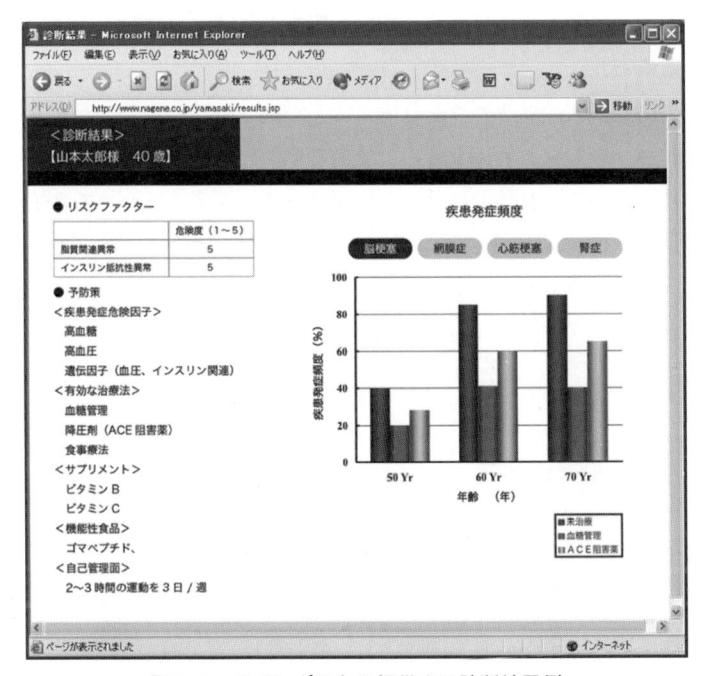

図 7-4　サインポストの提供する診断結果例

ムでは，医療機関，検診機関において，患者から採血を行い，提携企業である東洋紡の解析センターにて SNP チップによる解析を行う．これをサインポストの保有するデータベースによってデータ解析を行い，その診断結果から糖尿病性合併症の診断と予防法を医療機関，検診機関を通して患者に提供する．しかしながら，保険制度の適用を受けられるシステムにするには，プログラムに対する莫大な時間とコストの投資が必要であった．この投資を回避するために，保険制度の適用を受けずとも，患者が利用しやすいサービス提供のシステムを構築することが求められた．

そこで，システムの導入についてどこに焦点を定め，どのようなかたちで推進していくのかに議論が費やされた．対象となるのは，このプログラムを導入する医療機関，検診機関であるのか，診断を活用する医師であるのか，それともこのサービスを受ける患者自身であるのか，ということである．最終的に，サインポストが提供する情報が最大限有効に活用され，結果的に患者にとっての便益が大きくなるように，医師との連携を図ることに重点を置くこととなった．

また山崎氏個人のノウハウを社内に広く浸透させ，コアコンピタンスであるデータベースをより強固なものとするために，組織体制の構築に初期段階から力点を置いた．具体的には，臨床医経験者，製薬メーカーでの統計解析業務経験者，CRC 経験を持つコメディカルの採用を行い，データベースに関わる人材を充実させたのである．結果として，質・量ともに，他に類を見ないほどのデータベースに成長し，サービス展開に向けて，着実に歩を進めている．

§3 終わりに

平成 16 年 11 月から，ネットエデュは，社名を株式会社エイシーズ（以下，「エイシーズ」という）に変更するとともに，取締役社長であった小林恵氏を，代表取締役会長に据え，黒川敦彦氏を代表取締役社長に，西願雅也氏を専務取締役として迎えることになった．以前からの構想を実現するための一環で

あるが，外部企業へのコンサルテーションを行うコンサルティング部門と大学発 VB を立ち上げていくインキュベーション部門とを併設するための措置であった．ここで紹介した3社には，ネットエデュ時代から出資してきており，他社も含めて，出資残高は，現時点で資本金に相当する1,000万円となっている．

　VB の現役社長の黒川・西願の両氏を何故エイシーズに迎えたのかと言えば，1つには，インキュベーション部門が，彼らの NEDO フェローとしての活動を基盤とした組織であるからであり，2つには，インキュベーションキャピタルとしてのエイシーズをやがては担ってもらいたいからである．後者について，もう少し詳しく言えば，MOT ということで，最先端技術をベースにした経営，ということが強調されがちになるが，ビジネスの基本は，「無」の状態からいかに他との違いを生み出していくかにかかっており，そうした創造力とそれを実現するための組織化能力を，キャピタル，という側面から見つめ直して貰いたいのである．

　幸い彼らには，現 NEDO フェローで大阪大学先端科学イノベーションセンター VBL 部門であり，特任研究員として VB の立ち上げをサポートしている隅田剣生氏，そして，筆者のゼミの出身者で現在，サインポストで取締役 CFO を務める田村哲史氏，といった相談相手がいるとともに，彼ら4名が中心となって，大学発 VB を支援する NEDO フェローたちの組織がある．実際，今年度も既に3名が NEDO フェローとして採択され，イノベーションセンターで VB 支援等の業務に携わっている．

　同時に彼らは，2005年2月に大阪大学発 VB が集う任意団体，「青い銀杏の会（通称，青銀会）」を立ち上げた．理事長には，アンジェスエムジー取締役であり，かつ大阪大学医学系研究科客員教授の森下竜一氏を迎え，筆者は，事務局長を仰せつかっている．大学発 VB というものについて，ようやくその方向性がみえてきたような気がしている．

　　　　　　　　　　　　　　　　　　　　　　　　　（小林　敏男）

第8章 ベンチャーキャピタルと産業再生

§1 産業再生と急成長ベンチャー

　日米の上場企業時価総額ランキング・トップ20をご覧いただきたい（表8-1, 太字下線がベンチャー，2005年4月時点）．米国では，3位にマイクロソフト，11位にインテル，16位にシスコシステムズ，20位にデルと，トップ20にいわゆるベンチャーが4社，名を連ねている．一方，我が国は13位にヤフーがランクインしているのみである．米国について20位以下のベンチャーを紹介すると，28位にアムジェン，35位にオラクル，51位にイーベイ，57位にヤフーなどがランクインしている．しかも，米国57位のヤフーでさえ，我が国で唯一20位以内にランクインしたヤフーの時価総額を1兆円以上も上回る．急成長ベンチャーの輩出という観点から見た場合，日米の格差は大きい．こうした米国の急成長ベンチャー輩出に伴う企業家活動の活発化は，90年代を通した米国の産業再生の一因といわれている[1]．

　本章は，我が国の産業再生を考える上で，重要な要素の一つである急成長ベンチャー輩出について，ベンチャーキャピタル（Venture Capital 以下，VCと略す）の役割を中心に論じる．まず，日米のベンチャー企業家を取り巻く状況について概観すると共に，米国において急成長ベンチャー輩出に重要な役割を果たしたVCの役割について述べていきたい[2]．

---

　(1) 清成（1996），15頁を参照．また，Drucker（1985）は「米国で起こりつつあることは，管理経済から企業家経済への移行である（p.1）」と述べ，米国が1980年以降，企業家経済に移行していると示唆している．
　(2) 急成長ベンチャー輩出におけるVCの役割の重要性については，Timmons and Bygrove（1986），Gorman and Sahlman（1989），Sapienza（1992）等を参照のこと．

第8章　ベンチャーキャピタルと産業再生

表 8-1　日米の上場企業時価総額ランキング

順位	社名	時価総額 （10万$）	社名	時価総額 （百万円）
1	GEN ELECTRIC CO	383.72	トヨタ自動車㈱	14,512,190
2	EXXON MOBIL CP	378.27	㈱NTTドコモ	8,814,700
3	**MICROSOHT CP**	262.87	日本電信電話㈱	7,319,662
4	CITIGROUP INC	234.33	㈱三菱東京フィナンシャルグループ	6,178,813
5	WAL MART STORES	215.3	㈱みずほフィナンシャルグループ	6,162,135
6	JOHNSON AND JOHNS	202.36	キャノン㈱	5,106,234
7	PFIZER INC	196.14	ホンダ	4,994,868
8	BK OF AMERICA CP	178.75	日産自動車㈱	4,990,869
9	AMER INTL GROUP INC	148.88	㈱三井住友フィナンシャルグループ	4,578,282
10	INTL BUSINESS MACH	148.05	武田薬品工業㈱	4,526,396
11	**INTEL CP**	145.18	ソニー㈱	3,956,110
12	ALTRIA GROUP INC	135.16	松下電器産業㈱	3,880,731
13	PROCTER GAMBLE CO	134.6	ヤフー㈱	3,744,741
14	JP MORGAN CHASE CO	124.2	東京電力㈱	3,483,634
15	CHEVRONTEXACO CP	122.6	㈱UFJホールディングス	2,943,061
16	**CISCO SYS INC**	116.55	野村ホールディングス㈱	2,929,221
17	WELLS FARGO & CO NEW	101.24	㈱ミレアホールディングス	2,728,736
18	COCA COLA CO THE	101.1	㈱セブン-イレブン・ジャパン	2,600,332
19	VERIZON COMMUN	98.14	JT	2,480,000
20	**DELL INC**	94.79	㈱りそなホールディングス	2,479,774

［http://yahoo.com/, http://yahoo.co.jp/のデータ（2005年4月）から作成］

§2　米国の急成長ベンチャー輩出メカニズム

　90年代を通した米国の急成長ベンチャー輩出はどのように成し遂げられたのだろうか．米国の急成長ベンチャー輩出メカニズムについて，清成(1996)は「企業家の支援システムが完結的に形成されているのは，アメリカだけである．こうしたシステムを列挙すると次のとおりである．(1) 企業家予備軍の教育・育成，(2) 創業の助成，(3) 専門的人材の形成，(4) リス

139

クキャピタルの供給，(5) 株式の店頭公開，こうした仕組みが有機的に関連しあっているのである」(86頁)と指摘する．

本章では，米国の急成長ベンチャー輩出メカニズムについて，「企業家」「支援環境」「リソースパーソン」の3つの要素にわけて概観する．後述するが，米国では「企業家」「支援環境」「リソースパーソン」の三つの要素が相互依存，相互作用する有機的な連携が見られ，急成長ベンチャー輩出に正の影響を与えたとされる．こうした有機的な連携が森林などいわゆる生態系的な特徴を有することを例えて「企業家生態系」と呼ばれる．

まず，企業家生態系を構成する三つの要素について，以下の通り定義しておく．まず，リソースパーソンとは「株式やストックオプション等，将来のキャピタルゲイン獲得を前提に，ビジネスとして企業家を支援する組織や個人」，支援環境とは「上記のリソースパーソンを除き，企業家の活動に影響を与えるあらゆる要因」とする．リソースパーソンとしては，ビジネスとして企業家を支援する公認会計士，弁護士，弁理士，VC，エンジェル（個人投資家）等，また支援環境としては，政府や自治体等による企業家支援のための様々な法制度や税制，ビジネス慣行や金融システム，さらには，インキュベーション施設等を挙げることができる．

図8-1は，米国における急成長ベンチャー輩出の好循環を，企業家，リソースパーソン，支援環境の3つの要素で概念図として示したものである．まず，企業家は，当然，自ら設立したベンチャーを株式公開にまで成長させることを目指す．米国では，特に90年代，数多くの急成長ベンチャーが誕生し，多くの企業家が膨大な創業者利益，キャピタルゲインを獲得した．この起業成功者の存在が，社会全体における創業意欲を高め，新たな企業家の輩出を促す．起業活動の活発化→新規株式公開の続出→創業者利益（キャピタルゲイン）→起業意欲の高まり→起業活動の活発化と続く一連のサイクルの流れを，"企業家サイクル"と呼ぶことにする．

一方，企業家を支援するリソースパーソンにも，同様にサイクルが見られる．リソースパーソンは，企業家の株式公開によって，株式やストックオプションの権利等の手段でキャピタルゲインを得る．これがリソースパーソン

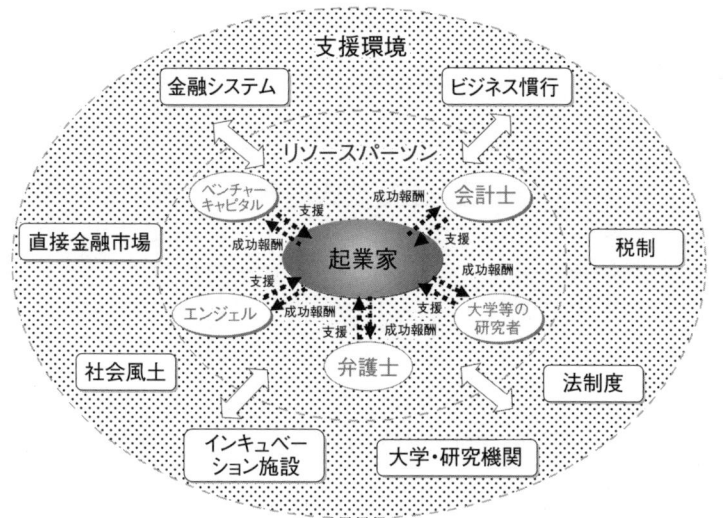

第 8 章　ベンチャーキャピタルと産業再生

注：成功報酬は主としてキャピタルゲインによる

図 8-1　米国における企業家を取巻くリソースパーソン及び支援環境の概念図

の増加，支援能力の向上を促し，全体としてさらに多くの企業家を支援，育成することにつながる．起業活動の活発化→新規株式公開の続出→支援活動による報酬→リソースパーソンの増加，支援能力の向上→起業活動の活発化と続く一連の流れを，"リソースパーソンサイクル"と呼ぶことにする．

　リソースパーソンは，図 8-2 のように，企業家への支援とその対価としてのキャピタルゲインという相互依存関係にあり，株式公開等の共通の目標に向けて，企業家と利害を共有している．

　Kenny and Burg (2000) は，新しい企業，産業を次々と輩出する能力を米国・シリコンバレーの本質とし，こうしたメカニズムを解明するために「第一の経済 (Economy One)」「第二の経済 (Economy Two)」という概念を提示した．「第一の経済は，民間企業であれば利益と成長を究極の目的とする既存組織」(p. 223) から成り立っており，既存企業や大学，研究機関等を指す．また，「第二の経済は，新企業の創造と成長を可能にするように進化した制度的インフラである」(p. 224) と述べ，VC，会計士事務所，法律事務所，投資銀行等を挙げている．その上で，Kenny and Burg (2000) は「キャピタル

```
                リソースパーソン
  活動支援  ┌──────────────────┐        ┌──────────────────┐
 ┌────────→│ リソースパーソンの増加│←┄┄┄┄┄┄┄│ 支援活動による報酬 │
 │         │ 支援能力の向上      │        └──────────────────┘
 │         └──────────────────┘              ↑
 │    技術シーズ獲得  リソースパーソンサイクル      ┊
 │         ↓                                ┊
 │      ┌──────────────┐      ┌──────────────┐
 │      │ 起業活動の活発化 │─────→│ 新規株式公開の続出│
 │      └──────────────┘      └──────────────┘
 │  起業家         起業家サイクル              ↑ 起業活動支援
 │      ┌──────────────┐      ┌──────────────┐
 │      │ 起業意欲の高まり │←─────│ 創業者利益    │
 │      └──────────────┘      └──────────────┘
 │           ↑    起業活動支援
 │  支援環境                                    市場活発化
 │           │ 経済活性化                           │
 │      ┌──────────────────────┐  ┌──────────────┐
 └─────→│ 国・自治体の施策（法制度，税制）│  │ベンチャー向け株式市場│
        └──────────────────────┘  └──────────────┘
        ┌──────────┐  ┌────────┐  ┌────────┐
        │大学・研究機関│  │ビジネス慣行│  │金融システム│
        └──────────┘  └────────┘  └────────┘
  技術ライセンス等
  による研究資金獲得
```

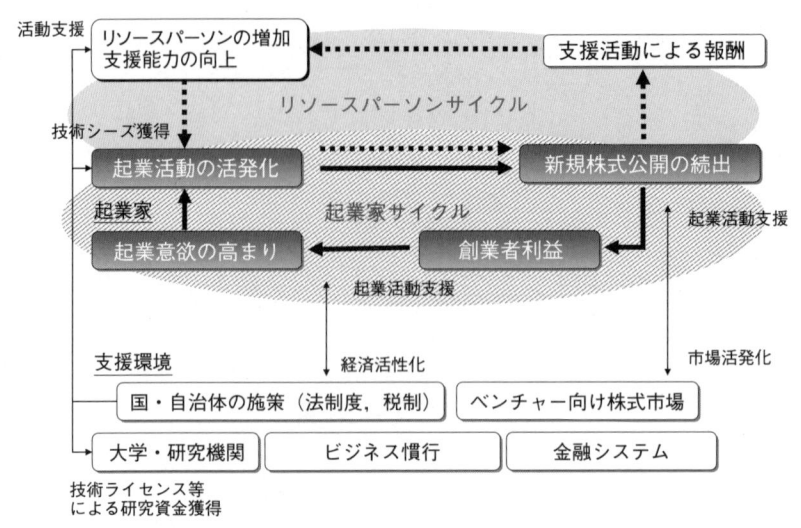

図8-2 "企業家サイクル"と"リソースパーソンサイクル"の好循環の概念図

ゲインが第二の経済の燃料である．（中略）ほぼすべての専門サービス提供者が，いくらかの株式や『もし成功を収めて大きく成長するならばその企業と関係を続けるという暗黙の了解』と引き換えに，進んでスタートアップ企業に対して市場価格より低い価格を提供する」(p. 228) と述べ，キャピタルゲインを媒介とした企業家と「第二の経済」，すなわちリソースパーソンとの連携の重要について指摘している．

　VCや公認会計士等の主要リソースパーソンは，企業家と共通の利害を有することもあり，彼らの専門分野以外にも，企業家のニーズに応じて，例えば独自のネットワークを使って，技術，経営，財務のそれぞれに精通した人材を紹介する，あるいは業界情報を提供する等の精力的な支援を行なっている．

　米国におけるベンチャー輩出の好循環は，図8-2のように，支援環境の整備が直接あるいは間接に"企業家サイクル"と"リソースパーソンサイクル"に正の影響を与えると共に，キャピタルゲインを媒介とした"企業家サイク

第 8 章　ベンチャーキャピタルと産業再生

ル"と"リソースパーソンサイクル"という 2 つのサイクルが有機的に機能した結果と考えることが出来る．

以下では，企業家生態系を構成する支援環境と主要なリソースパーソンについて，日米の比較をもとに概観する．

2.1　支援環境

企業家の支援環境のうち，日米の企業家支援関連法制の整備状況を比較したものが，図 8-3 である．施行年をみると，これまでの日米の施策の相違がわかる．米国では 70 年代から 80 年代の間に，主要な企業家支援法制が整備されているのに対し，我が国は，ほとんどが 90 年代に入ってからである．

米国において，技術移転機関（TLO）整備や産学連携の推進による技術移転を促すきっかけをつくり，大学発ベンチャー等輩出に貢献した政策とし

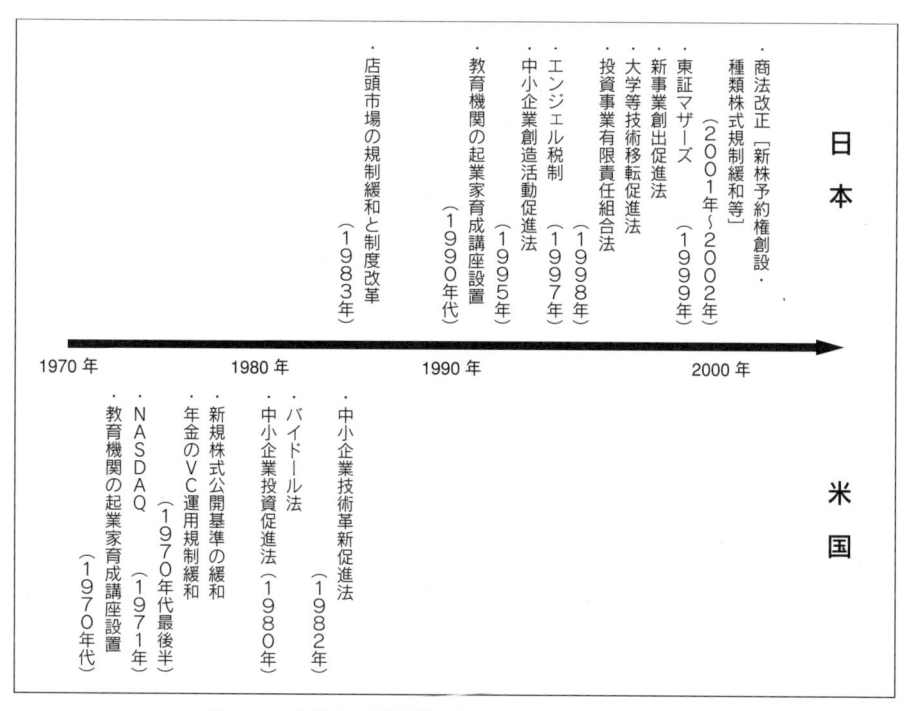

図 8-3　企業家支援法制における日米の整備状況比較

て，1980年のバイドール法を挙げることができる．従来，連邦政府の資金援助の下で生まれた研究成果の所有権は，連邦政府に帰属したが，バイドール法により，研究成果の特許権が大学に認められ，全米の主要な大学で技術移転機関が設置された．バイドール法の制定，さらにその後のVC等のリソースパーソンの増加や政府の創業支援策等の整備によって，米国の技術移転及び産学連携施策は，一定の成果を収めている．

一方，我が国の企業家支援法制は，90年代以降急速に整備されているが，米国と比較して，ようやく形が整った段階である．実質的に運用されるまでには，まだ時間を要し，運用上改善の余地が大きい．

2.2 リソースパーソン

次に，企業家を取り巻くリソースパーソンの日米の相違について概観する．VCについては，次節で詳しく検討するが，ここでは弁護士・法律事務所，エンジェル（個人投資家）について概観する．

(1) 弁護士・法律事務所

米国では，法律事務所の一部がビジネスとして創業，起業を支援している．会社設立，資金調達，販売，提携，知的財産権，ストックオプション計画，雇用等で，弁護士サービスが提供されている．また，シリコンバレーでは，VC，エンジェル等の資金提供者の紹介や，管理職の採用支援等のサービスも提供している弁護士事務所も存在する．企業家は，創業時から法務サービスを受けるケースも多く，優れた法律事務所に認められ提携できれば，その事実が，その後の経営に有利に働く．弁護士側から見れば，キャピタルゲインを期待できる．

一方，我が国の弁護士は，2000年まで自らの専門分野や実績を広告することが禁じられており，企業家にとってビジネスを専門とする弁護士を見つけることが困難であった．また，そもそも創業等ビジネスの分野に強い弁護士が少なかったことや，法曹界全体として，ビジネスに関与することや莫大な利潤を求めること等に関して否定的に対応してきた面もあり，我が国の法律事務所・弁護士は，企業家の有効なリソースパーソンとして機能してこな

第 8 章　ベンチャーキャピタルと産業再生

かった．

(2) エンジェル

　多くの企業家は，事業開始当初に必要な資金を第三者から公に広く集めることは難しい．従って，まず一般には，自己資金や友人・家族・知人等のコネクションを使って資金援助を得る方法をとらざるをえない．米国では，こうした私的関係による調達以外に，エンジェルと呼ばれる個人投資家が多数存在し，創業間もないベンチャーに対するリスクマネーの供給に，重要な役割を担っている．中小企業総合事業団編（2002）は，「米国では，「ビジネスエンジェル」は，72 万人おり，1 年間の投資件数は，48 万 9 千件，投資総額は VC 投資総額の約 8 倍に当たる 327 億ドルと推計されており，最大のリスクマネーの資金源となっている」と指摘している．特に，シリコンバレーでは，私的な狭い範囲の交友関係だけでなく，大学出身者，地域，同業者といった共通の関心をつなげたサークルが無数にあり，企業家は，こうしたネットワークの中から，エンジェルを見つけるという．米国におけるエンジェルは，投資する企業の業界にも詳しく，創業間もないベンチャーの支援に熱心であるケースが多い．

　一方，我が国においても，近年，ベンチャーを支援するエンジェルの全国組織が結成された他，税制面での支援策として「エンジェル税制」が段階的に整備される等，企業家のリソースパーソンとしてのエンジェルの重要性が認知され始めている．この内，エンジェル税制とは，一定の要件を満たすベンチャーの株式を取得した個人投資家が，株式の譲渡等により利益が生じた場合，利益の一部を圧縮，または，損失が生じた場合には繰越できる等の課税の特例制度のことである．しかし，我が国において，エンジェル税制の対象となったエンジェルの数は，2002 年 2 月までの累計で 207 人（中小企業総合事業団編（2002））に留まる等，我が国のエンジェルの現状は，質，量共に米国のレベルにない．

　日米の企業家生態系を概観すると，シリコンバレーに代表される米国では，企業家，リソースパーソン，支援環境が相互依存しながら有機的に機能し，生態系的な特徴を有していることがわかる．一方，我が国においては，

米国のように生態系的な機能を発揮するに至ってはいない．支援環境においては，法制度整備が米国に比べて10年以上遅れたことに加え，主要なリソースパーソンを比較しても我が国には株式やストックオプション等のキャピタルゲイン獲得を前提に，ビジネスとして企業家を支援する組織や個人は，まだまだ少ない．

　我が国における急成長ベンチャー輩出という観点から見ると，近年整備されつつある支援環境を効果的に運用すると共に，キャピタルゲインを媒介とした"リソースパーソンサイクル"の活性化による"企業家サイクル"好循環の実現を目指すことは有効な施策の一つであろう．

§3　ベンチャーキャピタルの急成長ベンチャー輩出メカニズム

　急成長ベンチャー輩出において重要な役割を期待されているのが，投資先に対するバリューアッド活動（Value-Adding Activities）を重視するVCである．バリューアッド活動について，本章では「投資先ベンチャーの経営に積極的に関与し，当該ベンチャーの企業価値向上を目指す活動」と理解すると共に，バリューアッド活動を重視するVCをバリューアッド型VCと呼ぶ．

　シリコンバレーを拠点とする代表的なバリューアッド型VCであるセコイアキャピタル（Sequoia Capital）やクライナー・パーキンズ・コーフィールド・アンド・バイアーズ（Kleiner Perkins Caufield & Byers：以下KPCBと略す）等は，高度な専門的知識や広範な人的ネットワークを活用して，投資先の企業価値創出に繋がる様々な経営支援を行い，これら企業の中からシスコシステムズ（Cisco Systems）やヤフー（Yahoo!）といった世界的なハイテクベンチャーが輩出された．この内，シスコシステムズは，1984年にスタンフォード大学のコンピュータ・サイエンティストであったレオナルド・ボサックとサンディ・ライナー夫妻が中心となって創業されたが，この創業にあたっては，セコイアキャピタル創立者，ドン・バレンタイン自らが役員となって資金援助し，投資後も成長段階に応じてCEOを交代させる等，積極的にシスコシ

第 8 章　ベンチャーキャピタルと産業再生

ステムズの経営に関与し，こうした様々な支援がシスコシステムズの急成長に貢献した．

3.1　ベンチャーキャピタルの投資サイクル

　VC 投資は，IT，バイオテクノロジー，ナノテクノロジー等といった業種，対象企業の成長段階，あるいは，地域を決定することから始まる．その方針にもとづいて，ファンドを創設し，投資家から資金を募集する．次にベンチャーから投資依頼を受け付け，投資案件を検討し投資先を決定する．最後に，株式公開時の株式売却や企業自体の売却等により投下資本を回収し，業務活動を完結する．そして，再び投資を行うという一連の業務を繰り返す．特に，バリューアッド型 VC は，この一連のプロセスで，投資先の企業価値

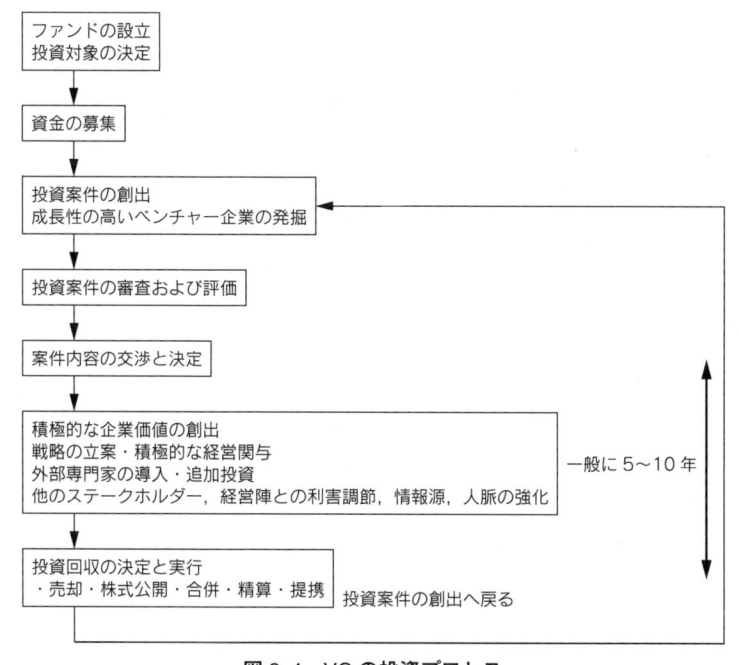

図 8-4　VC の投資プロセス

［William D. Bygrave, Jeffry A. Timmons, *Venture Capital at the Crossroads*, Harvard Business School Press, 1992, p. 14］

を高めようとする．例えば，経営戦略，マーケティング，成長戦略等を考慮した事業機会の発掘と評価，投資の条件交渉と実行，企業に対する経営支援と指導，技術および経営の手助け，追加資金の調達，経営陣の強化，資材調達先の選定，さらに他の主要株主作りや資金調達等である（Bygrave and Timmons (1992), p. 15）．

(1) 投資先の評価・選定

米国では，企業家が率先してビジネスプランを VC に提案することが暗黙の前提となっている．したがって，VC は自身で営業活動を行う必要性はほとんどなく，送られてくるビジネスプランを見て，有望と思う対象先に連絡をとり，投資案件として仕立てていけばいい．米国の VC には，毎日 10 件ぐらいの申し込みがあり，ようやく 1000 件に 3 件ほどが，実際契約に達する（濱田（1998），29 頁）とされる．

ビジネスプランは，投資家としての VC と企業家との情報の非対称性問題解消の有力なツールである．起業チーム，事業計画，財務計画，販売計画，マーケティング計画，研究開発計画等の項目からなり，当該企業の経営理念から財務，マーケティングなどの経営上の戦略及び当該企業を取り巻く外部環境，業界分析，競合と比較した当該企業の競争優位性等をビジネスプランにおいて示す必要がある．VC は，情報の非対称性問題解消のためベンチャーの成長段階に応じた段階的投資を行う（Gompers （1995），p. 1464）が，ビジネスプランは，各投資段階において，投資の是非を決定する上でのベンチマークの役割を果たす．

多くの企業家は，VC から資金を得るために，ビジネスプランにおいて実現可能性よりも楽観的な予測や見通しを提示しがちである．しかし，企業家の提示したビジネスプランが楽観的であることが判明した場合は，VC は，次の段階における追加投資を打ち切ることが出来る．企業家は，VC による段階的投資の仕組みによって，ビジネスプランの進行状況が厳しくマイルストン管理されることを前提に，ビジネスプランを作成せざるを得なくなる．すなわち，VC の投資先評価の段階においても，企業家は提示するビジネスプランにおいて，最も実現可能性が高い予測を示さざるを得なくなる．

第8章　ベンチャーキャピタルと産業再生

　VCは，投資先選定にあたって，ビジネスプランをベースに投資候補の価値を評価する．その価値の評価方法について，ファンダメンタル法，ファースト・シカゴ法，DCF（ディスカウンテッド・キャッシュフロー）法，比較類推法等様々な評価手法があるが，以下ではTimmons（1994）をもとに代表的な評価手法であるベンチャーキャピタル法とファースト・シカゴ法を概観する．

　ベンチャーキャピタル法は，投資家が予定する収穫時点，すなわち取得株式の売却時点までの期間の純利益を，企業家がビジネスプランで示した予想売上高と利益率に基づいて見積もる．次に，類似企業の株価収益率をベースに適正な株価収益率を決定，純利益と株価収益率を乗じて期末価値（Terminal value）を計算する．その上で，期末価値を割り引いて，投資の現在価値を計算し，当初の投資額を予想現在価値で除して，当初の投資額に基づいた投資家の必要持ち株比率を決定する．上記のステップは以下の計算式にまとめられる（Timmons（1994），p. 514）．

$$OR = \frac{FV}{TV} = \frac{(1+\text{IRR})^n \times I}{P/E \times NI}$$

OR＝最終必要持株比率，FV＝必要将来価値，I＝投資額，TV＝期末価値，IRR＝要求利益，P/E＝株価収益率，NI＝期間最終年度純利益，IRR＝内部収益率

　また，ファースト・シカゴ法は，ファースト・シカゴ社のベンチャーキャピタルグループが開発した評価方法とされ，成功，生存，失敗という三つのシナリオについて，予想される確率を想定し，各シナリオに基づく価値を求める方法であり，Timmons（1994）は以下の表8-2を紹介している．表8-2によると，例えば，成功のケースでは，5年後に株式公開（IPO）を実現し売上高は，20.97百万ドル，税引き後利益率15％，株価収益率17％，リスクに見合った割引率は年率40％との予測をもとに価値を見積もっている．

　内部収益率及び割引率は，ベンチャーから見れば資本コストになるし，VCにとっては，期待利益率を意味する．表8-3は，Wetzel（1997）が指摘する投資先企業の成長段階に応じて，VCがリスクに見合ったリターンと認識する一般的な期待利益率である．株式公開直前のブリッジでさえ，年率25％であり，シード，スタートアップでは，年率60％から80％という高い期待

149

表 8-2　ファースト・シカゴ法の例

	成功	生存	失敗
1. 売上高成長率（初年度$2 Millions）	60%	15%	0%
2. 3年後の売上高	$8.19 Million	$3.04 Million（精算を前提）	$2 Million
3. 5年後の売上高	$20.97 Million（IPO）	$4.02 Million	
4. 7年後の売上高		$5.32 Million（M&Aを前提）	
5. 税引後利益率	15%（$3.15 Million）	7%（$0.37 Million）	
6. 株価収益率	17	7	
7. 企業価値	$53.55 Million	$2.61 Million	$0.69 Million
8. 割引率40%での企業の現在価値	$9.96 Million	$0.25 Million	$0.25 Million
9. 確率	40%	40%	20%
10. 企業の期待現在価値	$3.98 Million	$0.1 Million	$0.05 Million
11. 企業の加重平均期待現在価値		$4.13 Million	
12. $2.5 Millionsの初期投資に必要な持ち株比率		60.50%	

［Timmons Jeffrey A.（1994）*New Venture Creation,* 4th ed., Irwin, p. 514］

表 8-3　VC の投資リスクに見合った期待利益率

成長段階	期待利益率（年率）
シード	80%
スタートアップ	60
ファーストステージ	50
セカンドステージ	40
サードステージ	30
ブリッジ	25

［William E. Wetzel, Jr., "Venture Capital", William D. Bygrave ed, The Portale MBA In Entrepreneurship 2nd edition, John Wiley & Sons, Inc., 1997, p. 197］

利益率が求められるとしている．

こうした高い期待利益率の背景には，システムリスクに対するプレミアム，非流動性，バリューアップ活動などの要素がある．また，ベンチャー投資は，まだ不完全な資本市場のニッチに存在するため，地域，ときには，市場環境によって大きく変わる（Timmons (1994), p. 511）とされる．また，企業家のキャッシュフロー予想における楽観性の補正も，ハードルレートとしての高い期待利益率の要因とされる（Smith R. L. and Smith J. K. (2004), p. 234）[3]．

企業家にとっては，VCの投資先評価にあたって，ビジネスプランの信頼性向上などでVCが投資の是非を判断するハードルレートとしての期待利益率を引き下げるよう努力することはもちろんであるが，自らの事業の成長の源泉となる技術や事業コンセプトには，VCを説得できる高いレベルの成長可能性が求められる．一方，VCにとっては，少なくともこうした高いハードルレートをクリアーできるようなポテンシャルの高いベンチャーを選ぶことが，投資の前提となる．

(2) 投資先バリューアップ活動

VCのバリューアップ活動は，投資先企業へのモニタリングや経営支援等からなる．モニタリングとは，投資先のダウンサイドリスクを最小化することを主目的とする（Manigart, Weele, Wright. Robbie Desbrieres, Sapienza and Beekman (2002) (1996) 等）．表8-2で示したファースト・シカゴ法を例にすると，モニタリングは失敗事例の確率を低下させる活動と解することが出来る．

モニタリングにおいては，まず企業家が価値を破壊する機会主義的行動に走る可能性を抑えることを目指す．例えば，個人的な利益を有する企業家は，

---

[3] Smith R. L. and Smith J. K. [2004] は，ベンチャーキャピタリストによる投資は，資本資産価格モデル（CAPM, Capital Asset Pricing Model）の前提条件を満たしている．その最も重要な点は，VCファンドのほとんどは，年金基金や生命保険会社からのものであり，こうした機関投資家の大規模な資産ポートフォリオの中では，どのベンチャー投資もそのごく一部を占めるに過ぎず，各ベンチャー投資の総リスクの大部分を分散できる．この分散可能なリスクは，ベンチャーへの投資に競争が存在する市場では，より高い期待利益率を受け取る根拠にならない（p. 233-234）と指摘し，VCの高いハードルレートの要因として，企業家のキャッシュフロー予想における楽観性を補正と，VCによる投資後のバリューアップ活動を指摘している（pp. 233-234）．

たとえ株主に対して負の現在価値案件に関する情報を持っていたとしても，事業の継続を望む．また，企業家は，株主のコスト負担で自分の評価を高める戦略を追求しがちである（Gompers (1995), pp. 1485-1486）．投資家であるVCは，企業家個人の利益と株主への資金的なリターンについて完全な相互依存関係になっていないことを懸念する（Gompers (1995), p.1463）．したがって，投資後，企業家の策定したビジネスプランをもとに，モニターすることになる．

　成長初期のベンチャーになればなるほど，資産の有形性の低下，オプションの比率の上昇，資産の特殊性が上昇する傾向にある（Gompers (1995), p. 1487）．ベンチャーキャピタリストは，情報の非対称性が重要な意味を持ち，モニタリングが有益である成長初期のベンチャーやハイテク分野のベンチャーへの投資では，これに注力する（Gompers (1995), p. 1462）．モニタリングは，一見投資先の企業価値向上とはあまり密接な関係がないように思われるかもしれないが，適切に行われる限りにおいては，企業価値向上に寄与する（Gompers (1995), pp. 1485-86）とされる．

　投資先への経営支援は，上昇ポテンシャルの最大化，すなわち，投資先の価値を高めることを目指した活動である（Manigart et al (2002））．経営支援には，様々な類型があろうが，VCの投資後活動についての先駆的研究であるMacMillan, Kulow and Khoylian (1989) は，米国のVCのベンチャーへの関与パターンについて，「開発およびオペレーション」「管理選択」「人事管理」「金融参加」の4つの類型を挙げると共に，VCは，財政面で投資先に最も関与している一方，日々のオペレーションへの関与が最も低かったと指摘している．

　東出・Birley (1999) は，英国のVCに対する調査から「戦略的関与」「一時的ヘルプ」「ネットワーキング」「人間関係」の4つの類型を指摘している．東出・Birley (1999) によると，「戦略的関与」とは，企業戦略，マーケティングといった戦略とマーケットを繋ぐ問題に関する関与，また，マネジメント，ファイナンスといった相対的に管理的色彩の強い要素と戦略をつなぐ関与で構成される．また，「一時的ヘルプ」とは，一時的な企業危機，資本金，借入金のアレンジ，人材調達が主な構成要素となっている．さらに，「ネットワーキング」とは，人脈の拡大，競争情報提供等，「人間関係」とは，勇

気・モティベーション付，企業家の個人的な問題に関する関与で構成されているいると指摘している．MacMillan et al (1988) と東出・Birley (1999) の類型を比較すると，VCの経営支援の内，人材調達機能を担う「一時的ヘルプ」，人脈の拡大，競争情報提供等の「ネットワーキング」等，外部との調整やネットワークを活用したベンチャー支援が，相対的に重視されつつあると推察される．

3.2 バリューアッド能力と投資スタイル
(1) リスク分散を超えるバリューアッド活動

米国では，バリューアッド型VC以外に，マーチャントVC (Merchant Venture Capital, 以下マーチャントVCと略する) と呼ばれるタイプのVCが存在する．1980年代以降，VC業界が規模を拡大するにつれ，リードインベスターとなり投資先ベンチャーを積極的に支援するというバリューアッド活動を採らず，資金提供者としての役割のみに徹するマーチャントVCが増加した．

Bygrave and Timmons (1992) の評価をもとに，バリューアッド型VCとマーチャントVCについて，投資対象，投資戦略，バリューアッド活動の相違をまとめたものが，表8-4である．バリューアッド型VCが，投資対象を，スタートアップ，アーリーステージに集中する一方，マーチャントVCは，レイターステージ，MBO，割安の公開株をも対象とする．また投資戦略では，バリューアッド型VCがリードインベスターとなるのに対して，マーチャントVCは，コインベスターとしての立場にとどまる．またバリュー

表8-4 バリューアッド型VCとマーチャントVC

	バリューアッド型VC	マーチャントVC
投資対象	スタートアップ，アーリーステージに集中	レイターステージ，MBO，割安の公開株
投資戦略	リードインベスター（集中投資）	コインベスター（分散投資）
バリューアッド活動	企業価値を高めることに注力	金融工学面での支援

[William D. Bygrave, Jeffry A. Timmons, *Venture Capital at the Crossroads*, Harvard Business School Press, 1992, pp. 291-292 をもとに作成]

アッド活動については，バリューアッド型VCは，文字通り，投資先の企業価値を高めることを目指すバリューアッド活動に注力するのに対して，マーチャントVCは，金融工学面での支援に留まり，短期的な利益に固執する(Bygrave and Timmons（1992），pp. 291-292).

ポートフォリオ理論によれば，株式の投資利益率の変動は，個々の企業に作用する独自の要因に基づく部分と，全ての企業に共通に作用する要因に基づく部分とに分解される．前者を個別リスク，後者を市場リスクというが，可能な限り多数の銘柄を組み合わせてリスク分散を行うと，後者は残るものの，前者は大幅に削減させることができる．

マーチャントVCが採るコインベスターという投資戦略は，ポートフォリオ理論に基づく分散投資戦略である．マーチャントVCの分散投資戦略は，馬が死ぬ前に馬を売る（Bygrave and Timmons（1992），p. 292）と形容されるように，いくつかの案件に分散して投資し，予想通りの成果を上げうる見込みのない案件からは，速やかに撤退するとされる．

一方，バリューアッド型VCの採るリードインベスターという投資戦略は，集中投資戦略といえる．ポートフォリオ理論においては，他のすべてが同じ条件だとすれば，十分に分散されていないポートフォリオのリスクは，十分に分散されたポートフォリオよりも高い．VCのポートフォリオが，例えば特定の成長段階や産業により集中されればされる程，リスク分散が図れない．しかし，バリューアッド型VCは，成長初期のベンチャーに集中投資し，バリューアッド活動に積極的であるがゆえに，ベンチャーキャピタリスト1人当たりで見た場合，当然，投資先数は限られることになる．

バリューアッド型VCの投資スタイルは，ポートフォリオ理論に基づくリスク分散を超えた高いバリューアッド能力が必然的に要求されることになる．

(2) より高い期待利益率を要求するバリューアッド活動

Manigart et al（2002）は，英国，米国，フランス，オランダ，ベルギーの5カ国229社のVCを対象として，VCが要求する期待利益率に対して，投資先の成長段階における集中投資と分散投資，モニタリング等の諸活動が，どのように影響しているのかについての調査を行い，米国のVCは他の4カ

第8章　ベンチャーキャピタルと産業再生

国と比較して，要求する期待利益率が最も高いとの実証研究結果を示している．これについて，Manigart et al.(2002) は，「より深い知識及びベンチャーを支援する能力が存在する時，高いリターンを要求することが可能となる (p. 309)」と述べ，高い期待利益率の背景には，高いバリューアッド能力があると指摘している．

　米国の VC 投資において，VC は一般にファンドのジェネラルパートナーとなり，ファンド総額の 2% から 3% を年間手数料として，また，成功報酬として 15〜25% を受け取る仕組みとなっている (Bygrave and Timmons (1994))．このような報酬体系において，VC はモニタリングや経営支援等のバリューアッド活動が追加的に投入するコスト以上に，受け取る成功報酬が増加する，つまり，投資先の企業価値が拡大すると予想される場合においてのみ，投資先企業への関与が可能となる．例えば，モニタリングのコストは，報告書を作成するに当たっての費用も含んでいる．VC は，現場を見に行ったり，報告書を読んだりする他，その他の業務にも時間を割かなければならないため，それらはすべてコストとなる（Gompers (1995), pp. 1464-1465）．投入コスト以上に，投資先の価値向上が図れるとの確信がなければ，それ以上の経営関与を行わない．したがって，VC の投資先への経営関与レベルは，VC の投資先のバリューアッド能力に依存することになる．

　VC のバリューアッド活動とベンチャー評価にあたっての期待利益率との関係については，下記の式で示すことが出来よう．

$$r = r_F + r_P + r_{VA}$$

ただし，r = VC の期待利益率，r_F＝リスクフリーレート，r_P＝リスクプレミアム，r_{VA}＝バリューアッドプレミアム

　リスクプレミアムとは，ベンチャー投資に関して，Timmons（1994）が指摘した非流動性など，バリューアッド活動以外のすべての要素であり，バリューアッドプレミアムは，バリューアッド活動に伴うプレミアムと理解する．このバリューアッドプレミアムは，VC が投資コスト以上に投資先価値が向上すると考えるレベルが投資先に付与される．すなわち，Manigart et al.

(2002) が指摘するように，バリューアッド能力が高い VC ほど，投資に当たっての期待利益率 (r) は，高くなる．

3.3 バリューアッド活動と急成長ベンチャー輩出

VC の投資先への関与レベルについて，MacMillan et al. (1988) は，(1) 限られた経営関与しかしないレッセフェール的関与，(2) 適度に関与する穏健的関与，(3) 経営活動の大半に企業家以上の経営関与を行う密着した追跡者的関与，の三つのタイプを指摘している (p. 27)．Pfirrmann Wupperfeld and Lerner (1997) は，ベンチャーと VC との関係を分析した米国とドイツの事例研究をもとに，両国の VC ともに，MacMillan et al (1988) の分類における (1) 限られた経営関与しかしないレッセフェール的関与ではないとした上で，ドイツの VC の多くは (2) 適度に関与する穏健的関与であるのに対して，米国の場合は，(3) 経営活動の大半に企業家以上の経営関与を行う密着した追跡者的関与の特徴があると指摘している (pp. 133-138)．米国の VC は，高いバリューアッド能力を背景に，投資後活動に大きなエネルギーを注ぎ込んでいる．

例えば，KPCB は，個々のベンチャーキャピタリストが，特定の産業分野での実務経験を通して，製品，技術の深い知識の蓄積があり，自らの経験と知識を有する領域においてベンチャーを目利きし，投資後も一貫して，モニタリング及び経営支援を行う．KPCB は，また，ザイバツ (Zaibatsu) と呼ばれる過去の投資先の経営者を中心とするネットワークを形成した．このザイバツのメンバーが，インターネットやバイオテクノロジー等，これまでの実務経験をもとに，投資先企業の価値を高めるシステムを導入した．また，このネットワークを活用して，例えば企業家が技術の専門家である場合には，その人物を社長ではなく，最高技術責任者 (CTO) にし，経営のトップあるいは，マーケティングの専門家を外部からスカウトする等の大胆な人材供給の機能も担っている．このザイバツには，ネットスケープコミュニケーションズの創業者のマーク・アンドリーセン (Marc Andreessen)，サンマイクロシステムズ (Sun Microsystems) のスコット・マクニーリ (Scott McNealy) 等が参

加した．Hellmann and Puri（2002）は，シリコンバレーの173のスタートアップ企業を対象とした実証研究をもとに「VCの投資先企業ほど，創業者にかわって，外部のプロフェッショナル人材がCOEの地位に取って代わるケースが多い」（p. 194）と指摘している．

米国のバリューアッド型VCの投資スタイルは，有望な市場，産業を見つけ，その市場に集中的に投資を行い，投資後，ザイバツのシステム等を活用して，必要であれば人事戦略にも大きく関与して，投資先の企業価値を高めることに成功している．

米国のバリューアッド型VCは，バリューアッド活動に熱心であるからこそ，高いバリューアッド能力を獲得でき，高いバリューアッド能力があるからこそ，ハイリスクだがハイリターンが期待できる成長初期で，かつ新たな市場を目指すベンチャーへの投資に傾注するという好循環を実現してきた．地域におけるベンチャー輩出の観点からみると，「ハイリスクだがハイリターンの可能性のある成長初期のベンチャー投資に傾注できる」という特徴は重要である．リスクが高いとして敬遠されがちな成長初期のベンチャーにも，リスクマネーが供給され，かつハイレベルなバリューアッド能力を持つVCによる適切な経営指導が提供されるメカニズムが働くからである．こうしたバリューアッド型VCによるメカニズムが，シリコンバレーに代表される米国の急成長ベンチャー輩出，企業家活動の活発化の一因といえよう．

§4 急成長ベンチャー輩出に向けた我が国ベンチャーキャピタルの課題

米国のVCが，投資後のバリューアッド活動を通じて，投資先の企業価値を高めている一方，残念ながら，我が国のVCは投資先の企業価値を十分高めているとは言えないとの研究結果が報告されている．

Brav and Gompers（1997）は，米国における1976年から1994年にかけての新規公開企業の長期的な株価業績の低さについて，VC投資との関連性を調査し「新規公開企業の株価業績の低さは，VCが投資していない小規模な

企業によってもらされており，VC投資先の新規公開企業は，VCが投資していない企業を上回る業績を示している」(pp. 1818-1819) と指摘している．

一方，忽那 (1999) は，1996年の我が国の新規店頭公開企業109社を対象に，新規公開企業の株価成長率とVC投資との関連性を分析し，「VCが投資し，しかもトップのVCおよびVC全体としての関与が大きい企業において，むしろ公開後の株価パフォーマンスが悪いという特徴がみられる」(221-223頁) と指摘している．また，Hamao, Packer and Ritter (2000) は，1989年から1995年までの我が国の新規店頭公開企業を対象に，VCのタイプと長期株価業績との関連を分析し，「海外及び独立系のVCを除いては，VCの投資先企業の長期株価業績が，VCが投資していない企業に比べて良好であるとは言えない」(pp. 555-556) と指摘している．

我が国VCのバリューアッド能力が発展途上である背景には，大きく2つの理由があるであろう．第1に1990年代初めまで，多くのVCは，株式公開が早い時期に見込める，すでに企業としては成熟した中小企業に資金を提供し，その企業の株式公開を指導し，資金を回収して収益を上げるという事業が本流であったことが挙げられる．そもそも成熟した中小企業は，すでに経営的に軌道に乗っているところが多く，投資後の経営支援は余り必要ではなかった．したがって，そのための個々のベンチャーキャピタリストのバリューアッド能力開発が遅れたと考えられる．

第2に，組織主導の業務運営が行われてきたことが，ベンチャーキャピタリストのバリューアッド能力開発の障害になってきた．我が国の従来の多くのVCは，投資業務プロセスを一人のベンチャーキャピタリストに任せるのではなく，銀行等の金融機関と同様に，投資業務の中身を細かく分解し，そのそれぞれの機能を専門に担当する部署を設ける組織運営が行われてきた．一方，米国のバリューアッド型VCにおいては，個人主導の組織運営が行われている．投資後活動を行う上で，投資先企業をよく知っている有能なベンチャーキャピタリスト1人が，すべての責任を負って任にあたる方が効率的であるとの考えからである．

近年，我が国のVCは，大学発ベンチャーなど成長初期のベンチャーへの

第 8 章　ベンチャーキャピタルと産業再生

投資に力を入れ始め，投資先における急成長ベンチャー輩出を目的にバリューアッド活動を志向する VC が増加している．我が国における急成長ベンチャー輩出のためには，個々のベンチャーキャピタリストが早急に高いバリューアッド能力を獲得し，ハイリスクだがハイリターンが期待できる成長初期で，かつ新たな市場を目指す若いベンチャーへの投資に傾注するという好循環を実現する必要がある．

　急成長ベンチャー輩出に向けて，我が国の VC は，個々のベンチャーキャピタリストの投資先バリューアッド能力向上が喫緊の課題といえ，個々の VC においては，個人主導の組織体制及び業務運営の整備などが求められよう．

（参考文献）

Bygrave William D. and Jeffry A.Timmons. 1992. *Venture Capital at the Crossroads*, Harvard Business School Press

Manigart Sophie, Koen De Waele, Mike Wright, Ken Robbie, Philippe Desbrieres, Harry J. Sapienza and Amy Beekman. 2002. Determinants of Required Return in Venture Capital Investments: a Five-Country study, *Journal of Business Venturing*, 17, pp. 291-312

Smith Richard L. and Janet Kiholm Smith. 2004. Entrepreneurial Finance, 2nd Edition, John Wiley & Sons

Timmons Jeffrey A. 1994. *New Venture Creation*, 4th ed., Irwin

桐畑哲也．2006．「新技術ベンチャー創出とベンチャーキャピタルの投資後活動」『JAPAN VENTURES REVIEW』No. 7，日本ベンチャー学会，33-42 頁

桐畑哲也編著．2005．『ナノテク革命を勝ち抜く』講談社

桐畑哲也．2003．「大学発ベンチャー育成とベンチャーキャピタル求められるベンチャーキャピタリストの投資先育成能力」『三菱総合研究所所報』No. 42，三菱総合研究所，58-78 頁

清成忠男．1996．『ベンチャー・中小企業優位の時代─新産業を創出する企業家資本主義』東洋経済新報社

東出浩教・Sue Birley．1999．「英国ベンチャーキャピタリストの活動─投資済案件との関わり方」『JAPAN VENTURES REVIEW』No. 1，日本ベンチャー学会，197-204 頁

濱田康行．1998．『日本のベンチャーキャピタル・新版』日本経済新聞社

（桐畑　哲也）

第9章　日本におけるベンチャー創造の実践と課題

§1　ベンチャー企業を起こすために

　ベンチャー企業を実際に起業するためには，どのような考えのもとで，具体的な行動はどのようなものなのかについて，説明を試みる．筆者の経験からは，全ての業種については網羅することはできないので，主にITベンチャー企業をイメージして話を進めることにする．

　1998年頃米国では，インターネット普及に伴い，インターネットに関連したベンチャー企業が多数設立され，また株式公開を果たして来た．その中でもヤフー，eBay，アマゾン等はブームが去った後も優良企業としてビジネスを継続させている．一方，日本国内においても米国のブームに数年遅れてベンチャー企業設立ブームが到来し，ヤフー・ジャパン，楽天，インデックス等成功したベンチャー企業が多数活躍している．

　会社を設立し，短期間で事業規模を拡大し，大企業と肩を並べるまでに成長を遂げるというのはどのようなことなのか，筆者の経験を踏まえながら説明を進めることにする．

1.1　起業のための準備

　筆者が起業するときに考えたことは，概ね次のような事項である．当たり前のことのように思われるかもしれないが，なかなか十分に検討せずに起業してしまうケースがある．事前に，将来起こりえる事象について検討しておくことが必要である．

- どのようなビジネスを行うのか
 ビジネスアイデアは，起業にとってとても重要な要素である．ビジネスのオリジナリティがこれで決定されるので，十分に検討を行うことが必要である．
- 起業の志（起業デザインと運営が異なる）
 どのような会社に育て上げたいのかを，起業当初からイメージしておくことが重要である．例えば，野球でも目指すレベルが異なれば，選手，練習方法などが異なると同様に，会社経営もそうである．
　　──少年・草野球レベル／甲子園レベル／大学野球レベル
　　──社会人野球レベル／プロ野球レベル／大リーグレベル
- No. 1 を目指す
 目指すレベルが確定したらトップを狙う．
- 社会へのインパクトが必要
 事業規模，成長率，収益率というのは言うまでもなく重要であるが，そのビジネスがどのような社会的影響を持っているかも，同じように大切なものである．社会へのインパクトというのは，社会に対する貢献度合いと考えても良いかもしれない．
- 自分自身の経験を活かすことができるか
 素晴らしいアイデアを基にしたビジネスモデルが完成したとしても，それをどのように実行しているかが問題である．スタートアップ時点では，殆ど自分自身で実施することになるので，自分自身の経験が事業推進力となる．
- 起業のための資金はどうするのか
 起業のための資金とは，設立資金だけでなく，今後成長させるための資金計画であり，具体的な調達手段を考えることが重要である．成長のための資金とは，図9-1「起業から成長の売上・費用・利益の関係」で示すように，赤字が一定期間続き，その後に急成長するシナリオである．この資金需要と成長を考慮した資金計画が必要となる．資金調達手段としては，銀行，ベンチャーキャピタルなどがあるが，ベンチャーキャピタルからの調

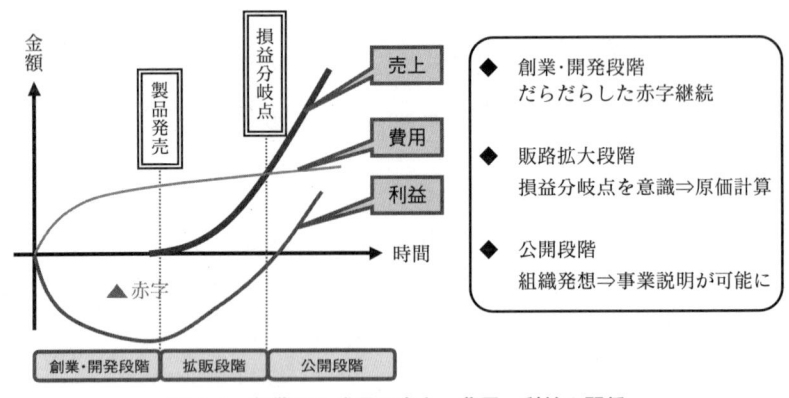

図 9-1　起業から成長の売上・費用・利益の関係

達については，次章で簡単に解説する．

・株式公開は途中経過

　起業から株式公開までは非常に困難な道のりであるが，あくまでも通過点であるという認識を持つ必要がある．

1.2　投資家（Venture Capital：VC）との付き合い

　スタートアップ企業にとっての一般的な資金調達先であるベンチャーキャピタルについて説明を試みる．

　米国のベンチャーキャピタリストは，過去数十年にわたって米国の先進技術と起業家同士のコミュニティの発展を支援し，その結果多くの事業創出，経済成長，国際競争力をもたらした．DEC，アップルコンピュータ，フェデラルエクスプレス，コンパック，サンマイクロシステムズ，インテル，マイクロソフト，ジェネテック，またインターネットビジネスでは，ヤフー，eBayなどが，ベンチャーキャピタルビジネスで大成功を収めた有名な企業の例である．世界を揺るがすほどの革新的な技術を提供する創業者にとっては，投資家からの資金調達が欠かせないのである．

　一般にベンチャーキャピタリストは，スタートアップ企業に投資しようとしている富裕な投資家的な認識が強いかもしれないが，正確なベンチャー

キャピタリスト像を表していないと思われる．確かにベンチャーキャピタリストの中には，経営知識を持つ富裕な投資家もいるが，ベンチャーキャピタルのファンドは個人の資本だけではない．実際ベンチャーキャピタルおよびプライベートエクイティは，資本のプールであり，これは普通リミテッドパートナーシップにより組織され，5年～7年の間に高利率のリターンを上げる可能性のある企業に投資をする．また，富裕な投資家というイメージは，おそらくエンジェルを想像しており，エンジェル投資家の中でもベンチャーキャピタルを退職し，ベンチャー企業を直接発掘したいと考えている投資家もいる．

　日本のベンチャーキャピタルは会社組織で活動しているものが多く，米国的なベンチャーキャピタルはあまり存在しない．ただ，ここ数年はアーリーステージのスタートアップ企業に対する投資も積極的に行っており，スタートアップ企業に必要な資本の調達と投資家の専門知識を活かした経営面の指導により成長を促す役割を果たしてきている．

(1) ベンチャーキャピタルの投資プロセス

　ベンチャーキャピタルの目標は，マーケットが強く望んでいるものを提供し，莫大な収益が上げられるベンチャー企業を発掘することである．この目標を達成するために，ベンチャーキャピタルは図9-2「VCの投資プロセス」に示すようなフレームワークによって投資の判断を行っている．

(2) ベンチャーキャピタルのポートフォリオ

　ベンチャーキャピタリストは，自らの投資戦略によって投資を行う．投資は，ベンチャー企業の様々な成長段階，産業分野，地域に投資を行うことである．

　ここでは，成長段階，産業分野，投資規模，対象地域について，それぞれ投資対象としての捉え方について述べる．

①成長段階

　ベンチャーキャピタリストのすべてがスタートアップ段階を投資対象としているわけではないが，スタートアップ段階の様々なビジネスを行っている企業にも投資を行う．スタートアップ段階の投資は比較的リスク（倒産など）

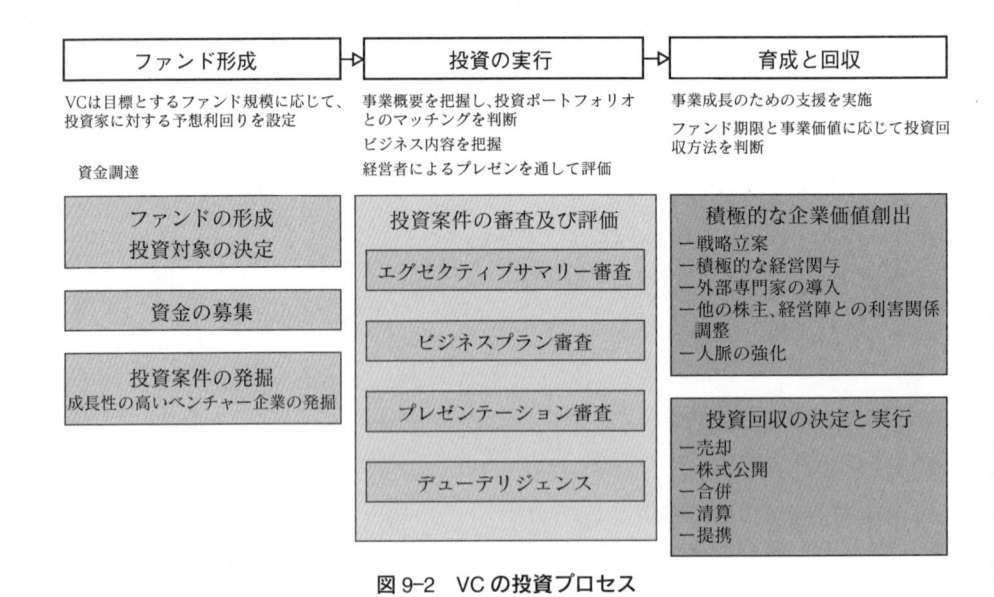

図9-2 VCの投資プロセス

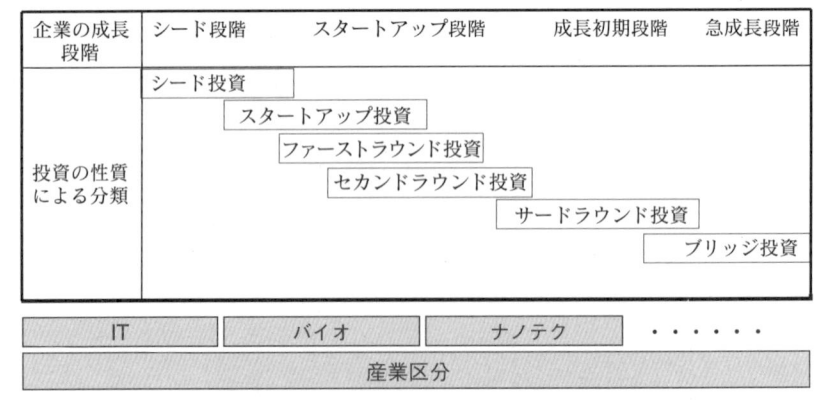

ファンド形成
VCは目標とするファンド規模に応じて、投資家に対する予想利回りを設定

資金調達

- ファンドの形成
- 投資対象の決定
- 資金の募集
- 投資案件の発掘
- 成長性の高いベンチャー企業の発掘

投資の実行
事業概要を把握し、投資ポートフォリオとのマッチングを判断
ビジネス内容を把握
経営者によるプレゼンを通して評価

投資案件の審査及び評価
- エグゼクティブサマリー審査
- ビジネスプラン審査
- プレゼンテーション審査
- デューデリジェンス

育成と回収
事業成長のための支援を実施
ファンド期限と事業価値に応じて投資回収方法を判断

積極的な企業価値創出
- 戦略立案
- 積極的な経営関与
- 外部専門家の導入
- 他の株主、経営陣との利害関係調整
- 人脈の強化

投資回収の決定と実行
- 売却
- 株式公開
- 合併
- 清算
- 提携

図9-3 ベンチャー企業成長ステージと投資

企業の成長段階	シード段階	スタートアップ段階	成長初期段階	急成長段階
投資の性質による分類	シード投資	スタートアップ投資 ファーストラウンド投資 セカンドラウンド投資	サードラウンド投資	ブリッジ投資

IT	バイオ	ナノテク	･･･
産業区分			

が高いため、投資後も成長を支援することが必要になるためである。

図9-3「ベンチャー企業成長ステージと投資」で、ベンチャー企業の成長段階とベンチャーキャピタルの投資ステージを表す。ベンチャーキャピタリ

ストは，企業における実際の製品や会に組織される以前に投資するいわゆるシード段階での投資，またアーリーステージへの投資や，企業がある程度成長し更なる成長段階を支援するための投資等，様々な場面で投資を行う．

　ベンチャーキャピタリストは，特定企業に対して，その成長ステージを通して投資を続けることもある．これとは逆に，企業に流動性を与え，他の企業によるM&Aの促進を支援する場合もある．

　以下に，各投資の用途を説明する．
　シード――シード投資は，発明者やアントレプレナーに対してコンセプトを具体化しプロトタイプ的なものをスタートするための資金を調達する，比較的小額の資金である．これは，マーケティングリサーチと関係した製品図面の作成やビジネスプランの作成が含まれる場合もある．一般的には，シード投資はエンジェル投資家が出す場合，アントレプレナー自身が工面する場合，補助金による場合の3種類がある．最も多いのはこれら3種類すべてを組み合わせたものである．資金規模は数百万円から1000万円程度と考えられる．
　スタートアップ――スタートアップ投資は，製品開発を完了させ初期段階のマーケティングを行うために行われる．この段階での企業は，組織化を行っている状態か，既にビジネスを行っているが製品を商品として販売したことがない状態である．通常，そのような企業はマーケット研究，マネジメント体制の組立，ビジネスプランの作成は既に終わっているもののマーケット進出の準備ができていない．資金規模は数千万円と考えられる．
　ファーストステージ――ファーストステージの投資は，初期資本の開発に使われる．投資規模は数千万円であり，全て製造，販売のために使われる．
　セカンドステージ――セカンドステージの投資は，拡張のための資本となる．この段階での企業は概して収入を出しており，経営陣を持つ．しかし，これらの企業はほとんど利益を出していないと思われる．投資規模は数千万円から数億円と考えられる．

②産業分野

半導体，通信，ソフトウェア，バイオ等先端技術分野を投資産業分野としている場合がほとんどである．ただし，ベンチャーキャピタリストの中には，建築，工業製品，ビジネスサービスなどの企業に投資するものもいる．また，小売業界への投資に特化するベンチャーキャピタリストもいくつかあり，「社会的責任を持った」起業努力への投資だけに焦点をあてるものも存在する．

また，半導体，ソフトウェア，小売り，飲食関連などと様々な業界分野に分散させて文字どおりポートフォリオを組んで投資を行うベンチャーキャピタルもある．

③投資規模

ベンチャーキャピタルの規模もさまざまで，管理下に数百万円しか扱わないシード専門家から，数億円以上を投資するようなものもある．基本的には，ベンチャーキャピタルは，投資先企業が成長するように積極的に関与し，投資先企業の支援，指導などを行う．

また，様々な投資先企業の間で相乗効果を創出し成功しているベンチャーがいくつか存在するが，これもベンチャーキャピタルが仕掛ける場合がある．つまり，ベンチャーキャピタルが投資ポートフォリオ企業同士の優れた点を組み合わせて，成功可能性を高めるのである．例えば，大きなソフトウェア製品を持つが適切な販売技術を持たない企業を，ベンチャーポートフォリオ内のより優れた販売技術を持つ企業またはその経営陣と組み合わせるといった例が考えられる．

④対象地域

ベンチャーキャピタルの投資対象地域は，ある程度特定された地域に特化していることが多いが，これは一般に，中小規模のベンチャーキャピタルは，拠点とする地域のベンチャー企業に特化して，地域の企業や人脈を活用して投資先企業を最大限に支援している場合が多いからである．

(3) 投資家を知る

ベンチャーキャピタルから投資を得るためには，ベンチャーキャピタルが

どのような事業に興味をもっているのか，また上記で解説したようにどのような投資規模を考えているのか等を理解することが重要である．

次にベンチャーキャピタルが企業を選定するためのプロセスを理解し，それに対応した資金調達シナリオが必要となる．

ベンチャーキャピタルが投資案件を発掘する最も基本的な方法は，起業家から送付されるビジネスプランを評価することである．ビジネスプランの目的はただ1つであり，将来の投資家に特定企業への投資を促すことである．ベンチャーキャピタリストはたくさんのビジネスプランに目を通すが，実際に投資を行うのは投資機会として適切と判断した数社のみである．

ベンチャーキャピタリストは投資を行う際申し入れのあったベンチャー企業の持つ技術とビジネスのメリットを入念に評価するため，ベンチャーキャピタリストがどのようなことを知りたがっているのかを理解し，その点を明瞭かつ簡潔に伝えることが求められる．

・このベンチャー企業が解決しようとする問題とは何か．問題に取り組む真剣さは伺えるだろうか
・その問題を抱える潜在的顧客とは誰か．その問題が潜在的顧客にとって重要なのはなぜか
・マーケットの大きさはどの程度か．その成長速度はどの程度か
・このベンチャー企業は3年〜5年のうちにどの程度の規模になるか
・オーナーはどんな人物か．この問題の解決に適任な理由は何か
・この事業に必要な金額はどのくらいか
・3〜5年後に，投資家はどの程度の投資回収が見込めるだろうか

ビジネスプランは少なくとも，これらの質問に答えていなければ，資金を得ることは難しい．ビジネスプランの目的は，将来の投資家にその投資機会をまじめに取り上げるかどうかを決めるために必要なデータを，迅速にスナップショット的に提供することである．

(4) 投資案件の審査および評価

投資決定におけるビジネスプランの役割は，実はそれほど重要ではない．多くのベンチャーキャピタリストは，ビジネスプランに記載されている事業

計画自体よりも人物やマーケットの将来性を考慮にいれる．多くのベンチャーキャピタリストは，以下のようなプロセスで投資案件に対して投資決定の判断を行う．

- まず，ビジネスプランを策定した人物を確認する．彼らが投資をしたことのある起業家や，彼らが仕事をしたことのあるエンジェル投資家，またはベンチャーキャピタルから紹介されたビジネスプランの場合，真剣に評価する．また，友人や知人からの紹介の場合なども同様である．これ以外のルートで提出された場合は，非常に困難が予想される．
- ベンチャーキャピタリストは，企業の投資内容について簡潔にまとめた説明を好む．
- ベンチャー企業の資金計画は，将来的に計画通りにいくことはほとんどない．しかし，ここで重要なことは，対象とする業界ではどのくらいの収入と費用が発生するかを創業者が理解していることを，経験ある投資家に示すことである．事業を行う上で創業者がそのリスクを理解しているかが重要な投資判断要素となる．
- ベンチャーキャピタリストがプレゼンテーションの内容に関心を持った場合，次のステップとしてビジネスプラン提出を求める．何社かは，より詳細な質問をする場合がある．

(5) 投資条件の交渉と決定

ベンチャーキャピタリストとミーティングを行った結果，投資決定の判断が下されると，以下のようなプロセスに入る．

- 条件の概要として予定する投資の条件をまとめたものである．投資する前に，ベンチャーキャピタルはマーケット，経営，テクノロジーについてデューディリジェンスを実施する．
- ビジネスプランは創業時点で作成し，創業者が様々な点を確認できるようにする．しかし，創業者はビジネスプランの評価だけで投資が行われると理解してはならない．ビジネスプランがないビジネスアイデアの段階で投資することもよく行われているのである．また，ビジネスプランを書き上げなければ投資がされないということもない．

（6）積極的な企業価値の創出

　一般的にベンチャーキャピタリストは，投資先企業の企業経営，戦略的マーケティングなど経営面に積極的に参加することで企業の成長を促す役割を果たす．具体的には，投資先企業の取締役や顧問として経営に直接関与し，企業成長のための支援を行うのである．

（7）投資回収（出口）

　投資分野と戦略にもよるが，ベンチャーキャピタルは初期投資から3年〜5年後にポートフォリオ企業の投資を回収できるように要求する．いわゆる出口（Exit）である．ベンチャーキャピタリストとオーナーにとって，IPO（新規株式公開）はもっとも美しく輝かしい出口形態である．一方，元の創業者または他の企業による企業のM&Aも，ベンチャー投資のもっとも成功した出口形態となる．ベンチャーキャピタルの投資回収の成功は，彼ら自身にとっても企業所有者にとっても投資回収の成功となる．

① IPO（新規株式公開）

　新規株式公開は，ベンチャー投資におけるもっとも美しく目に見える形の出口である．近年ではテクノロジー関連の新規株式公開が注目されている．通常は新規株式公開からある一定期間の猶予がある場合を除いて自由に株式を売買できるようになる．これによって，ベンチャーファンドはこの株式や現金をファンドへ投資した投資家に分配する．

② M&A（合併，買収）

　M&Aは，ベンチャー投資の最も成功した形の一般的な投資回収方法である．M&Aの場合，ベンチャーキャピタルは買収先企業から買収先企業の株式か現金を受け取る．投資家は，その売上をファンドへ投資した投資家に対して分配する．

（8）資金調達（ベンチャーキャピタルからの支払）

　ベンチャーファンドによる投資先企業は，一般的に資本を複数ラウンドで受け取る．ベンチャーキャピタルはこのような支払を単独で行うか，または多くの場合他のベンチャーキャピタルとともに1つの企業に対する共同投資（またはシンジケーション）を行うかのどちらかの方法を取る．シンジケーショ

ンを利用した場合，より多くの資本を投資先企業へ提供できる．

(9) 投資期間

ベンチャーキャピタリストは企業の成長を支援するが，最終的には3年〜7年で投資から手を引く．アーリーステージ投資では，投資回収を行えるまでに7年〜10年かかる．一方，アーリーステージより進んだ段階で投資を行った場合は数年で済む．よって，投資ステージにおけるインセンティブは，投資ファンドへ投資する投資家の流動性と一致する必要がある．

資金調達は，事業計画を実行に移すための手段であり，事業の一部と考えても差し支えないと考える．資金調達を行うためには，その調達先であるベンチャーキャピタルを理解し，的確な対応をとることにより，事業計画に合った効率的な資金調達が可能となる．

1.3 マーケットの認識と課題

資金調達後，事業計画に基づいてビジネスをスタートすることになるが，ここで重要になるのがマーケットの認識である．

多くのスタートアップ企業の起業家は顧客のことを良く知っているという錯覚にとらわれている．独自の経験を基に，あるいは提案したソリューションを使用するユーザを巧みに想像しているに過ぎないことが多い．

一般にスタートアップ段階の起業家は，マーケットを認識するための調査活動を軽視し，マーケットとその「悩み」を包括的に理解せずに製品開発，マーケティング，およびその他の活動を推し進める傾向がある．これが，今日のスタートアップ企業が失敗する理由の一つである．ベンチャーキャピタルの中には，このような失敗をしないように，自らマーケット検証の重要性をベンチャー企業に体験させるようにメンタリングを行うところがある．

それでは，具体的にどのようにマーケットを認識すればよいのかを以下に解説する．

マーケット検証には，数百名の潜在顧客，オピニオンリーダー，産業アナリスト，およびその他へのインタビューが必要である．起業家達は顧客についての広範な知識を獲得し，特定の問題に関する最大の「悩み」を見つけ，

第9章　日本におけるベンチャー創造の実践と課題

これまで想像したこともない事実を知る．すなわち，顧客は絶えず変化しているのだから，顧客を知っているなどということはあり得ないという事実である．このため，時の経過とともに顧客との関係を構築し直し，維持していく継続的戦略の導入が必要不可欠となる．

(1) **顧客を知っているという錯覚**

多くの場合，製品を開発してすばやく市場に出すだけの資金を獲得し，起業家は本能的にマーケット検証段階の先に進むことを望む．調査活動をしない起業家には一般に以下のようなことが起こる．

・チーム作り，オフィス賃貸料，製品設計やマーケティングに資金を使う
・数千万円使った後，できあがったソリューションを市場に提供しようとする
・実際，製品は市場に合わない．そこで，製品を気に入らなかった顧客の一部からの評価情報に応じて製品を作り直す
・さらに数千万円を使い，1〜2年の歳月をかけてやっと運が良ければ納得のいく製品が完成する

あまりにありふれた「構え！狙え！撃て！」というアプローチがうまくいくことはまずない．このアプローチでは，顧客が本当に欲しい製品を産み出すまでに時間がかかりすぎ，多額の金を浪費することになる．起業家は繰り返し投資家に出資を依頼しなければならず，投資家の会社評価額はどんどん上がっていく．結局，起業家はそのビジネスをすっかり失う危険を冒すことになる．

スタートアップ企業が致命的な「構え！狙え！撃て！」型の誤りを回避するためには，製品を必要とする顧客群およびそのニーズについて正確な理解を深める，完全で厳密な事前調査が必要である．

(2) **マーケット検証の意義**

スタートアップ企業の起業家が共通して理解していることは，資金調達を受けるために最も重要なのはビジネスプランであると考えている点である．

実はこの考えは誤っている．マーケットの検証を終えればビジネスプランはおのずと現れる．ビジネスの順序として，何を置いてもまず徹底したマー

ケット検証を行うことが非常に重要である．つまり，ビジネスプランを書く前に，チームを準備する前に，一流の資金提供先を探す前に，そして言うまでもなく製品を設計する前に，マーケットを検証することである．

完全なマーケット検証には，多く見積って数百万円，期間にして 3～4 か月を要する．実際のマーケットを持たない製品を開発して数千万円の調達金を全て費やすことに比べれば，ごくわずかな投資である．マーケット調査のメリットのいくつかを次に上げる．

・最初から製品の反応が得られる

製品が市場に出るにつれ，反応を得た特徴を備えているから，製品が正しい顧客を捉えることを企業は確信する．マーケット検証をせずにリリースされた製品と比べると，初期バージョンでもバージョン 2 か 3 を販売しているような成果が得られる．

・ベータコミュニティが現れる

マーケットと対話することで，ベータ顧客の第 1 グループをリクルートし，製品を必要とし購入の熱意に溢れた顧客を特定することで，製品の方向性を決定できるメリットは計り知れない．

・より広範囲な潜在的顧客コミュニティの確認が可能である

製品を販売する時期には顧客コンタクトリストがすでにできあがっている．したがって，誰が最も製品を必要としているかが正確にわかる．

・優秀な投資家から資金調達を行うことができる

「経営チームに価値を見出してくれるような投資家に投資してほしい」という起業家の望みを実現するためには，市場調査に基づいて進めたプレゼンテーションによって，結果的にすばらしい投資家との出会いを実現させることになる．事業に関する投資家の持つ問題点は，実際の顧客の側からの反応や顧客との経験を引き合いに説明することで解消することが多いからである．

・資本がより効率的に使われる

投下資本としてマーケット検証のため数百万円に満たない額の金を使う方が，一回の製品リリースに数千万円，いやそれ以上のコストをかけて，市

場を検証するよりはるかに効率的である．
・競合他社が明らかになる

ビジネスプランの作成などで，形式通りに競合他社を分析する際などに順位や規模に関する分析が容易になる．競合他社はどこなのか．もし存在するとすれば問題の改善策としてどのようなソリューションが市場に存在するのか．この問題に取り組んでいるのはどの企業か．顧客企業自身完成半ばのソリューションとどのように取り組んで行くのか．顧客から得る情報は多い．

1.4　成長ステージとマネジメント

以上のように起業から資金調達，またそのためのマーケットの認識について整理をしてきたが，起業から成長を達成するために理解しておかなければいけない成長ステージについて以下に示す．

図9-4「成長ステージとマネジメント」に示すように，企業の成長とともにマネジメント範囲も多くなってくる．製品開発や営業，または企業内部管理と様々な業務管理が必要となり，それを遂行する組織を形成することも重要となる．社員数が数十人から数百人に，また数社の子会社を抱えるという

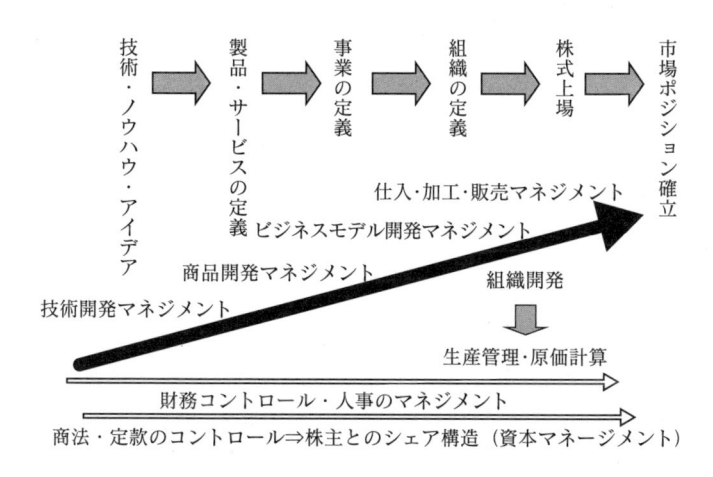

図9-4　成長ステージとマネジメント

状況にも対応可能なマネジメント体制を築くことが重要となる．

§2　実際の起業プロセス

前節では一般的に起業するための最低限の知識について解説を行った．本節では，筆者が実際に経験した起業経験を基にして起業プロセスについて解説を行う．

2.1　ベンチャー企業の設立

起業のきっかけとなったのは，米国オースティンのテキサス州立大学への留学である．1998年頃米国はベンチャー企業設立ブームであり，オースティン市もハイテク産業の集積地として成長を遂げていた時期でもあった．

テキサス州立大学オースティン校を中心として，ベンチャー企業専門研究機関，インキュベーション施設，そしてベンチャーキャピタルネットワークが組織されており，地域密着型のベンチャー企業育成の仕組みとして全米でも注目されていた．

(1) テキサス州立大学オースティン校とIC 2 Institute

テキサス大学オースティン校は，他の米国の大学と同様に科学技術に定評のある大学の1つ．また，ビジネススクールも全米トップ20に入るところであり，特に会計学に秀でている．IC 2 Instituteでは，大学の機関としてインキュベーション組織を設置し，またキャピタリストのネットワークを促進する組織を設立している．

(2) ATI（Austin Technology Incubator）

大学のインキュベーション組織としてのATIは，ベンチャー企業のスタートアップを支援する非営利の組織である．

(3) TCN（The Capital Network）

TCNは，米国でも比較的大規模なベンチャーキャピタリストのネットワーク組織である．通常ベンチャーキャピタリストは個別に活動すると考えられているが，この組織は各ベンチャーキャピタリストが個々の活動による非効

率な投資活動を，そのネットワーク化により，効率的な投資が行えるようにと IC 2 Institute の主導のもと設立された．TCN は，投資家とベンチャー企業との相互の興味に基づき，最適な投資先と投資家を結びつけるサービスを提供している．

このような環境で日本では経験したことのないベンチャー企業の設立とそれに伴う社会的意味，社会が期待すること等を経験したことが起業のきっかけとなっている．

2.2 起業から現在までの歩み

米国における経験から，帰国後日本ソフトウェアベンチャーの育成にかかわる仕事に従事していたが，自分自身での経験を基に自ら起業を決意するにいたった．

ソフトウェア産業に 10 年近く身をおいていたことと，インターネットの急激な成長もあって，IT ベンチャー企業を設立することにした．様々なアイデアからビジネスプランを策定し，また市場調査も行い，約 1 年をかけてビジネスプランを策定し，資金調達のためベンチャーキャピタルへコンタクトをとった．起業後直ぐに資金を調達することはなかなか難しい現状はあったが，米国型ベンチャーキャピタルの出現もあり，約 1 億円の調達に成功した．

以下に簡単に起業後の沿革を記すと以下のとおり．
・ビジネスプラン策定まで 1 年間
・ビジネスアイデアからビジネスモデル立案・市場調査を数回繰り返し，VC へプレゼン
・パートナーを探し，共同で事業を行うための説得
・自己資金の用意（1,000 万円）
・1999 年 12 月に株式会社設立
・株式会社ヘルスケアネットを創業
・健康保険組合向け Web ベース ASP 事業を開始
・VC からの出資（2000 年に VC から約 1 億円の出資を受ける）

- 事業規模拡大のため M&A を実施
- 株式会社クールビジョンの吸収合併
- アフェクトコミュニケーションズ株式会社の吸収合併

2.3 起業における現状と課題

　起業を決意し，会社設立，事業開始，成長と段階を踏んでいく中で，非常に重要なのがビジネスプラン，特にマーケットの把握，そして資金調達である．

　株式会社の本質とは，どのようなものなのであろうか．例えば以下のようなことを理解しているかどうか，自分自身考えてみてほしい．

- 一つは投資家の資金は，現時点での会社に対して投資しているのではなく，企業の将来に投資しているという点
- 株式会社とは，本来事業の資本調達機能がそなわっており，自由に設立し，自由に株式を発行し，事業資金を調達することが可能であるという点
- 株式会社が運営されるにあたって，運営状況が正しくなされているか監査を行い，株主に対して利益配当を行うというものである点
- 会社を起業するというと自分の会社という意識が強いが，第3者からの資金調達により自分の会社というより共有という色合いが強くなり，他人の会社ということになりかねないという点

　ベンチャーを取り巻く環境が一段と厳しさを増している状況下では，下記のような課題も大きな影響を会社経営にもたらしている．

- 追加資金調達の課題

　ベンチャー企業においても注目される産業分野は，時代によって変化してきているため，起業後の追加調達が困難になるという状況も出てきている．因みにIT関連企業では，一部を除いて追加資金調達が非常に困難になってきている．

- 間接金融（銀行取引等）の課題

　資金調達の方法としては，直接金融（投資）と間接金融（借入）があるが，起業後間もない場合は，銀行借り入れが困難であり，また借り入れが可能

な場合でも非常に金利が高いという問題がある．一般的に設立3年以上で利益がある程度ないと銀行借り入れはできない．また，間接金融からの資金調達では，必ず代表取締役の個人保証が必要となり，経営者へリスクが集中する傾向にある．

・戦略的M&Aの課題

事業規模を拡大するためには，比較的関連がありそうな企業を吸収合併する方法があり，経営環境が厳しいベンチャー企業がM&A候補として多く存在しているが，安易な吸収・合併は非常にリスクが高い．

　例えば，M&A後，異文化の交流，人材流失等により順調に会社運営ができる可能性は非常に低い，等が上げられる．

・株式公開の課題

ベンチャー企業を対象とした株式公開市場では，成長途上にある企業への資金調達手段の拡大を目的としていたにもかかわらず，株式公開に達するための水準（売上規模，黒字化，累損一掃等）の厳しさが増している．成長途上のベンチャー企業にとっては，充分な売上規模，経常黒字化，累積損失がないという状況を達成することは一般的には困難である．しかしながら，株式公開市場はそれを暗黙のうちに要求してきているため，株式公開戦略を状況によって柔軟に立案する必要がある．

（有田　道生）

第10章　科学技術政策と産業競争力

§1　はじめに

　2001年度の日本の研究開発投資額は，対名目GDP比で3.29%と，米国の2.69%，ドイツ2.45%を上回り，主要先進国中最も高い水準にある．この日本の科学技術研究への積極的な取り組みは，1980年代以降の科学技術政策強化を経て育まれてきた．日本の研究開発投資額対GDP比は，石油危機直後は1.95%とドイツ2.31%，米国2.18%，英国2.11%のように欧米諸国に比べて低い比率であった．しかし1978年以降，この比率は急上昇し，特に90年代，欧州諸国が下落を続ける中，米国とともに上昇の一途を続けてきた．

　日本の研究開発投資の特徴は，8割近い投資が民間部門によって負担されていることである．2001年度の政府負担比率21%は，30〜40%台で推移する欧州諸国に比べ極めて低い水準にある．フランスを初めとする欧州諸国は，1975年時点の政府負担比率は6割を超えていたが，その後の科学技術政策において，2001年度にようやく40%台まで低下させたという経緯がある．日本は高度成長期より，民間部門の研究開発投資シェアが高く，これは国際的に見て稀有な特徴である．また，研究開発システムにおける人的側面については，自然科学系研究者数においても日本は充実した規模を持つ．日本の科学技術研究者数は2002年時点で75万6000人と，米国の126万1000人には劣るものの，英独仏欧州諸国に比べ，圧倒的な規模を誇る．各国人口規模を補正し，人口1万人当たりの科学技術者数を算出してみると日本は59万4000人と，米国46万2000人を上回る．このように日本は，研究開発投

第 10 章　科学技術政策と産業競争力

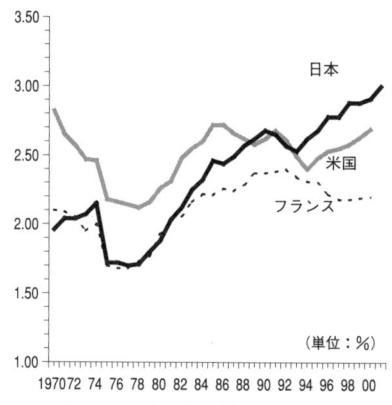

図 10-1　主要国における研究費（対 GDP 比）
（注）1970〜74 年は対国民所得比
［総務省『科学技術研究調査報告』，米国立科学財団 "National Patterns of R&D Resources," フランス「予算法案付属書」より筆者作成］

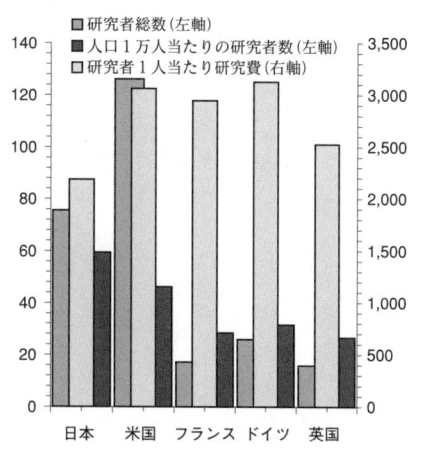

図 10-2　主要国研究者数（2002 年）
（単位：研究者数　人，研究費　万円）
［総務省『科学技術研究調査報告』，米国立科学財団 "National Patterns of R&D Resources," OECD "Main Science and Technology Indicators," より筆者作成］

資額，研究開発人員数両面ともに世界的に有数の地位に位置し，特に前者はその 8 割が民間部門により賄われるという特徴を持つ．このことから現在の日本の研究開発システムの課題は，豊富な研究開発投資，研究者数がどの程度，民間部門の産業競争力として成果に結びついているか，いかなる特徴を持つ企業が研究開発を効率的に企業業績に結び付けているかということになる．

　本章は，上記の問題意識のもと，次の点を分析対象とする．第一に戦後の日本の科学技術政策がどのような経緯と社会背景によって変遷を遂げてきたのかを考察し，民間企業との関わりについて考える．第二に，科学技術政策と民間部門の研究開発投資の関係を定量データを用いた実証分析により検証し，戦後の科学技術政策，研究開発投資がもたらした日本経済への影響を検証する．第三に，2003 年に㈱三菱総合研究所が実施した企業アンケート結果を用い，どのような企業の特徴が研究開発イノベーションを発生する確率を高めてきたかを検証，効率的な研究開発システムのあり方を検証する．

§2 日本の科学技術政策

2.1 1960年代から1970年代—科学技術会議設立と原子力・宇宙開発—

　日本の科学技術政策は，戦後から1950年代にかけてその礎が育まれてきた．1959年（昭和34年）2月，政府は長期的な視座から科学技術振興を促すため，初めて科学技術会議の設置により公的分野からの科学技術政策強化へ向かった．科学技術会議は，内閣総理大臣を議長とし，関係閣僚，有識者によって構成され，内閣総理大臣の諮問機関として設立されている．政府は科学技術会議に対して「10年後に目標をおいた科学技術振興のための総合的基本方策」の諮問を行い，翌年，この会議から答申を受けている．

　1959年の科学技術会議発足を契機に，政府主導により，民間では実行しえなかった巨大な科学技術研究プロジェクトが立ち上げられ，特に初期の時代は，原子力開発と宇宙開発研究が重点的に強化された．しかし，石油危機をきっかけに，1960年代半ばからの高度経済成長も終焉，日本経済は低成長時代に突入した．この時代には，都市の人口増にともなう社会問題，公害問題，石油危機に象徴されるエネルギー問題の是正が日本の政策課題となり，科学技術政策も軌道修正を迫られることになる．1971年（昭和46年），科学技術会議は，「1970年代における総合的科学技術政策の基本について」の答申書を提出し，この答申において，環境科学技術などの新しい科学技術の重要性を強調している．

　そして1977年（昭和52年）には，同会議は，「長期的展望に立った総合的科学技術政策の基本について」の答申書を提出し，将来のエネルギー問題に対処するための新エネルギー開発の必要性を盛り込んでいる．このように，政府が原子力・宇宙開発から，都市化，公害，エネルギー問題に対処する科学技術政策への転換を打ち出したのが1970年代であった[1]．

---

(1) この点で，1970年代の科学技術政策は，科学技術によって生じた問題を解決するための政策であったと位置づけられる．

2.2 1980年代の科学技術政策
―科学技術政策委員会と科学技術政策大綱―

1980年代前半の日本の科学技術政策は，1977年に答申された「長期的展望に立った総合科学技術の基本について」にしたがい，推進されてきた．しかし，国内社会成熟化，少子高齢化の進展，産業構造変化などが進み，次第に1977年答申では対処が難しい問題が散見され始めた．このため，1984年（昭和59年）11月，「新たな情勢変化に対応し，長期的展望に立った科学技術振興の総合的基本方策について」の答申書が科学技術会議より提出されている．この答申にしたがい，1986年（昭和61年）3月，「科学技術政策大綱」が閣議決定され，基礎的研究重視，創造性豊かな科学技術振興，国際性の重視，科学技術と人間・社会の調和等が政策目標として掲げられることとなった．また「科学技術政策大綱」では，重要研究開発分野について逐次に研究開発基本計画を策定することが定められた．

この「科学技術政策大綱」において，基礎的研究の強化は，科学研究費補助金等により大学，国立試験研究機関を中心に推進，強化を図る方向を定めている．具体的には，理化学研究所，新技術事業団における，「国際フロンティア研究システム」，「創造科学技術推進制度」など，将来の革新技術創造を目的とする政策が盛り込まれている．重点研究開発分野は，①新しい発展が期待される基礎的・先導的科学技術の推進，②経済活性化のための科学技術の推進，③社会及び生活の質向上のための科学技術の推進，の3分野が掲げられている．新しい発展が期待できる基礎的・先端的科学技術の推進には，物質・材料系科学技術，情報・電子系科学技術，ライフサイエンス，ソフト系科学技術，宇宙科学技術，海洋科学技術，地球科学技術があげられている．経済活性化のための科学技術の推進に区分されている科学技術には，天然資源の開発・管理，エネルギー開発及び利用，生産技術及び流通システムの高度化，資源の再生及び活用，社会，生活へのサービスの向上，の4つが示されている．また，社会生活の質的向上のための科学技術政策として掲げられているのは，人間の心と体の健康維持・増進，個性的で文化的な生活の形成，快適で安全な社会の形成，地球的な視野にたった人間環境の改善，

である.

1987（昭和62年）年10月に科学技術会議は,「新たな情勢変化に対応し,長期的展望に立った科学技術振興の総合的基本方策について」の諮問を受け,「国立試験研究機関の中長期的なあり方について」の答申書を提出している.この答申は内容を一言で言えば,国立試験研究機関を取り巻く情勢が変化し,その変化により生じた問題点を踏まえて,今後の中長期的な国立試験研究機関活性化の在り方を示すものであった.この答申により国立研究機関は基礎的・先導的研究を進める機関として位置づけられた.

2.3 1990年代の科学技術政策―科学技術基本法の施行―

1990年代に入り,国内経済は資産価格の急速な下落により低迷,一方で国際経済システムは,東西冷戦終焉により,グローバル化の進行が益々顕著となった.科学技術分野に環境問題という問題が新たに加わり,社会的には高齢化社会到来が目前となり,健康や医療に対する国民的関心も高まった.こうした内外情勢の変化を踏まえ,1992年1月には,「新世紀に向けてとるべき科学技術の総合的基本方針について」と題する答申書が提出され,この答申を受け,科学技術政策大綱を1992年4月に改正することが閣議決定された.

「改正科学技術政策大綱」が掲げる研究開発推進重要分野は,基礎的・先端的な科学技術分野として,物質・材料系科学技術,情報・電子系科学技術,ライフサイエンス,ソフト系科学技術,先端的基盤科学技術,宇宙科学技術,海洋科学技術,地球科学技術の8分野である.併せて,地球・自然環境の保全,エネルギーの開発及び利用,資源の開発及びリサイクル,食料等の持続的生産も重要推進分野に含められている.また,生活・社会の充実のための科学技術として,健康の維持・増進,生活環境の向上,社会基盤の整備,防災・安全対策の充実がある.1994年3月には,自民党科学技術部会にて,議員立法による「科学技術基本法」の制定を目指した検討が開始され,1995年11月,「科学技術基本法」は衆議院,参議院ともに全会一致で成立,科学技術基本法が施行された.

「科学技術基本法」第9条は，政府は科学技術基本計画を5年ごとに策定しなければならないことを義務付けている．「科学技術基本法」は，科学技術基本計画を定める際に，予め科学技術会議で内容を審議しなければならないと定めており，この法制度に基づき1996年（平成8年）6月，科学技術会議は「科学技術基本計画について」の答申書を提出した．この答申を踏まえ，その後，第一期科学技術基本計画が閣議決定されている．第一期科学技術基本計画の特徴は，政府研究開発投資の規模拡大を5年間の複数年度予算により実行したことである．政府は，1996年度から2000年度までの科学技術関係経費として約17兆円の予算を編成した．その他の第一期科学技術政策基本計画の主な内容は，国立試験研究機関に任期付任用制の導入，公募による競争的資金の大幅な拡張，多元的研究資金の拡充，産学官交流化のための共同研究促進，研究兼業許可の円滑化などの制度改革，大学，国立試験研究機関の施設・設備の計画的な改善，研究支援者の増加，国全体としての研究評価などである．

2.4　2000年以降の科学技術政策と今後の展望

第二期科学技術基本計画を作成するに際し，第一期科学技術基本計画の問題点を踏まえ，科学技術会議は，1998年中盤から科学技術基本計画のフォローアップを行っている．科学技術会議のフォローアップを受け，1999年6月には「未来を拓く情報科学技術の戦略的な推進方策の在り方について」の答申書がまとめられ，情報科学技術への取組の変革・強化を加速するための政策の必要性が論じられている．第一期科学技術基本計画のフォローアップの結果，この科学技術会議事務局が，旧科学技術庁内にあり，各省庁から見て中立的な事務局が存在しなかったことが問題視された．この問題を克服すべく，2001年1月に内閣のもとに「総合科学技術会議」が組織され，日本の科学技術政策の立案や推進などにおいて中心的な役割を担うこととなった．議長は内閣総理大臣であり，その他のメンバーとしては，内閣官房長官，科学技術政策担当，総務，財務，文部科学，経済産業の各大臣と学会における有識者の14名から編成されている．

表 10-1　日本の科学技術政策の変遷

年	政策内容
1959年	科学技術会議の設置
1971年	「1970年代における総合科学技術政策の基本について」の答申書の提出
1977年	「長期的展望に立った総合的科学技術政策の基本について」の答申書の提出
1981年	科学技術振興調整費の新設
1983年	政策委員会の設置
1984年	「新たな情勢変化に対応し，長期的展望に立った科学技術振興の総合的基本方策について」の答申書の提出
1986年	「科学技術政策大綱」の閣議決定
1987年	「国立試験研究機関の中長期的なあり方について」の答申書の提出
1992年	「新世紀に向けてとるべき科学技術の総合的基本方針について」の答申書の提出
1995年	「科学技術大綱」の改正
1996年	「科学技術基本法」の制定
1997年	第1期科学技術基本計画
	「一般職の任期付研究員の採用，給与及び勤務時間の特例に関する法律」の施行
	「大学の教員等の任期に関する法律」の施行
	「国の研究開発評価の全般に共通する評価の実施方法の在り方についての大綱的指針」の内閣総理大臣決定
	「研究交流促進法」の改正
1999年	「未来を拓く情報科学技術の戦略的な推進方策の在り方について」の答申書の提出
2001年	総合科学技術会議の設置
	第2期科学技術基本計画の策定
2002年	「経済財政運営と構造改革に関する基本方針2002」の閣議決定

［文部科学省，旧文部省『科学技術白書』各年度版，総務省，旧科学技術庁『科学技術要覧』各年度版より筆者作成］

総合科学技術会議は，科学技術会議を引き継ぎ，2001年3月に第二期科学技術基本計画が策定された．この第二期科学技術基本計画は，「知の創造と活用により世界に貢献できる国」，「国際競争力があり持続的発展ができる国」，「安心・安全で質の高い生活のできる国」の三点を日本が目指す目標として掲げている．第二期科学技術基本計画の予算は，17兆円の第一期科学技術基本計画に対し，24兆円の予算が編成されている．第二期科学技術計画では，基礎研究の推進をその計画の基本に据え，重点分野として，ライフサイエンス分野，情報通信分野，環境分野，ナノテクノロジー・材料分野の4分野が示されている．この4分野の中で最も重視されている分野がライフサイエンス分野であり，とりわけゲノム科学が重要分野とされている．第二期科学技術基本計画は，総合科学技術会議の強化や予算増強に見られるように，科学技術政策の集権化にその特徴を見出すことができる（表10-1）．

§3 地方政府と科学技術政策

1977年，政府は，第三次全国総合開発計画を計画し，大都市への人口及び産業集中に歯止めをかけ，地域振興，地域の発展を促す政策を打ち出している．1977年5月，科学技術会議は「長期的展望に立った総合的科学技術政策の基本について」の答申書を提出する．この答申において，戦後初めて地方における科学技術活動の推進が掲げられることになる．1978年12月には，科学技術会議は「地方における科学技術活動の推進に関する意見」を提出し，地域では地場産業の育成と環境保全等の点に注目し，地域社会に密着した研究開発を発展させていくことの重要性を指摘した．

地域における科学技術政策は，まず第三次全国総合開発計画が具体的な政策として推進される．この枠組みの下，まず，高度な技術を基盤とする地域産業振興が進められ，地域経済を成長させることを目的としたテクノポリス構想が掲げられる．1983年には，産・学・住を調和させたまちづくりを目指すテクノポリス構想のもと，高度技術工業集積地域開発促進法（テクノポリス法）が制定され，その後，テクノポリス開発計画が実施されてゆく．1986

年には，臨時措置法が施行され，この法律の施行により，研究関連施設の整備が全国的に展開される．続いて第四次全国総合開発計画が1987年に策定され，地域の研究開発機能はさらに強化の方向へ向かうこととなる．1988年には，頭脳立地法が施行，この法律により，地域産業の高度化を助ける特定事業の集積を促すことが目指される．

中央政府は，1992年4月に「科学技術政策大綱」を改正，「重点施策」の中に「地域における科学技術の振興」について言及したことから，これを契機に地域主導の科学技術政策推進が本格化する．1992年9月，「科学技術の地域発展」と副題される平成4年版「科学技術白書」が公表され，この年が地域主導の科学技術政策を推進する転換点と位置づけられることになる．1995年11月には，科学技術基本法が施行され，この条文の第4条には地方公共団体の責務が，第5条には国及び地方公共団体の施策の策定等に際する留意事項が記され，地方政府が国と同様に自主的に研究開発を行い，基礎研究を推進する役割が明確化される．

1995年12月には，「地域における科学技術活動の活性化に関する基本方針」が提出され，この答申書は地域における科学技術政策の重要性に言及し，その基本的な方向性，具体的に推進するための施策等を整理している．この科学技術会議の答申書を受け，1996年（平成8年）7月の「第一期科学技術基本計画」では，地域における科学技術の振興のあり方が盛り込まれる．この「第一期科学技術基本計画」で盛り込まれた地域の科学技術政策振興は，「第二期科学技術基本計画」にも引き継がれている．この計画では，公的な研究機関を核として開放的な企業等の参画によって技術のイノベーションを図ることを目指す「知的クラスター」という概念が提示されている．

上記の通り，1977年の第三次全国総合開発計画以降，地域社会における科学技術政策は，テクノポリス構想，地域クラスターなどの形で進められてきたが，都道府県が地方版科学技術会議設立を本格化するのは，1990年に入ってからである．各重点分野のバランスに注意を払う科学技術会議，総合科学技術会議に比べ，各地方政府の科学技術政策は，都道府県によって注力する分野が多様である（表10-2）．しかし，この地方政府の科学技術政策へ

の取り組み強化にも関わらず，日本の地域社会における研究開発予算は必ずしも潤沢ではない．日本の都道府県の研究者一人当り研究費は，米国各州の一人当り研究費に比べて著しく小さい．また県（州）内総生産に対する県（州）全体の研究費を日米で比較してみても，日本は米国に大きく遅れをとっている．日本の研究開発投資額は国全体でみれば世界の最高水準にあるが，地域内での予算面整備は遅れている（表10-3）．

§4　民間企業の研究開発活動

前節では，戦後の日本の科学技術政策が，科学技術会議，総合科学技術会議の下でどのように推進されてきたかを概観した．こうした国の取り組みに対して，国内研究開発投資の8割を拠出する民間企業は，どのように呼応してきたのだろうか．本節では研究開発に関わりが深い食品，繊維，化学，医薬品，機械，電子機器，精密機器の7業種をとりあげ，それぞれの研究開発システムがどのような環境にあったのか，また1974年石油危機，1985年プラザ合意，1990年代のデフレ経済下において，どのように外部環境変化に適応してきたのかを考察する．

4.1　食品

食品業界の産業技術は，バイオテクノロジー分野等の基礎研究に近い分野から，スプレードライ製法によるインスタントコーヒー，凍結乾燥によるインスタントラーメン等の新技術開発などの応用技術分野まで，様々なレベルの研究開発がある．しかし高度成長期にあらゆる商品で製品開発イノベーションを起こし，消費者のニーズに応えてきた食品業界の研究開発投資額は，他産業と比較しても小規模である．

食品業界上場企業の研究開発投資（対売上高比）は，1960年代半ばから1980年代末まで一貫して1％未満の低い水準が続いていた．この理由には，日本企業が米欧企業に比べ，
①全般的に企業規模が小さく，いわゆる「規模の経済」が発揮し難い

表 10-2 地方政府の科

都道府県	設置時期	科学技術会議名	策定時期	科学技術振興方針等
北 海 道	1953年 1月	北海道科学技術審議会	1991年 4月 2000年 3月	北海道における科学技術振興の基本方針 北海道科学技術指針
青 森 県	1997年12月	青森県産業科学技術会議	1998年12月	青森県産業科学技術振興指針
岩 手 県	1990年 2月	岩手県科学技術振興推進会議	1990年 5月	岩手県科学技術推進指針
秋 田 県	2002年 8月	秋田総合科学技術会議	2000年 3月	秋田県科学技術基本構想
宮 城 県			1999年 3月	宮城県科学技術振興指針
山 形 県	1997年 4月	山形県科学技術政策大綱委員会	1998年12月	山形県科学技術政策大綱
福 島 県	1997年11月	福島県科学技術推進会議	1996年12月 2001年	福島県科学技術振興基本方針 福島県科学技術政策大綱
茨 城 県			1994年 3月	茨城県科学技術大綱 （いばらきヒューマン・サイエンス21）
栃 木 県	1997年	栃木県科学技術振興推進委員会	1998年12月	栃木県科学技術振興指針
群 馬 県			1999年 3月	群馬県科学技術振興指針
埼 玉 県	1995年 1月	埼玉県科学技術会議	1998年 2月	埼玉県科学技術基本方針
千 葉 県	1994年11月	千葉県科学会議	1996年 2月	千葉県科学技術政策大綱
東 京 都			2004年 2月	東京都産業科学技術振興指針
神奈川県	1988年 6月	神奈川県科学技術会議	1990年 5月 2002年 3月	神奈川県科学技術大綱 神奈川県科学技術大綱（改定版）
新 潟 県	1998年 4月	新潟県科学技術会議	1998年 3月	新潟県科学技術大綱
富 山 県	1983年11月	富山県科学技術会議	1991年10月 2001年	富山県科学技術プラン 新富山県科学技術プラン
石 川 県	1998年 1月	石川産業科学技術会議	1999年 2月	石川産業科学技術振興指針
福 井 県	1998年 4月	福井県科学技術振興会議	1998年 1月	福井県科学技術振興指針
長 野 県			2000年 4月	長野県科学技術産業推進指針
山 梨 県	1991年 9月	山梨県科学技術会議	1992年 3月	山梨県科学技術政策大綱
岐 阜 県	1996年 7月	岐阜県科学技術振興会議	1997年 3月	岐阜県科学技術基本戦略
静 岡 県			1990年 1月	静岡県における科学技術振興の基本方向
愛 知 県	1998年 1月	愛知県科学技術推進大綱決定委員会	1999年11月	愛知県科学技術振興大綱
三 重 県	1995年 1999年 6月	三重県科学技術懇話会 三重県科学技術会議	1996年 3月 1999年 3月	三重県における科学技術振興の基本方向 科学技術振興ビジョン
滋 賀 県			1995年 3月	滋賀県科学技術政策大綱
京 都 府	1953年 4月	京都府科学技術審議	1993年 6月	京都府産業技術振興構想
大 阪 府	1986年12月	大阪府科学技術懇話会	1998年 3月	大阪府産業科学技術振興指針
兵 庫 県	2000年 4月	兵庫県科学技術会議	1991年 3月 1998年	兵庫県科学技術大綱 新・兵庫県科学技術政策大綱
鳥 取 県	1998年	鳥取県科学技術振興施策検討委員会		
島 根 県	1998年10月	島根県科学技術振興会議	1999年 3月	島根県科学技術振興指針
岡 山 県	1969年 4月	岡山県中小企業振興委員会	1998年 3月	岡山県科学技術振興指針
広 島 県	1992年 5月	広島県科学技術会議	1993年10月	広島県における科学技術振興の基本方針
山 口 県	1991年 9月	山口県科学技術振興会議	1994年 3月	山口県科学技術振興指針
徳 島 県			1999年 3月	徳島県科学技術振興ビジョン
香 川 県	1997年 8月	香川県科学技術会議	1997年 3月	香川県科学技術振興ビジョン
高 知 県	1998年 6月	高知県科学技術会議	1998年 3月	高知県科学技術振興指針
福 岡 県			1998年	福岡県科学技術政策大綱
佐 賀 県	1996年 1月	佐賀県科学技術会議	1997年 3月	佐賀県科学技術振興ビジョン
長 崎 県	1996年 1月	長崎県科学技術振興会議	1998年 6月	長崎県科学技術振興ビジョン
熊 本 県	1998年 9月 1999年 9月	熊本県科学技術振興指針連絡会議 熊本県科学技術会議	1999年 5月	熊本県科学技術振興指針
大 分 県			2003年 3月	大分県科学技術振興指針
宮 崎 県	2001年 8月	宮崎県科学技術会議	2001年 3月	宮崎県産業科学技術振興指針
鹿児島県			2003年 3月	鹿児島県科学技術振興指針
沖 縄 県	1995年 7月	沖縄県学術振興居議会	2000年 2月	沖縄県科学技術振興大綱

第 10 章　科学技術政策と産業競争力

学技術政策取り組みの状況

設置時期	部署間における政策の調整機関の名	設置時期	科学技術政策を専門に扱う部署名
		1997年	総合企画部科学技術振興課
1997年12月	青森県総合的産業政策推進本部	1997年	企画部企画調整課科学技術担当
		1990年 2月	企画振興部，情報科学課科学技術振興主査（現在では，情報科学課と名称が変更されている）
1997年 2月	研究機関当連絡調整会議	1999年 4月	学術振興課
1996年12月	山形県科学技術連絡調整会議	1997年 4月	企画部企画調整課
1997年 6月	福島県科学技術振興庁内連絡調整会議		
1996年 9月	茨城県科学技術推進連絡会議 茨城県科学技術支援連絡会議		
1996年	埼玉県科学技術政策推進委員会	1997年 4月	総合政策部政策調査室科学技術・基地対策グループ
1995年 1月	千葉県科学政策推進会議	1994年 4月	企画部企画課情報・科学推進班
		1972年 7月	総務局行政管理課
1988年 6月	神奈川県科学技術政策推進委員会	1991年 6月	企画部科学技術政策室
1998年 4月	新潟県科学技術推進会議		
1989年 4月	科学技術推進機構	1998年 4月	商工労務部工業技術課科学技術振興室
1989年 7月	山梨県科学技術振興連絡会議		
1988年 8月	岐阜県研究開発推進本部	1995年 4月 1996年 4月	知事公室総合政策課 科学技術振興センター企画調整課
1991年 5月	試験研究調整会議		
1997年11月	愛知県科学技術推進大綱策定庁内連絡会議	1992年 4月	商工部産業科学課科学技術担当
		1998年 4月	総合企画局科学技術振興センター
		1998年 4月	企画調整部企画室計画チーム情報・科学技術ライン
		1996年 4月	知事公室審議員（科学技術担当）
		1998年 7月	島根県科学技術振興指針連絡調整会議
		1995年 4月	商工労働部産業技術課産業科学技術係
		1996年 4月	企画部製作企画室
		1998年 4月	産業技術委員会
1982年10月	県試験研究機関技術開発協議会		

[三菱総合研究所]

表 10-3 地域経済における研究費の日米比較

(1) 研究者一人当たり研究費

	州・都道府県	研究費／研究者数
1	ミシガン州	2.952
2	ワシントン州	2.286
3	ロードアイランド州	2.114
4	カリフォルニア州	1.891
5	アイダホ州	1.793
6	ニュージャージー州	1.749
7	デラウェア州	1.613
8	コネティカット州	1.528
9	イリノイ州	1.456
10	アリゾナ州	1.339
11	カンザス州	1.214
12	ニューメキシコ州	1.160
13	マサチューセッツ州	1.157
14	ニューハンプシャー州	1.157
15	ペンシルバニア州	1.142
16	バージニア州	1.129
17	メリーランド州	1.120
18	オハイオ州	1.091
19	コロラド州	1.052
20	テキサス州	1.027
21	ミネソタ州	1.012
22	インディアナ州	0.982
23	ニューヨーク州	0.971
24	フロリダ州	0.961
25	ノースカロライナ州	0.947
26	アラバマ州	0.940
27	テネシー州	0.935
28	ウィスコンシン州	0.898
29	オレゴン州	0.885
30	サウスカロライナ州	0.822
31	ミズーリ州	0.815
32	ユタ州	0.801
33	バーモント州	0.788
34	ウェストバージニア州	0.775
35	アイオワ州	0.716
36	ネバダ州	0.711
37	アラスカ州	0.676
38	ジョージア州	0.633
39	ケンタッキー州	0.577
40	メーン州	0.560
41	オクラホマ州	0.468
42	石川県	0.452
43	ネブラスカ州	0.448
44	アーカンザス州	0.409
45	ミシシッピ州	0.407
46	北海道	0.355
47	ハワイ州	0.342
48	長崎県	0.340
49	宮崎県	0.336
50	ルイジアナ州	0.332

(2) 県（州）内総生産に対する研究費

	州・都道府県	研究費／県(州)内総生産
1	ミシガン州	5.806%
2	ニューメキシコ州	5.675%
3	ワシントン州	4.781%
4	メリーランド州	4.639%
5	マサチューセッツ州	4.564%
6	デラウェア州	4.216%
7	ロードアイランド州	4.118%
8	カリフォルニア珠	4.097%
9	アイダホ州	3.872%
10	ニュージャージー州	3.617%
11	コネティカット州	3.069%
12	イリノイ州	2.732%
13	バーモント州	2.526%
14	コロラド州	2.519%
15	ペンシルバニア州	2.436%
16	ミネソタ州	2.327%
17	オハイオ州	2.056%
18	アリゾナ州	1.988%
19	ユタ州	1.985%
20	バージニア州	1.940%
21	ノースカロライナ州	1.791%
22	オレゴン州	1.784%
23	ニューヨーク州	1.696%
24	インディアナ州	1.692%
25	カンザス州	1.669%
26	ニューハンプシャー州	1.624%
27	テキサス州	1.556%
28	ウィスコンシン州	1.552%
29	ミズーリ州	1.444%
30	アラバマ州	1.443%
31	テネシー州	1.153%
32	アイオワ州	1.135%
33	ウェストバージニア州	1.081%
34	サウスカロライナ州	0.993%
35	フロリダ州	0.988%
36	ジョージア州	0.944%
37	メーン州	0.887%
38	ノースダコタ州	0.799%
39	ネブラスカ州	0.783%
40	モンタナ州	0.781%
41	ミシシッピ州	0.762%
42	ケンタッキー州	0.731%
43	オクラホマ州	0.719%
44	アラスカ州	0.706%
45	ハワイ州	0.687%
46	アーカンザス州	0.670%
47	福岡県	0.599%
48	ネバダ州	0.504%
49	ルイジアナ州	0.455%
50	サウスダコタ州	0.367%

（注）データは日本―2002年、米国―2000年（単位：百万ドル）

［総務省『科学技術研究調査報告』、U. S. Office of Technology, "The Dynamics of Technology-based Economic Development," 3rd ed.より筆者作成］

②製品の付加価値比率が一般的に低く，また商品のライフサイクルも短く[2]，中長期的な技術開発が馴染まない
③総費用に占める広告宣伝費のコストシェアが大きく，研究開発投資の予算上の優先度が低い
ことなどが考えられる．

　今後も，食品業界では，製品開発面における強い予算制約は残存すると予想される一方，バイオテクノロジー分野を初め，期待される研究開発分野も多い．特にライフサイエンス分野の強化が進められる科学技術政策の後押しもあり，日々の食生活を通じて健康を増進できる機能性食品に関する研究開発への期待は高まっている．具体的には，日本が先進諸国をリードしているといわれるイネゲノム分野や，アレルゲンフリー作物，複合病虫抵抗性作物，農業限界環境克服作物などが，食品産業において注目されている分野である．

　このように，高度成長期から現在にかけて，売上高の1％前後という極めて小規模な研究開発投資を続けてきた食品産業であるが，消費者の視点から見た場合，同産業に期待する分野は数多い．食品産業は，日本の食糧安全保障上も，重要な産業であり，今後はいかに費用効率性を高めつつ，研究開発投資規模の拡大，技術経営の改善によるイノベーションの創出を図るかが課題となっている．

4.2 繊維

　最近40年間の日本経済史において，繊維産業は，最も劇的な変化を遂げた産業のひとつである．日本の繊維産業は，高度成長期には価格面で国際競争力を発揮したが，1985年プラザ合意以降，持続的な円高により，コスト優位性の喪失が顕著である．円高の持続的進行と同時に，韓国，台湾などのNIEs諸国メーカーが台頭し，さらに近年では中国企業が国際市場に参入してきたことから，汎用品分野では競争力を維持することが困難な状況にある．

　繊維産業は，ファイバー，紡績等は資本集約的な生産体制を敷いているが，

---

[2] 商品ライフサイクルは，年々短縮化の傾向にあり，10年前には業界平均6.4年であったが，近年は平均2.8年に短期化している．

アパレル，縫製，小売の分野は労働集約的で，中小企業のシェアが高いという二層化構造を持つ．こうした状況下，日本の繊維産業において世界的に技術競争力が高い製品分野には，以下の製品がある．まず，新素材開発では，高強度繊維開発分野において PAN 系炭素繊維，高機能繊維開発分野では高機能フィルター性能を有する高分子中空膜が国内外に広く供給されている．また生産工程では高性能繊維機械（無縫製型横編機，省エネ・環境対応型技術核心織機等）が世界的な先端技術を有すると言われている．

繊維産業の最近 10 年の研究開発投資は，売上高比でおよそ 3〜4% の範囲で推移している．労働単価が国際的に見て安価であった 1960 年代から 70 年代は，企業の研究開発投資意欲が持続的に弱く，1% 台の時代が長らく続いていた．しかし，円レートの増価，新興国の台頭により，高付加価値製品の生産が必要となった 1980 年代以降はこの比率は 2〜3% へ，90 年代に入り 3〜4% 台へと 10 年ごとに，労働集約型から研究開発集約型への移行を進めている．

4.3 化学

民間企業の研究開発が事業面にどのように影響を与えるかは，産業ごとに違いが顕著であるが，化学産業の先端研究開発は，業績に直接影響を与えるケースが多い．特に化学産業における技術は，研究成果が化学物質として直接的に新製品に利用されるという点で，科学技術依存度が高い産業と位置付けることができる．高度成長期には基礎化学品，機能材料が各メーカーの主力商品であったが，次第に需要の価格弾力性が小さい高機能型化学物質が，国際競争力の高い分野として注目されている．

一方，化学産業には，規模の経済が各企業の競争力の規定要因となるという業界独自の特徴が存在する．ポリエチレン，ポリプロピレンなどの汎用製品分野では，特にその傾向が顕著であり，市場競合度が高まった現在では，規模が小さい企業はエネルギー価格の変動に脆弱であり，一製品当たりの利潤率は極めて低い．こうした状況は諸外国においても同様であり，米欧諸国では一企業当たりの生産規模が年間 60〜70 万トンの企業に，各国内市場が

寡占化される傾向にある．化学産業では，極めて薄利な一製品当たりの利益率を規模の経済により賄うため，最近では，自社の規模のみならず工場の立地条件も企業の競争力に影響を与える要因となっている．

化学業界では近年，汎用製品の高コスト化を踏まえ，印刷インキ，写真感光材料等の高機能製品分野での技術進歩が目覚しい．最近，40年間の化学産業の研究開発活動を見てみても，1964年時点では対売上高比で1.4%であった研究開発投資額は，2001年に4.3%にまで上昇しており，繊維産業同様，研究開発集約化への移行が進んでいる．

4.4 医薬品

日本の医薬品メーカーの研究開発投資規模は，対売上高比で凡そ15〜20%程度であり，これは世界の同業他社の水準に比べ，大差はない．しかし，日本と海外医薬品メーカーの競争力の違いは，企業の総資産規模，投資規模であり，投資規模の差がそのまま製品開発力の差となって表れている．医薬品業界は，他の産業とは異なり，経営者が経営目標に研究開発投資額を掲げる企業も存在するなど，研究開発依存度が極めて高い産業と言えよう．このため，規模が大きい企業ほど多くの研究者を抱え，多様な研究分野をカバーしていることも，競争力の違いとして表れることもある．

日本の医薬品メーカーは，新薬開発を1年に一製品を目標として掲げるケースが多い．しかし，例えば臨床試験にメーカーが毎年2品目提出したとしても，製品化は一品あるか否かである．現実の世界では，一社当りの新医薬品は，10年に1製品出るか否かという状況である．近年の医薬品業界の課題は，開発（=製品化）のハードルが高くなっているため，ここに多額の費用を投入せざるをえない状況にあることである．臨床試験における臨床例収集，メガトライアルに要するコスト負担増により，必然的に規模が大きい企業が有利な状況に拍車がかかりつつある．上記のような医薬品業界を取り巻くグローバル化の進展，臨床試験等，製品化ハードルの高まりにより，業界は規模の経済性が研究開発イノベーションの規定要因となりつつあり，近年の企業間合従連衡のひきがねとなっている．

上場企業の研究開発活動に目を向けると，1990年に対売上高比で10%を超えた研究開発投資額は，その後2001年まで緩やかながらも上昇を続けている．しかし，こうした典型的な研究開発集約型産業である医薬品業界においても，1960年代は4%台，70年代は5%台という時代が長らく続いた．

4.5 機械

日本の機械産業は，経済産業省資料によれば，工作機械，産業用ロボットが国際市場において圧倒的競争力を誇り，1997年時点にはそのシェアは工作機械が26.3%，産業用ロボットが58.0%を誇る．この背景には機械と電子技術を1970年代より融合させる技術が機械産業のイノベーションとして産業発展に貢献，技術競争力を支えてきたためと考えられている．機械産業における技術競争力の源泉は，製品開発能力，品質管理等の製造工程面に内在すると指摘する向きもあるが，一方で，光造形装置に代表されるように，新たな製造装置の発明においても諸外国に対して劣位にあるわけではない．

多くの機械産業では，1990年代にブームとなった事業部制導入後，研究所の事業部直轄化が相次いだが，最近では事業部直轄の研究所に加え，再び全社直轄の基礎的研究を進める研究所を再設立している企業が多い．こうした事業部下で進める研究開発では，事業所研究所間での基礎研究に重複が生じ，また埋没の可能性が高まった基礎研究成果が他部門で応用される機会が少なかったためである．一般的に機械産業では，研究開発投資の回収期間は5〜10年と言われている．また機械産業における研究開発投資の位置付けは，近年，要素技術よりも製品化技術へ特化する色彩を強めている．

工作機械，半導体製造装置，素形材，重電，量子ビームの5つの分野のうち，長期にわたり高い国際競争力を維持するのが工作機械，素形材の2分野である．この2分野は，いずれも持続的な円レートの増価により，コスト競争力は中期的に低下傾向にあるが，高水準な製品技術に加え，納期厳守，ユーザー向けサービスなどの，人的側面における競争力が，顧客側から高い評価を得ることも多い．一方で，半導体製造装置は米国の技術的キャッチアップが進み，技術競争力の低下が顕著である．

4.6 電子機器

2004年4月にまとめられた2005年3月の国内電機業界の研究開発投資額（計画ベース）は，大手9社が計2兆9,804億円と，前年比6.5％の伸び率を示している．研究開発分野は次世代AV（音響・映像）機器向け半導体，次世代有機EL（エレクトロ・ルミネッセンス）ディスプレーといった製品開発に近い分野から，先端材料，燃料電池，リチウムイオン電池大容量化など，製品化に時間を要する科学技術分野など多岐にわたる．1990年代後半の情報通信ブームを経て，電気機器業界の研究開発投資は，他業界に比べ，景気動向の影響を強く受ける傾向が強まっている．

1960年代半ばから1980年までは，電気機器業界の研究開発投資は，対売上高比で1％台半ばと極めて低い状況が続いていた．電気機器産業の研究開発は，1957年の電子工業振興臨時措置法制定が研究開発政策の始まりであり，当時は欧米諸国との技術格差解消が政策目標とされていた．1960年代に入り，トランジスタ・ラジオ生産の成功と米国における企業研究所の設立ブームにあやかり，日本においても企業内研究所ブームが到来した．しかし，この時点では米国の企業研究所同様に基礎研究に従事するほどの収益性は日本企業には未だなく，専ら製品開発研究が主体であったと言われている[3]．

1970年代までの電気機器業界における研究開発は，既存製品の低価格化，納期短縮，品質管理など，生産工程技術の研究開発面からの支援が重視されてきた．1980年代以降も，こうした状況がコンピュータ，半導体等の分野で続いており，このことが90年代の情報通信ブームにおいて，IT機器に独自の製品概念を創出できなかったひとつの遠因となっている．一方で，製品小型化技術においては，集積回路の高密度化，集積回路周辺部品の小型化と，実装技術が成果をもたらしたのも1980年代である．また，VTRなどでは世界の製品規格標準を牽引するまでに技術力が高まり，ウルトラクリーン化技術に代表される品質管理，工程管理面での技術的貢献度が高まった．こうした小型化や品率管理のための技術開発は，1980年代後半以降の電気機器業

---

(3) 1964年時点での電子機器業界の研究費構成は，基礎研究が6％，応用研究が33％に対して，開発研究が61％と，極めて開発研究比率が高い状況にあった．

界の研究開発投資動向にも如実に反映されており，1985年を境に研究開発投資額（対売上高比）は4%を超え，90年代には5%を持続的に維持する状況が続いている．

　1980年代終わりから1990年代にかけての電気機器業界の研究開発投資のひとつの特徴は，多くの企業が基礎研究指向を強めたことである．この背景には，80年代後半に製品小型化技術により世界的成功を収めた各企業が，独自技術開発を目指したことがあげられる．同分野における政府研究開発も，通産省工業技術院「大型工業技術研究開発」制度が1993年に「産業科学技術研究開発」へ改組され，「新ソフトウェア構造化モデル」，「量子化機能素子」等の研究開発が進められた．90年代に入り，このように官民両セクターにおいて，基礎研究指向が強まり，製品開発以前の研究開発に競争力を育む努力が続けられてきた．一方で，業界内では，公的部門が基礎研究支援色を強めることが，産業振興政策，産業構造改革へどの程度の貢献を果たしてきたかは，懐疑的な見方がなされている．

4.7　精密機器

　精密機器業界の研究開発投資比率（対売上高比）も過去37年間，上昇の一途を続けている．戦時中の軍需に依存する収益構造から，戦後，民需品での復興を遂げた精密機械メーカーは，1960年代半ばから70年代にかけ，オプトエレクトロニクス技術，光技術を初めとする技術開発により，業績を拡大すると同時に，生産能力・研究開発投資の拡大を続けてきた．精密機械業界の研究開発投資が電子機器業界と異なる点は，既存製品の小型化技術や品質管理等の生産工程における技術開発への依存が小さく，すでに高度成長期には高い光学技術，その他の精密機械技術をもとに新しい製品概念を主導する状況にあったことである．

　日本経済新聞社，「NEEDS企業財務データベース」の定義における業界分類で，研究開発投資比率の分散が大きいのも，精密機器業界の特徴である．特に光機事業，画像処理技術事業，X線技術事業に注力する企業では，研究開発投資比率は全般的に高い傾向が見られ，それは1990年代後半になり，

ますます顕著となっている．こうした成長分野での研究開発投資意欲の高まりにより，1994年以降，業界平均で研究開発投資比率は常に5%を超える値で推移している．

表10-4 業種別研究開発投資（対売上高比）の推移 （単位：%，（ ）内は社数）

	食品	化学	医薬品	鉄鋼	非鉄金属	機械	電気機器	精密機器
1965	0.5%(68)	1.0%(109)	4.7%(29)	0.1%(38)	0.9%(57)	0.6%(113)	1.7%(122)	1.3%(28)
1970	0.4%(78)	1.4%(123)	4.9%(31)	0.1%(47)	1.4%(77)	1.0%(143)	1.5%(137)	1.9%(28)
1980	0.5%(92)	1.7%(142)	6.6%(40)	0.4%(49)	1.1%(89)	1.6%(172)	1.5%(176)	2.3%(31)
1990	1.0%(108)	3.9%(152)	10.5%(41)	1.6%(48)	1.8%(102)	1.9%(200)	4.9%(197)	4.5%(34)
2000	1.3%(119)	4.0%(161)	12.6%(43)	1.6%(49)	1.7%(106)	2.4%(205)	4.8%(222)	5.5%(39)
2002	1.5%(119)	4.3%(162)	13.8%(43)	1.6%(49)	2.0%(106)	2.7%(205)	5.5%(223)	6.3%(39)

【注】数値は標本企業各期平均値．（ ）内は標本企業数
［日本経済新聞社，「NEEDS企業財務データベース」より筆者作成］

§5 研究開発イノベーションと産業競争力

5.1 研究開発投資と労働生産性の実証分析

(1) 問題意識

前節では日本の科学技術政策と民間企業の研究開発投資の変遷について定性的な考察を行った．前節の定性分析を受け，本節は政府の科学技術政策の強化を背景に企業の研究開発投資が，マクロ経済に対してどの程度の影響を与えているかを検証する．この問題は，特に日本において次の点で今後重要な示唆を持つと考えられる．第一に今後，人口減少，少子高齢化を確実に迎える日本において，労働力人口の減少は，他の生産要素の投入によりカバーされなければならない．従来は，資本集約型産業において，工場や生産設備などの増強が労働を代替，高経済成長を達成することが可能であった．しかし，日本では円レートの持続的増価と東アジア諸国の工業発展の2つの理由により，国内製造業が東アジアへ生産拠点を移転するケースが散見される．このため，今後は労働力人口減少に加え，国内資本ストックの拡大テンポも鈍化する可能性を考慮に入れる必要がある．

(2) モデル

　本節では，以下のように 1970 年から 2001 年までの暦年データを用い，研究開発投資と労働生産性の関係を検証した．まず，生産関数としてコブ・ダグラス型生産関数を想定し，ヒト（労働），設備（資本蓄積）の 2 つの生産要素に加えて，R&D 投資の蓄積（以下，R&D 資本ストック）を第三の生産要素として加え，パラメーターの推計を行う．次にこの推計により得られたパラメーターを用い，要因分解を行うことにより，過去 30 余年間に R&D 資本ストックがどの程度の労働生産性改善効果を持っていたのかを検証する．推計した関数は，具体的には次の（1.1）式である．

$$\log(Y_t/L_tH_t) = const + \alpha_1\log(K_t/L_tH_t) + \alpha_2\log(RD_t/L_tH_t) + \varepsilon \cdots\cdots(1.1)$$

Y_t：実質国内総生産，L_t：労働人口，H_t：年間労働時間数，K_t：実質資本ストック，RD_t：実質研究開発資本ストック

(3) 推計結果

　表 10-5 の結果並びに推計結果（表 10-6）から得られる含意は，日本，米国，いずれの国々においても R&D 資本ストックは労働生産性に有意にプラスの影響を及ぼしてきたことである．一方で，資本ストック増強による労働生産性上昇に比べ，R&D 資本ストックがもたらす生産性改善効果は小さい．得られたパラメーターを用い，1971 年から 2001 年（米国は 2000 年）までの要因分解を行ってみても，R&D 資本ストックの労働生産性へ与える効果は，

表 10-5　採用変数の単位根検定と共和分検定結果

(1) 日本

	WS 検定 階差なし	WS 検定 一階差	DF 検定 階差なし	DF 検定 一階差
Y_t/L_tH_t	0.457	▲1.066	▲0.784	▲3.050**
K_t/L_tH_t	▲0.045	▲1.985	▲0.318	▲5.767***
RD_t/L_tH_t	0.501	0.401	▲1.530	▲6.338***

Johansen 尤度比検定		
r≦0	r≦1	r≦2
34.102**	23.037**	7.331*

(2) 米国

	WS 検定 階差なし	WS 検定 一階差	DF 検定 階差なし	DF 検定 一階差
Y_t/L_tH_t	0.677	▲2.588**	1.968	▲2.303
K_t/L_tH_t	0.378	▲2.796**	0.992	▲3.295**
RD_t/L_tH_t	1.201	▲1.939	▲2.416	▲3.118**

Johansen 尤度比検定		
r≦0	r≦1	r≦2
31.964**	11.170	2.862

第 10 章　科学技術政策と産業競争力

表 10-6　生産関数の推計結果

(1) 日本

	係数	t 値
a_1	0.511***	10.648
a_2	0.107***	11.729
定数項	−0.417**	−2.365
adjR^2	0.991	
D. W.	0.429	
推計期間	1971 年〜2001 年	

(2) 米国（参考）

	係数	t 値
a_1	0.380***	10.023
a_2	0.069***	5.602
定数項	−9.142***	−51.551
adjR^2	0.965	
D. W.	0.450	
推計期間	1971 年〜2000 年	

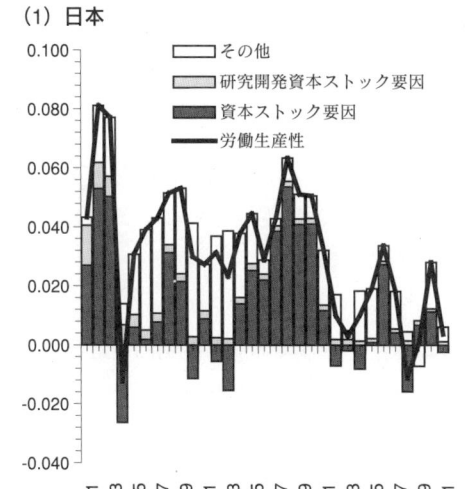

[総務省『科学技術研究調査報告』，内閣府『国民経済計算年報』，Datastream より MRI 作成]

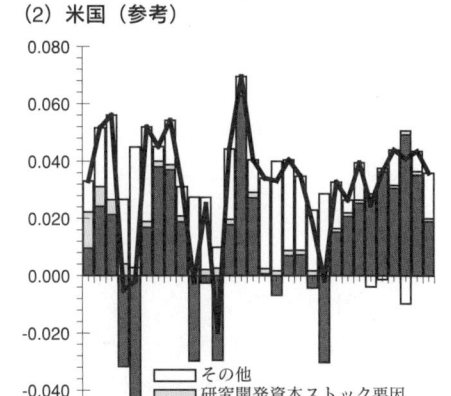

[米国立科学財団 "National Patterns of R&D Resources," OECD "Main Science and Technology Indicators," Datastream より MRI 作成]

図 10-3　資本ストック，研究開発投資が与える労働生産性への影響（要因分解）

資本ストックのそれに比べて小さいことがわかる．具体的には，日本では，研究開発資本ストックの労働生産性上昇全体に対する寄与度は，1970 年代は平均 11% であったが，80 年代には 5.6% へ低下，90 年代には 5.1% と，長期的に低下傾向にある（図 10-3）．R&D 資本ストック投入量が政府，民間ともに今後は制約が強まることを踏まえれば，今後の日本経済の課題は，い

かにこの限られた R&D 投資のもとでイノベーションの発生確率を高め，労働生産性上昇へつなげるかということとなろう．

5.2 企業の研究開発イノベーションの規定要因
(1) 問題意識

前節の生産関数の推計によるマクロ分析では，研究開発投資及びそのストックは，わずかながらも，日本の労働生産性を改善する効果を有することが示されている．しかし前節のマクロ分析では次の 2 つの課題が残存している．第一にマクロ分析では，企業個々の研究開発システムの違いがもたらす影響がわからなくなるため，どのようなシステムを持つ企業が高いイノベーション発生確率を持つのかが不明である．第二に企業間の違いに加え，業種ごとに望ましい研究開発システムが異なった場合にも，この違いの影響を検出することができない．よって，本節では 2003 年 1 月に三菱総合研究所が実施した企業アンケート結果を用い，どのような技術経営を行っている企業が，高いイノベーション確率を有するのかを検証した．

(2) データ

「技術経営に関するアンケート調査」は 2003 年 1 月に実施し，国内製造業 3,426 社に調査票を送付，491 社から回答を得ている．送付先は各社経営企画担当者及び研究開発担当者である．491 社の分布は東証一部上場企業が 53％，二部上場企業が 29％，店頭公開企業が 17％，その他並びに無回答企業が 1％ である．企業規模の分布は従業員数 3,000 人以上が 15％，1,000〜3,000 人未満が 24％，500〜1,000 人未満が 22％，300〜500 人未満が 17％，300 人未満が 20％ となっている．

この調査票では，「問 16」において「貴社では，研究開発の成果が，どの程度，新たな製品につながっていますか」という設問を設けている．本節の実証分析では，この「問 16」において「1. 研究開発成果が確実に新たな製品へつながっている」と回答している企業を研究開発投資がイノベーションへ至る確率が高い企業と定義し，その他 3 つの選択肢，「2. 研究開発の中に製品化されていない技術が若干存在する」，「3. 研究開発の中に製品化され

ていない技術がかなり存在する」,「4. 研究開発の中に製品化されていない技術が多く存在する」と回答した企業を，研究開発投資がイノベーションへ至っていない企業と定義した．そしてこの2つの回答に次のどの要因が影響を与えているかを，以下のロジスティック回帰分析により検証した．

$$\log\left(\frac{p}{1-p}\right) = \beta_1 x_1 + \beta_2 x_2 + \beta_3 x_3 \cdots + \beta_p x_p + \beta_0 \cdots\cdots (1.2)$$

p ：Pr |「研究開発の成果が，確実に新たな製品につながっている」＝1|
$1-p$ ：Pr |「研究開発の成果が，新たな製品につながっていない」＝0|
x_1 ：企業規模（従業員数，売上高，資本金） （フェースシート設問項目）
x_2 ：全社的な研究開発を行う研究所組織の有無 （問 2）
x_3 ：トップダウン型技術経営の実施状況 （問 5）
x_4 ：技術ロードマップ策定の有無 （問 7）
x_5 ：産学連携の有無 （問 18）
x_6 ：技術開発に関する企業提携の有無 （問 18）

(3) 推計結果

次頁のロジスティック回帰分析の結果（表10-7）は，全標本，化学，機械製造業，電気機器の3業種の計4つの推計結果を報告している．これを見ると企業規模が，機械製造業以外，全ての推計結果においてオッズ比が統計的に有意であり，企業規模が大きい企業ほど研究開発イノベーションの確率が高いという傾向が検出されている．企業規模と研究開発イノベーションの関係は，様々な解釈が可能である．企業規模が大きい企業ほど，内部資金を潤沢に持つことから，研究開発投資に際する金融制約が発生しにくい，または多様な研究者を擁することから，市場のいかなる需要変化に対しても呼応し易い，等が解釈の例としてあげられる．

491社の全標本を用いた推計結果では，技術ロードマップの策定，技術開発に関する企業提携の有無が，イノベーションに有意な影響を与えている．一方で産学連携やトップダウンの技術経営はイノベーション確率の上昇に対する貢献度が低いとの結果が得られている．ただし全標本において有意な結果が得られた技術ロードマップの策定と企業提携であるが，他の3業種の推計結果を見る限り，この変数は業種によって差異が存在する．化学では企業

表10-7　企業のイノベーションに影響を与える要因
―技術経営に関する実証分析結果―

		オッズ比
全標本 （N＝418）	企業規模	0.702***
	全社的な研究開発を行う研究所組織の有無	1.347
	トップダウン型技術経営の実施状況	0.965
	技術ロードマップ策定の有無	1.273***
	産学連携の有無	0.778
	技術開発に関する企業提携の有無	0.975***
	対数尤度	▲211.486
化学 （N＝63）	企業規模	0.874**
	全社的な研究開発を行う研究所組織の有無	1.920
	トップダウン型技術経営の実施状況	1.832
	技術ロードマップ策定の有無	0.855
	産学連携の有無	0.451
	技術開発に関する企業提携の有無	1.402
	対数尤度	▲27.333
機械製造業 （N＝51）	企業規模	0.865
	全社的な研究開発を行う研究所組織の有無	0.956
	トップダウン型技術経営の実施状況	0.156**
	技術ロードマップ策定の有無	0.672***
	産学連携の有無	1.297
	技術開発に関する企業提携の有無	0.809
	対数尤度	▲23.627
電気機器 （N＝72）	企業規模	0.505*
	全社的な研究開発を行う研究所組織の有無	0.707
	トップダウン型技術経営の実施状況	1.151
	技術ロードマップ策定の有無	2.223***
	産学連携の有無	1.338
	技術開発に関する企業提携の有無	1.162
	対数尤度	▲27.589

（注1）全標本，機械製造業，電気機器の「企業規模」は従業員数．化学のみ資本金規模を採用している．
（注2）***，**，*はそれぞれ1%，5%，10%の有意水準のもとで有意であることを意味する．

規模以外の変数はイノベーション確率の上昇に貢献しておらず，機械製造業では技術ロードマップの策定は有効であるが，トップダウン型技術経営の実施も有効であるとの結果が得られている．電気機器は企業規模以外に技術ロードマップによる管理が有効であるとの結果が得られている．

化学，機械，電気機器の3業界を比較した場合，化学は基礎研究分野へ注力する材料技術，電気機器はより製品化に近い研究開発に研究開発投資の多くが拠出されているという傾向を持つ．こうした点を踏まえると，基礎的研究ほど技術のマネジメントは困難であるが，電気機器のような製品化に近い業界では技術ロードマップなどの経営管理によりイノベーション確率を上昇させることが可能であることを実証結果は示唆している．今後，より化学産業のようなサイエンス依拠型研究開発投資に，今回の実証分析では有効ではなかった産学連携等がどこまで貢献できるかが，日本の科学技術政策の課題となろう．

§6　むすびにかえて

以上，本章では，日本の科学技術政策の変遷を振り返り，その間の企業の研究開発投資活動を概観した上で，研究開発イノベーションに関する実証研究を行った．1957年に科学技術会議が設置されて以来，日本の科学技術政策は社会構造の変化に呼応する形で，政策を進めてきた．原子力・宇宙開発の1960年代から1970年代の公害・都市問題への対応，そして1980年半ば以降，科学技術政策大綱の策定を経て，第二期科学技術計画では，基礎研究の重点分野として，ライフサイエンス分野，情報通信分野，環境分野，ナノテクノロジー・材料分野の4分野が挙げられている．

この戦後の科学技術政策の変遷の中，企業の研究開発は自らの存続をかけて，より経済構造変化に直接的に対応することで発展を遂げてきた．特に1974年の石油危機以降の低成長経済への転換，1985年のプラザ合意以降の持続的な円の増価は，日本企業からヒトや資本の価格競争力を剥奪したため，結果として技術集約型製品開発へ注力させることとなった．1990年代

には，資本取引の自由化や各業界における規制・諸慣行の自由化が進んだため，製造業にとって研究開発はより国際的な視座から推進を求められるに至っている．

今後は少子高齢化がさらに進展するため，日本の科学技術政策，企業の研究開発はより重要度が高まろう．本章の実証分析では，イノベーションの確率を高める研究開発システムは，その産業の研究開発が製品化に近い分野に注力しているか，サイエンス依拠型研究開発であるかにより異なっているとの結論が得られている．そして，技術マネジメントは，より製品化に近い研究を行う産業では，技術マネジメントの推進がイノベーション確率を高められることが示されている．今後は，マネジメントが難しいサイエンス依拠型産業のイノベーションにおいて，中央政府，地方政府がどのような科学技術政策を進めることで，正の外部効果を促すかが課題となろう．

（参考文献）

後藤晃，古賀款久，鈴木和志．2002．「わが国製造業における研究開発投資の決定要因」『経済研究』vol. 53, No. 1

Griliches, Z. 1986. "Productivity, R&D and basic research at the firm level in the 1970's," *American Economic Review* 76, no. 1, pp. 141-154

Griliches, Z. 1991. "The search for R&D spillovers," *Scandinavian Journal of Economics*, Supplement, 94, pp. 29-47

Mamuneas, T. P. and M. I. Nadiri. 1996. "Public R&D policies and cost behavior of the US manufacturing industries," *Journal of Public Economics* 63, pp. 57-81

Nadiri, M. I. 1993. "Innovations and technology spillovers," *NBER Working Paper* 4423

Himmelberg, Charles P. and Bruce C. Petersen. 1994. "R&D and Internal Finance: A Panel Study of Small Firms in High-Tech Industries," *Review of Economics and Statistics*, Vol. 76, No. 1, pp. 38-51

（永野　護）

最終章　日本企業の技術経営の課題

（司会）淺田孝幸

（パネラー）井上隆一郎　歌代　豊　金井一頼

§1　はじめに―講義の振り返りと問題提起―

淺田　最終日の講義としてパネル討論会を企画しました．短い時間の中で，総括として何らかのメッセージを込められたらと思います．講義していただいた井上先生，歌代先生，金井先生の3人をパネラーとし，議論を展開して，最後にまとめをする形で進めます．

　この公開講義では11人の方からの報告がありました．井上先生の産業デスバレー現象の克服，技術力が産業力にならないという話でスタートし，次に金井先生の技術戦略の軸を明示すること，R&Dとベンチャーの活用，競争と協調という技術戦略の課題ないしは見方について．三人目の水島先生は市場が技術を生む製品化ということで，擦り合せ，構築力，それからアジリティー，それから精神（スピリット）の5つの重要な視点．4人目は私のプログラムマネジメントの価値指標．次に歌代先生の業務とITをつなぐ戦略の重要性．6人目は小林先生で，大学発ベンチャーとプロジェクト．7つ目が石川先生の産業レベルでのプロセスマネジメント．すなわちクラスター的分業と協業の課題．それから8つ目が桐畑先生のベンチャーキャピタリストの多様な触媒機能に着目．それから9つ目が有田先生のベンチャービジネスに必要なのは，二種類の信用の創造であると．10番目は小松原先生による大企業の本社機能は何か．またミクロとマクロの一貫した情報開示システムの機能は何かというような話．それから11番目に，永野先生のR&Dの比率と成長の相関性が非常に高いということで，やはり研究開発費が経済成長においては非常に重要な意味を持つ．このような11回のお話をしていただき

ました．

　司会者からみると，今回の講義の中では産業活性の事例はあまりなかったですが，私のわずかばかりの体験から，産業活性の最近の事例として，3つ提示します．ひとつはA社の社会戦略と商品戦略とのバランス．環境問題を味方にし，世界市場の25％を押さえたA社のノンフロン冷蔵庫の開発と商品化戦略であります．また，T社によるIT風土を活用した自動車アイランド構想．これは2005年度には九州が百万台の自動車を作ることのできるひとつのクラスターになるといわれております．わずか10年弱の短い期間に百万台の車がひとつの島で製造されるという状況であります．三つ目は高感度消費者の集中を利用したエンターテイメント事業，いうまでもなく東京ディズニーランドです．年間2千万人を超す一大エンターテイメント産業を生みだしています．このような事例をみると，共通する要素としては，大きな構想・コンセプトとマーケット重視．2番目は組織的階層的な発想ではなく市場からの発想．三つ目はコア技術の絶えざる開発ということです．

　そこで課題としては，日本型産業再生のパターンはひとつなのか，複数なのか．よく事例に挙がっていますのは，オンリーワン技術の開発が重要ということですが，環境技術と商品化技術の社会戦略の活用が重要なのです．また，変革マネジメント中心の企業経営をやらないといけないのだと．これは武田薬品とか一部そういうテクノロジーオリエンティブな企業がやっていることです．それから，成功する持ち株会社経営，日本型の新クラスターの成立．

　別の話でありますが，企業の役割使命は何なのかと考えますと，これは去年，別の講義での旭化成の山本会長（現在は顧問）の話ですが，彼が唱えたのは，「顧客創造する，利益を上げる，社会的責任を果たす」です．この中で顧客の欲する財・サービスを提供し，経済的成果を上げると言っても，いろいろなステークホルダーの欲求を満たしていかなければならない．投資に対するリターンという話がありますが，むしろその下にある問題，従業員が生きがいを感じる仕事場を提供する，国民生活を豊かにし国家・社会に貢献するような事業であること．逆に顧客に満足を与えず業績に寄与しない事業

はだめで，時代錯誤の経営の仕組みや企業のカルチャーは捨てないといけない．こういう指摘があったわけです．この指摘の中から言えることは，一番大きな課題はそういう企業を運営，マネジメントしていく人材の問題であろうと．大企業のリーダーの養成，ベンチャービジネスのリーダーの養成．それから産業インベスターの養成．これら三つのタイプの人材については，リーダーの資質，特性というのも異なるのではないかと思います．

そんなわけで，一番大きな課題は人材の問題であり，大学も含めて，人材を育てる組織が課題だと思います．今回はこのような点について，それぞれ自分の立場，独自の視点から討議をしていただきます．

まず，井上先生の主張点を少し解説いただき，今回のテーマ，「産業再生と企業経営」についての持論を説明してください．

§2 デスバレーと需要表現

井上 第1回の講義で言ったのは，技術力が日本の企業の中に，他の国と比べても見劣りしないほどたくさんありながら，10年を超える期間，それが競争力にうまく生かせず，苦しんできたことをどう捉えるか，ということでした．個々にみれば企業の中で，デスバレー現象を脱却し，基盤を築いているところもあるものの，総体として非常に苦しんでいるという現実をスタートポイントにしようと問題提起をしました．デスバレーに結びつくのには3つの要素に問題がある，何か詰まっている現象があると申し上げました．

3つの要素とは，ひとつは需要表現という部分，もうひとつは技術経営，3つ目が知的連鎖です．今日のテーマとの関係で特に強調したい部分，つまり技術経営というテクニカルな話を超えて，もっとも重要な部分が需要表現の部分だということを改めて提起して後の議論につなげていきたいと思います．需要表現とは，市場の中で，市場ドリブンあるいはマーケットドリブンという言葉でいわれていることを具体的なものとしてどう実現するかということです．ただ，この需要表現ということ自体が当たり前であるにも関わらず，現実にはなかなかできていない事例がシンクタンクやコンサルティング

ファームにたくさん持ち込まれてきます．共通しているのが，そういう企業の多くは，技術リソースをたくさん持っており，特許の件数とか技術者の質だとか，個々をみると世界的にも高いレベルにあります．しかしながらうまくいかない共通した部分は，それがマーケットと結びついていない，マーケットで起こっていることと結びついていないのです．それは何故かというと，需要というのが，単純にひとつの技術をもってすれば解決できるものではなく，需要というのは複合した複雑な要求である．それをかなえる技術，リソースも複合したものが要求されるのです．ですから，ここをどう橋渡しをしていくのかというところが，技術経営であり，知的連鎖であるという形で，私の言った3つのキーワードは結びついています．のちほど事例も含めて論じていきたい．

金井 今の話にあわせて言うと，なぜ日本の企業がこういう形でデスバレーに直面せざるを得なかったかは，おそらくここ10年くらいだと思います．ひとつはあるシマの状態，企業としてのシマの中で技術開発がなされているときはまだよかったが，日本の企業がだめになってきた時代は，ネットワーク型に移ってきたときです．いわゆるシリコンバレーモデルの話がありますが，これらのモデルと，今までの伝統的な企業で，戦艦ヤマト的にやるという生き方との大きなパラダイム転換が起こったとき，日本の企業はだめになった．そこがポイントだろう．

　技術経営においても，これまでは一企業の中でほぼ完結できたような技術経営がなされていたが，ネットワーク型で技術経営しなければならない時代にどうするかの解答がまだ明確に出ていないことが，日本企業が直面した大きな課題ではないかと考えます．今まではひとつの企業の中でやっていけていた状態から，いろいろな企業間，あるいは企業と大学，あるいは企業とパブリック，いろんな市民，NPOも含め，いろんな人たちが混ざり合ってやらなければならない状態になってきているのだが，日本の人材はそこまでいっていないのがもうひとつ大きな問題です．これらが絡んで，日本の企業はデスバレーに直面せざるを得なくなったというのが，大きなポイントだと思います．

ですから，ここを乗り切るためには，ネットワーク型におけるMOTをどうするか，ネットワーク型における需要表現をどう捉えていくか，このようなことを解決しない限り，ずっとデスバレー現象は続くだろうと感じています．

§3　インテグラル型とモジュラー型

歌代　今回の特別講義のテーマが「産業再生と企業経営」ですが，各先生からの講義の中ではいろんな各論が展開されました．私はITと特に組織マネジメントに関して話をしました．これは淺田先生の今日の論点からいいますと，人材の問題，そして組織の問題という点に関連するかと思いますが，これはのちほど適宜補足したいと思います．

　今の話の流れからすると，井上さん，金井先生から，なぜ日本はデスバレー現象に陥っているのかが議論されてきて，いろいろな解決方法の指摘をいただいたわけですが，私も金井先生の論点に同感しており，補足ですが，見ていただきたいものを用意しました．今の金井先生の話の中で，ネットワーク型の構造になったときに，いかにそこで新たなイノベーションを起していくかが，日本では必ずしもうまくいっていなかったという話がありました．これは，金井先生の授業で出てきたかと思いますが，重要な概念としてアーキテクチャを考えないといけない時代なのだと思います．アーキテクチャというのは構成されているコンポーネント，その構成とそのコンポーネント間のインターフェースをそう呼んでいるわけですが，次ページに示したものはアーキテクチャが横軸ですが，インテグラル型とモジュラー型というのに分かれています．インテグラル型というのは，アーキテクチャが非常に複雑でコンポーネントが必ずしも明確に定めにくく，渾然一体となっているようなタイプです．それに対し，モジュラー型は理路整然とコンポーネント間の関係が定まっていて，ある意味ではこれが標準化されている場合も多い．インテグラル型の代表的なものは自動車であり，モジュラー型はパソコンのように，パーツごとの仕様が明確に，しかも標準化されているものだと

	インテグラル	モジュラー
クローズ	自動車 オートバイ 小型家電	汎用コンピュータ 工作機械 レゴ（おもちゃ）
オープン	コラボラティブ&インテグラル 領域 次世代自動車 情報家電 ロボット　等	パソコン パッケージソフト 自転車

製品アーキテクチャと取引のオープン性による製品分類
［藤本隆宏・武石彰・青島矢一編『ビジネス・アーキテクチャ』
有斐閣，2001 に基づき一部加筆修正］　Ⓒ 2004 Utashiro, Yutaka

いうことです．縦軸のほうが，open と closed とに分かれていますが，これはビジネスを行うとき，自分たちの企業だけでやっていけるものなのか，あるいは広くオープンにコラボレーションを行って進めていくのか，というこの二つのタイプがあるということです．

　日本はこの中でいうと，左上にあるインテグラルでクローズドなビジネスの進め方に長けていたと言われているのに対し，最近好調な産業は，パソコンに代表されるようにモジュラー型でオープンな戦い，協調しながら戦うというふうに言われています．したがって，自分たちで閉じてビジネスができる時代ではなく，インテグラル型がいいのか，モジュラー型がいいのかというのは，業種により違いますが，オープンな形でビジネスを展開する必要性があるという時代だと思います．これが先ほどのネットワーク時代にいかに勝っていくかということです．

　今，この左下はインテグラルでオープンな領域が空白になっています．実はこれがこれからの日本の企業にとって重要だと思っています．特に業種で言えば，IT であるとか，エレクトロニクス，ここの部分では，まだまだ標準であるとか，スタンダードが，技術革新を含めまだ決まってないところがあります．その中でオープンにコラボレーションしながら，しかもそのコン

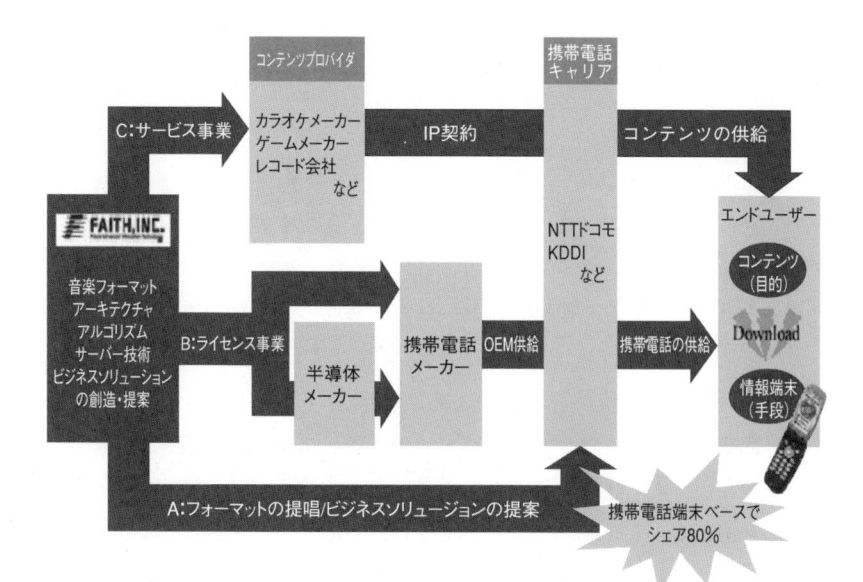

最終章　日本企業の技術経営の課題

フェイス：携帯電話サービスにおけるビジネス

[フェイス・ホームページに基づき作成]

ポーネント間の調整を図るというインテグラルでオープンな領域というものを日本は注力していくべきだということです．

　事例として，京都にある会社，「フェイス」を紹介します．この会社の代表的な事業は携帯電話サービスにおける着信メロディなどの仕組みづくりの黒子の会社です．今こちらに示したものは，携帯電話の着信メロディーを行うときの関係するプレイヤーを示しています．一番右側にエンドユーザー，われわれ利用者，当然ながらサービスを行っているのはNTTドコモやKDDIなどのキャリアがいます．しかも，端末を提供するのは携帯電話のメーカーがいます．そのチップメーカーなども関係するし，特に着信メロディーなどのコンテンツ提供に関していえば，そのプロバイダも関係してきます．なぜ今「フェイス」の話をしたかというと，着信メロディーがここまで起ちあがって利用されてきたのは，われわれのニーズもありましたが，その仕組みを作るところが重要だったわけです．もちろんキャリアも力になっていますので，キャリアの力でそれができたともいえますが，重要だったのは，その

着信メロディーの具体的にそれを利用者に届けるまでの仕組みの中には，技術的なデータフォーマットの問題，どのように課金していくかのシステムの問題，こういったいろいろな仕組みづくりの点があります．「フェイス」は，ワンビットデータのフォーマットを定めて，コンテンツ送信のアーキテクチャを定める．その中には，チップに関しても圧縮などのデータ変換のアルゴリズムを開発する，そして最終的にはコンテンツプロバイダに対して，データ送信のシステムを提供するといったようなことを行いました．

その結果，「フェイス」は，社員が60名程度ですが，東証一部に上場して，売上高が百億，経常利益率が60％，高業績を上げています．なぜかというと，携帯電話の着信メロディーに関するアーキテクチャを創造して，その黒子になって仕組みを運用することを手がけたからです．さきほどの金井先生の話にもあるように，ネットワーク時代にいかに勝つかということでいえば，自社だけで単独でビジネスすることはできないわけです．いろいろな関わり方がありますが，私が注目しているのは「フェイス」のように，ネットワーク時代にアーキテクチャを創造し，黒子になりながら，その中で新しいニーズとシーズをマッチングさせ，新しいネットワークの仕組みを作るようなビジネスがこれから非常に重要であり，産業レベル，企業レベルのイノベーションを促進していく上でも重要だということを感じました．この「フェイス」の事例は非常に示唆的だと思い紹介しました．

淺田 3人の方々から指摘のあったキーワードから議論を展開していきたいと思います．まず「需要表現」の部分について，井上先生からもう少し説明してください．

井上 需要表現とは何かということですが，歌代先生，金井先生が述べたことと共通している部分ですが，今なぜ需要表現かを説明する必要があると思います．金井先生が言われたように，シマ，企業なり業界なり，閉じた中で開発する時代から，ネットワーク，開かれた中で開発する時代に入ったという話や，歌代先生のアーキテクチャが重要だという話などとからめて説明します．

かつては自動車の需要は，たとえば30年前を考えれば単純だった．走る，

止まる，回る，それが比較的気の利いたパッケージに収まっており，何十万という価格をつければ売れる非常にシンプルな構造でした．ところが，数十年を経て，自動車のニーズとは何かと思い返してみたときに，なかなか一言で表現することが難しい時代になっているのがひとつです．これは歌代先生の言われたインテグラル・クローズドは，自動車はその代表選手ですが，そういう領域でも一言で表現することが非常に難しくなったということです．

また言い変えると，インテグラル・クローズドとは，まさに需要表現がもっとも重要な領域であるとも言えるのです．なぜかというと，自動車で快適に走るというニーズがある．では快適な走りの中身とは何かと言ったとき，かつては高速道路をもたつかずに走るという単純なニーズに応えればよかったのが，今，快適な走りに答えるには，単純に自動車のハードウェア，自動車の走行基本機能だけではなく，ナビゲーション・コントロール，エアコン，それから外とのインターネットによる情報の接続の問題，さらにエンジンの環境への制御など，快適な走りという単純なニーズのように見えるものも，それを実現するためにはさまざまな技術リソースを要する，非常に複合したリソースを要する時代になってきたということです．

そこで，さきほどのアーキテクチャ論に戻りますが，インテグラル・クローズドは，開発段階において，擦り合せが重要なのです．ひとつの快適な走りという一見シンプルなニーズを満たすために，複合したリソースをいかに最適に組み合わせていくか．これを擦り合せといっていますが，これは日本企業の得意な領域であって，金井先生の話との関連でいうと，この擦り合せ自体は得意なのだけれども，それが例えば，トヨタあるいはトヨタ系列の枠を超えてリソースを求めていかなければならない状況にあるということです．

ですから，需要表現は，基本に立ち返ると，需要をモノとしてあるいはソフトとして，技術のリソースと最適な組み合わせをどうすればいいのかを開発者に，はっきり分かる形で示すこと，これを需要表現といっております．したがって，需要表現というキーワードは歌代さんのアーキテクチャの話，金井先生のネットワーク開発の話，これらとキー概念として結びついている

と捉えていいと思います．

淺田 議論が少し専門用語的になってきておりますが，産業再生の大きな視点は，キーワードでいいますと「オープン・ネットワーク」で，これが重要なひとつです．一方では，オープンで対話する場所，対話する機会を日本独特の形で競争優位性を生み出すように持たないといけないという「擦り合せ」は，独特の意味合いがそこに含まれていると思います．そういう意味で，技術戦略について，金井先生からもう少し詳しく説明してください．

金井 見えない需要をどうやって見ていくかが大きなポイントです．見えないということは客が望む軸が多様化してきたということで，その軸をどう組み合わせていけばよいかが企業でわからなくなっている．例えば，車でも，日本の車はできるだけエンジン音を遮断して静かにしている．サイレントであることを日本の客が望んでいる．しかし，ヨーロッパ，特にイタリアあたりでは，エンジンの音は日本では雑音だが，エンジン音はすばらしい音楽だと捉えると，考え方が変わってきます．エンジン音はできるだけいい形で，いい音が聞こえる自動車の作りを考える．そういうところが全く違うわけです．するとまさに需要表現ができなくなった．企業の言葉の中で事業を捉えようと思うと，明らかにオーバーロードして，分からなくなっている．こうなると，どれだけ客に近づいていけるかという近づき方のロジックを企業は持っていないことになるのです．日本の企業が困っていることは，こちらの軸の部分に技術が見えなくなっているのです．

　そこで重要なのは，企業あるいはユーザーと技術が，どうやってインタラクションできるか，相互作用できる場を持つかです．できるだけ，客を創発できるような場をどうやって作っていくかということが重要なのに，このあたりが欠けている．日本で一番弱いのは，この点なのです．このあたりをうまくやっていくと，日本は意外に強い．たとえば，シャープが強いのは，客とインタラクションする場をむしろ企業の中に組み込んでしまっている点です．顧客重視という前に，顧客をどんどん取り込んでいく．企業の中にエンドユーザーを入れて，五年後のエンドユーザー十年後のエンドユーザー，三十年後のエンドユーザーは全部違うのだということを，分析しているソフト

化センターがあるのです．だから眼の付け所がいい商品が生まれる．そこの部分を一般の企業は努力していないから，非常に難しい．

　私はいつも山梨の「ハンファーサ」の事例を出します．山梨はハンコでも有名です．地場産業ですが，今困っています．ハンコを作るとき，印章でいえば，印の印形がどうとか，印が違うなどで有難がって高いお金を払うわけです．ところが，ある大きなハンコ屋さんが面白いことを考えだした．ワシントン条約により印材として象牙が使えなくなったので，代わりに，加工する技術は難しいがチタンを考えた．うたい文句は，「わたしだけのハンコ」．客と相互作用しながら作る．客の要求条件のやり取りを，納得するまで何回もする．その結果できるのが私だけのハンコなのです．そのためには，それを作るだけの技術を持たないとだめです．今まではサプライサイドで，ハンコを作る人が勝手に作る．一方のハンコはインタラクションしながら私の好みがまさに表現され，その結果として作られます．その作る技術が必要です．その仕組みが全く違うわけです．

　これはひとつの事例ですが，より一般化すると，実は，このインタラクションというのはリード・ユーザー・イノベーションという．イノベーションをユーザーがリードするというのは，ユーザーに立ち代らないと分からない．リードユーザーに立ち代るためのひとつの原点が，客と接する頻度をどれだけ高めるかに尽きる．そこで当然課題として出てくるのは，今までと違って，技術の方もストラクチャーの課題が出てきます．それを技術的に，どのように具体的に解決するかが企業の課題．今までは逆に企業は非常にイージーなやり方をしていた．みえるものしか作らない，わかるものしか作らない，だから客が離れていく．この悪循環を断ち切らないとだめだろうと思います．

淺田　インタラクション，ネットワークということで，相対する現象が新しい技術とか新しい商品を生み出すという議論をしていただきましたが，産業再生という非常に大きな課題をミクロの視点から議論していくことで，聴衆の皆さんからは，話が小さくなって産業再生というところまでいくような議論にはならないと危惧されそうです．アメリカが行っているようなITベン

チャーといっても，一人や二人からやった会社が時価総額32兆円の会社，マイクロソフトになれば，それは産業としてベンチャーが大きな貢献をしたといえるのですが，いままでの事例からは，「フェイス」でもハンコでも百億円もいったらいいほうだという感じがしますが，そのあたり日本の産業再生という意味で，例えばバイオとかナノテクとか，いわゆる医療，それから宇宙とか，最先端技術とイノベーション，そこから新しい産業が興ってこないと，なかなか日本は技術が産業のレベルまでならないという議論も多いと思います．そのあたりからみた場合に，産業再生についてどういうような指摘ができるのでしょうか．歌代先生からお願いします．

歌代 非常に難しい問題です．産業再生をマクロに検討している立場ではありませんが，意味の点に関して，一連の話で感じたことから入っていくと，井上さん，金井先生から，市場であるとか，ユーザーを重要視しなければいけないという話がありました．まさにその通りです．潜在的なニーズを掘り起こしてそれに対して新しいソリューションを提供することが重要なわけです．ただネットワーク時代，あるいはアーキテクチャが重要だと，それをオープンにイノベーションを起していくことから考えれば，旧来の産業再生という概念ではなく，新しいコラボレーションの場を作っていくことが必要になります．そうするために，政策レベル，あるいは産業レベルで考えたとき，日本の中ですと，これまで守るために徒党を組んでおくことが多かったと思います．護送船団方式といったものもそうです．重要な点は，攻めの，コラボレーションをいかに作っていくか，その場を日本の中でいかに立ち上げていくかということだと思っています．そのためには政策的にも政府のサポートが必要だと思いますが，これまでの産業を守る考え方ではなく，新しい意欲をもって産業レベルのイノベーションを起こそうとしている人たちに，いかに資金的あるいは人材的な支援をしていくのかが重要です．またミクロに戻りますが，それをするためには，政府という組織もそうだし，ミクロな民間のプレーヤーもそうですが，最終的には守りではなく，攻めの取り組みを図っていくような組織文化が課題になります．この点，人材の話，そしてミクロの組織文化の話にいずれはまた戻ってくるように思います．

もう1点，これは浅田先生の問題設定の中で，若干違った点を指摘するとすれば，従来の産業でいえば規模がどうかという議論が重要であった．企業の問題であり，国民経済の点からも重要な点だと思いますが，先ほどのようにオープンな形でいろいろなイノベーションを図っていくことからすれば，ビジネスモデルの多様化がより一層進むでしょう．そうすると，重要なのは規模ではなく，いかに付加価値を高めていくかということです．その点が重要だと思っています．

金井　産業再生のポイントは二点あると思います．既存の産業が再生する産業再生と，新しいリーディングインダストリーはなにをするかという点です．そこは分けないとだめだ．リーディングインダストリーでなにをするかというと，おそらくハイテクがらみの話になるから，大学と企業とのインタラクションの場をどれだけ設定するかということにかかってくる．なぜかというと，大学と企業との間には構造的な穴，バーツという人の言った「ストラクチャー・ホール」，構造的な穴があって，その穴がある限り，お互い相互作用できないのです．情報を開示しない状況になっています．日本ではこの構造的な穴の溝が深すぎる．したがって，構造的な穴をうめないかぎり，リーディングインダストリーのいわゆる大学を主とするようなものは，なかなか難しいでしょう．

　それに対して例えばアパレル業界あたりは，大学はそれほど大きな機能を果たしていない．ただし，むちゃくちゃ付加価値が高い．そういった意味で，アパレルの中にも産業再生はあると思う．だから産業再生というのは，既存の産業をもっと再生させる，再活性化させる産業再生と，全体，グローバル化レベルで，リーディングインダストリーをどう作っていくかという産業再生のふたつがあるから，それを考えるとかなり議論が違ってくる．

淺田　井上先生，このあたりを補完していただけますか．

井上　概念としてはそのとおりで，既存と新規の産業とに分けて議論すべきだという考え方には全面的に賛成です．ただ，わが国が民主導で産業再生を図ろうとするときに，やはり既存の産業の中からブレイクスルーしていく産業が出てくる．その背後に既インダストリー論，なぜ既存なのにブレイクス

ルーできるのか，それを支える技術リソースは何なのかというところで，既インダストリー論が出てくるというのが私のイメージです．というのは，軍があって，軍産複合体といいますか，採算度外視でどんどんお金を湯水のように使って，既インダストリーで引っ張っていくパターンは，意見として，みなさん共有していると思いますが，日本のパターンではない気がします．日本はやはりどこまでが既存の企業というか，線の引き方が難しいけども，民生用の製品分野に日本のブレイクスルーする場所があると思っています．それは自動車であり，家電であり，繊維でありというところにポイントがあると思います．ただ，従来のやり方では勝てないというのは共通の話なので，そこで何をキー・インダストリー，あるいはキー・テクノロジーとしていくかというのが問われていると考えます．

　そう考えたとき，基礎技術としては粛々と，何に使われるか分からないものを研究することも大変重要ですから，それをどんどんやるべきだと思いますが，一方では，そういった溜め込まれた技術を市場に引きずり出してくる産業に関してはどうか．これは明らかに資本の蓄積，技術の蓄積，マーケットでの蓄積を考えると，既存の企業，既存の産業の中から出てくるという期待を短中期には持っている．長期には次なるステージとして，それを乗り越えて，キー・インダストリー論が立ち上がってくるという次のステップが当然あると思います．

淺田　産業の創造ということで既存の産業，それから新規のリーディング産業という議論が出てきましたが，ここで聴衆の皆さんから質問ないしは，今までの議論で分かりにくい点など，質問したいという方，どなたか議論に参加していただきたいと思います．

質問者　産業再生がテーマなので，先生方は現状を「産業空洞化」と考えておられるのかどうか，どのように捉えているのか．2番目に，グローバルフォーマットにならない限り，これから既存の産業はぜったい国際競争力に勝てないわけですね．産業再生のグローバル競争力がどんどん落ちている．そうなると，歌代先生が指摘されたように，オープン・イノベーションの観点からみると，日本の各企業トップは，技術のブラックボックス化を非常に

重要視しているのは，逆行するのではないかと考えますが，どうでしょうか．金井先生のネットワーク理論からいってもどのようにお考えなのか，その辺をお聞きしたい．

金井 空洞化はある程度起こると思います．ある程度やむをえない．しかし問題は，何を残して何を渡すかという部分は，国際的な分業化が始まるでしょう．今まで国間の移転だったのが，これから逆に地域間も含めて，ある程度今まで主であったものが，だんだんとそうでなくなることが起きます．問題は，新しいのをどうつくるかという話が出てきますから，そういう意味で空洞化というのなら，そういえるかもしれない．しかし，今深刻なのは，次に創り出せるものがないということが，一番大変なところです．

　次に，わが社，わが国は何をもっていわゆる富国にするかという，その富国の部分が見えないのです．その部分が一番深刻なところで，今までの富の源泉がだんだんと外国に移ったということは空洞化といえると思います．もうひとつは，先ほどのブラックボックスの話とネットワークの話なのですが，それぞれで得意技を持って，その得意技が違うからネットワークに意味があります．得意技をみんな渡してしまうと，ネットワークは意味をなさないわけですから，得意技をそれぞれ何に持つか，どこに絞って突出すべきかという話なのです．得意技だけになったとき，そこに足りないものが出てくるから，それをつなぎましょうという話なのです．国際的なアライアンスであったり，あるいは地域であったり，地域になったらクラスターというわけです．たとえば，私が関係している住宅産業では中国にも出しています．設計分野で．そうすると国際化です．今までは日本でやっていたのです．だから国際化というのは，川上でもあるし，川下でもあります．川上，川下両方にアライアンスが出てきます．そういう形のグローバルネットワークも出てきます．

歌代 二点目について，私からもコメントします．今の金井先生の考えと大体同じですが，ブラックボックス戦略と先ほどのオープン・イノベーションということは，特に相反しないことだと考えています．従来の産業構造でいえば，たとえばエレクトロニクスで，セットメーカーの調子が悪くて，キー

コンポーネントの会社が非常に好調だということは，今の話の点からいえば，やはり重要な技術を持っているところがいい成績を修めているという現われだと思います．経営の仕方の今後の課題としては，独善的な技術をただ作っているだけでは，価値に転換できませんから，ネットワークの中で，自分たちの持っている技術のアプリケーションを提案して，それと関係するプレーヤーに提供する．それを受け入れてくれるような取り組みがこれからは必要なのです．

　従って，ブラックボックスというのは，自分の持っているコア技術については見せないことですが，それがどのような形で応用されるか．そのインターフェースの標準化も含めてどんどん売り込んでいく活動がこれから重要であり，かつその中ではネットワークでのコラボレーションという概念が重要になってくると思います．ブラックボックスだから閉じこもるという経営スタイルではなくて，コラボレーションの中で自分たちの持っている付加価値を守るという部分がブラックボックスなのです．新しく応用・開発するところでいうと，オープン・イノベーションがどうしても必要なのだという組み合わせだと思います．

井上　私の観点では，ブラックボックスと，オープン・アーキテクチャは矛盾しないのかという質問に対しては，矛盾しない，が結論です．具体的な例をあげると，デジタルイメージングの世界で画像素子だとか，撮影素子，それから映像素子という領域では，非常にブラックボックス的な部分が多い．設計，製造も含めて，ブラックボックス性の強いものだと思います．日本メーカー同士でもなかなか真似ができない．ノウハウの塊である部分だと思います．しかし，これを活用するデジカメは，主として中国やアジア圏で多く製造され，世界に向けて出荷されている．まさにオープン・アーキテクチャの典型みたいな姿です．ここにひとつの解があるのではないか．つまりブラックボックスとオープン・アーキテクチャは，ある部分ブラックボックスがないとオープン・アーキテクチャできないということだと思います．

　それから第1番目の質問の，産業空洞化も，まさに一貫した話になってくると思います．産業空洞化は，明治時代からの産業の歴史を見れば，空洞化

と再生の連続の歴史です．空洞化という言葉がなかったのは，再生というか，次の産業が常に育ってきたので，あえて使わなかった．次に何をやるのかがわからなくなって初めて空洞化という議論が表面になったということで，今われわれの目の前で，産業のダイナミズムが起こっていることだと思います．空洞化なのかというのは次になにを，というところに解があるかどうかです．デジカメで言いますと，まさに現時点では，撮影素子だとか映像素子といったところに，ある空洞化を越えるとか，次の産業のダイナミズムを生んでいく材料がある．こういったものが次々に出てくれば，空洞化という言葉自体が意味を成さなくなると思います．そういう種は，日本の産業には，過去の蓄積だけではなく，現在も進んでいるいろいろな分野，エレクトロニクス，光素子とか，素材，鉄や繊維の領域にも，ブラックボックスにする材料がたくさんあるわけです．そこを次にどう活かしていくかが問われていると考えています．

淺田 質問者の方，よろしいでしょうか．……他，どなたか？

質問者 先生方がプレゼンテーションされた中で，ふたつ質問させていただいて，あとは淺田先生が最初に提起された人材の育成，これをどうするかにつき私見を申し上げ，先生方のコメントをいただきたい．ひとつは，需要表現．これは新しい概念だと思いました．しかし一般的に使われているのは，相変わらずニーズとかシーズの表現が使われています．マーケティングをされている方たちの間ではまだニーズです．どこかにニーズがあるのだというような感覚がまだ残っているのでは．それに対し，需要表現というのは，まだこれからのものを自らで表現していくこと，要はエクスプレス，自分たちの絵を描こうということだと思いますが，その辺は経営とか，マーケティングの先生方の世界では，そのニーズの表現で講義をされているのかどうかをお聞きしたい．

　もうひとつは，歌代先生のインテグラルとモジュラーの表の中で，自動車と小型家電がインテグラル・クローズドだという説明でしたが，これは，自動車の前に走ることや廻ることができるという基本機能は変わらないとしても，そこに介される機能が非常に多様化していることで，オープン・モジュ

ラーの方向にシフトする傾向があるのではと思いますが，その辺どう考えておられるのですか．

　また，人材の育成についての私見ですが，これを再生するのはやはり人ですから，人の育成に行き当たる．そのときどうするのかといったとき，私も私学で教えているものですから，自分で自分のコンセプト，自分が取り組んでいるものの自分なりのアーキテクチャを磨く，その習慣をつけることだと思います．ただし，それが正しい方向なのかどうか，どう修正するのかは，インターネットを開けば，自分の感動する情報などたくさんあるので，これで自分の描いているコンセプトを補完しながら常に修正していく．ただし自分勝手な修正ですから，いつかの機会にはその情報の発信元を定点観測していて，向こうの人が日本に来ると彼らのところまで出向き，直接意見交換して修正していく．やはり人材育成というのはそんな形で，自分の課題を常に修正する，課題の定点観測をやりながら修正するという人をまず育てていくことがひとつなのではないか．

　もうひとつは，人，情報と金のあるところにはどこにでも行くというのが私の行動パターンですが，集まったとき，懇親会とかパーティーの主催のときは，必ず名刺交換だけでなく，次いつ会いましょうという約束を3つだけして帰ってくださいと言っています．というのは，日本人はパーティーで2時間もいて，名刺だけ交換して，お金払って，その後何もコンタクトしてこないとアメリカ人は言います．自分たちは，3つの約束を取り付けると言います．忙しい，いつ会えるかわからないといわれますが，明日の朝食で会うなどと，それくらい自分の中で自分のペースを作りながら人との連鎖の中でそれを修正する，次のアクションをとっていく．こういう人材をこれから育てていくのがポイントではないかと思っています．最初の二つの質問と，あと人材育成についての議論の材料とを思い，提起させていただきました．

井上　一番目の質問で，需要表現はキー概念であるにも関わらず，マーケティングの領域では相変わらずニーズ論ではないかということですが，必ずしもそうではないと思います．もちろんマーケッターの中には，その表面的なニーズ論にとどまる方々もいるとは思いますが．現在，起こっている問題

を，抽象問題を捉えているマーケッターには，見えないニーズ，複合したニーズ，これをどうみるかというのが課題であることは，みなさんに共通した認識だと思います．それを需要表現という言葉で，共通言語として使っているかどうかは別として，認識は共通しているというのが，私の認識です．

金井 たとえば，ニーズに対するウォンツ（want）という言葉をよく使います．ニーズというのは，目に見えるのだけども，ウォンツというのは目に見えない．そのような形で表現しているのではないか．そのように一般的には使われている感じがします．細かいことは抜きにして，マーケティングの人たちは，ウォンツという言葉をよく使っているような気がします．

井上 マーケティングの技術的な話になりますが，いわゆる商品の開発だとかを実施する場合に，市場調査をやります．市場調査の方法は旧来だと，あれがほしいですか，これがほしいですか，この商品は好きですか嫌いですかと非常にシンプルな世界だったと思います．今もそういう調査がないわけではなく，不可欠な部分だと思いますが，そこに加えて，新たな手法，コンジョイント分析だとか，複合した機能だとか要素だとかそれをどんな優先順位で組み合わせていくのかとかの調査手法が，どんどん使われています．コンピューターも発達したので，これらがやりやすくなったこともある反面，ご提起のとおり，いわゆるウォンツがあり，ニーズが複合化しているということに対応した動きだと思います．

歌代 2点目ですが，擦り合せ方，インテグラル型の代表であった自動車にしても，たとえばITSであるとかエレクトロニクス関連のいろんな技術を複合化させなければいけない．そのときに先ほど示したものでいえば，モジュラーで，かつオープンな形でないと，これからの開発・生産はできないのではないかとの指摘だと思います．ひとつの方向性は当然，技術の複合化，コンポーネントがよりオープンになってくれば，モジュラー化が進んでいく方向になると思います．そこから企業の戦略であるとか国としての政策の問題，考え方になりますが，人間の得意技を考えたときに，私は，インテグラルのための能力をオープンな場で使っていくことが日本の組織，企業がこれから修得すべき点ではないかという話をしました．

なぜそれが求められるかというと，特にITがらみの分野であれば，技術革新というものが非常に断続的に起こります．かつ，ネットワーク型になってきます．すると，イノベーションのジレンマということで，たとえば大きな世代交代というものがこれまであって，世代内の競争，世代間の競争という議論がありましたけれど，私はネットワーク型でかつイノベーションが断続的に起こる時代のときには，総じて，断続的なイノベーション，ネットワークの中でのイノベーションをいかに起こすかということに関しては，モジュラー型に完全に移らない領域があるのではないか．要するに，モジュラー型に完全になれば，標準スタンダードというものが当分の間，重要な意味を持ちますが，先ほどの携帯電話にしても，どんどん革新が起こっています．そうすると着信メロディーの，フェイスのデータフォーマットということも，最初は16和音でよかったものが，32和音，64和音という形になります．そういうときのイノベーションが常に必要になってくるとすれば，その調整を提携プレーヤーと行う能力が重要になってくるということで，要するに類型として示した完全なモジュラー型にはならない領域があって，そこにわれわれの存在意義があるのではないかと考えております．

淺田 では，あと時間的にはファイナルテーマで結局，人の問題に行き着くと思いますが，大学ということでもありますので，どういう視点から人材ないしは人材養成というのが今後，必要になっているのか．いろんな意味でキャリア講座が各大学で展開されていますが，若いときから自分のキャリアを考えるような人材を作っていかなくてはいけないと私は最近思っています．これはもちろんプラスの要素とマイナス・デメリットと，どちらもあると思います．たとえば，デメリットから言いますと，従来のようにゆっくり育てて最後に大輪を咲かすという方向がなくなってきて，最初からワンセットに，ある方向に向かって人を育てますから，スペックが非常に細かくなっていくということで，大きな意思決定をするトップクラスの人材を作ることがますます難しくなるのではないかという点です．逆にいうと，テクノクラートを養成するには，キャリア講座とかキャリアブリッジというような仕組みが非常に必要であると．

もう一方，ゼネラリストを養成する仕組みでMOTは，技術をつかさどるトップマネジメントに必要な，広い視野で技術を考える人を育てるというのが大きな目的でありますし，それから専門職大学院でも広い意味では，狭い技術の中にこだわるのでなくて，もう少し広い意味で技術と経営とか，それから社会と企業とかいうものの接点になりうるような，ゲートキーパーのような人を育てるというのが，大きな専門職大学院の機能だと思います．このようなことも含めて，産業再生に必要な人材育成，人材養成について，パネリストの三人の方々からご意見を．

金井　先ほどの点，私は基本的に賛成いたします．多様性が高まり，多様化していますので，多様性そのものを扱うのはとても情報が乱雑化しますので，ひとつ重要なポイントは，そこから情報を縮減して，情報縮減能力を持って，ある程度コンセプトに落としていくという部分だと思います．そういうときに重要なのは，俺は何か，何をしたいのかというアイデンティティー．そこの部分を明確にしていくアイデンティティーが必要です．そこで，情報縮減能力が重要なキーポイントになる．もうひとつは，コンセプトというのは，要は自分自身だけに分るものではならない．ということは重要なのは共感性．共感性を得るための発信能力なのです．発信能力のなかでもプレゼンテーション能力でしょう．全く違うジャンルの人と対話できるか．対話能力といってもいいかもしれません．分野が変ると，使っている言葉が全く違う．同じ意味なのに違う表現をする．全く話がかみ合わない．これは対話能力のなさでしょう．そういった意味で私は，対話能力はとても重要で，自分のコンセプトに対して共感性を得てより広げていくときに重要なことなのだろうと思います．ですから今までのようなステップ・バイ・ステップでやると，結局はいつまで経ってもデスバレーを越えることはできないから，最終的にコンセプト・ジャンプが必要です．コンセプト・ジャンプをするためには，やはり一度拡げることが必要です．拡げるためには，一度多様性を増やしておくことは必要でしょう．増やしておくばかりではダメだから縮減するという形をとる．それがコンセプトに落としていくことです．コンセプトを作るということは，情報縮減能力がないと絶対できません．そしてそれ

を訴える，あるいは訴求するという意味では共感性，共感性を獲得するためにいかに，どうやって人に伝えていくかという対話能力．この辺が重要なポイントで，今までの教育の中で一番欠けていた部分です．ここの部分をきっちり教育する必要がある．

井上　人材育成という点については，私は門外漢ですが，先ほどの質問者の方の提起には大変共感するところがあります．自分のコンセプトをもって，常にものを考えるというようなことですが，私の受けとめ方でいうと，常に自分が直面しなければいけない問題を考えている人であると解釈しました．そこで，私も含めて過去の教育で，何をしてきたかと振り返ると，問題を解くということを常にやってきた．私も三菱総研も，問題解決をやる会社として20数年やってきたことです．問題解決ということは，長年日本人はやってきた領域だと思いますが，いま，今日の議論も含めて，それから私も日頃の業務も含めて直面するのは，問題は何だという，問題を発見するところに至ったときに，みんな無手勝流というか，自分なりの個性的な方法でやる，あるいは個性的な方法で泥沼に入って，何もできなくなるといった状況です．ベーシカリーな言い方ですが，今後の人材育成で何よりも大事なことは，問題は何だという発見する力だと，日頃私の業務を通じて思っています．

　それからもうひとつは，専門性と多様性ということを金井先生はいわれましたが，これも全く共感するところです．広い，ゼネラリストとして多様なことだけでは，問題を発見するのには不足だと思います．問題を与えられ，それを解決できるためには，つまりゼネラリストということは必要条件かもしれませんが，問題発見するために，広い多様性，関心事と，深い専門性，自分の立脚点がいると思っています．つまり，深くものを掘って，はじめて普遍性に到達できるようなところがあると思います．過去，われわれも含めて日本の専門教育は，どこかで普遍性をブレイクスルーする考え方が比較的薄かったのではないかという感想を持っています．これはアメリカの大学教育とは違うところです．ヨーロッパ型というか，そこに閉じこもって研究を深めることに価値があるというようなところがあったと思いますが，そこは深い専門性と，多様な関心領域，広い関心領域，多様性というのがクロスで

きるところに，新しい人材を生み出す余地というか，目指すべき場所があるような気がしています．

歌代 人材の問題は非常に難しい問題で，今産業界，そして大学も含めて，いろいろ新しい仕組み作りをしているところですが，今後教育自体もいろいろ進んでいくのだと思いますが，そのときの必要な条件として，より教育された人材，新しいスキルを持った人材，新しい能力を向上させた人材を生かす場がないと進んでいかないと思います．私の問題意識では，昨年から明治大学に移りましたが，それまでは三菱総研でコンサルティングを行っていました．その組織の中には，大きく分けると，守りに入る人，そして変えようという問題意識を持っている人の二つがありますが，あまりにも守りがこれまで大半の体制だったと思います．したがってそういう組織ではいくら新しいスキルだとか，イノベーション能力を勉強した人も，それを生かす場がないのです．したがって，私はそれを生かす組織の場，あるいは地域の中でコラボレーションする機会など，新しいイノベーションマインドを持った人たちが活躍できる取り組みを支援していかなければならないのだろうと思います．企業の中では，それを支援するのはトップであると思うし，地域のコラボレーションでいえばそれを支援する政府的な役割も大きいのではないかと思います．それを平行して行う中で，新しいタイプのスペシャリスト，新しいタイプのゼネラリストが活躍することができるのではないかと思っています．

　淺田先生のレクチャーにもありましたように，これから組織の中ではプロジェクトというのが非常に大事になってきます．われわれコンサルタントが一緒に活躍するのもそういうプロジェクトです．ラインの中で自分の仕事を守るばかりでなく，プロジェクトの中で新しい創意工夫をするというところに，自分のやりがいを見出してもらうと，これからの日本も明るくなるのかなと思います．

淺田 人材の話になるとまとまりがつかなくなるのですが，最後にもう少し人材に関連してご質問したい方はおられませんか．またこんな意見もあるとの発言をいただければ．

質問者 人材の件でも，われわれはやはり採算性を考えてしまいます．どうしても専門的になりがちになりますから，やはり数字に置き換えてみるのがマネジメントだと思います．そのあたりをどうお考えなのかお聞きします．

淺田 数字はまさに管理会計の課題なのですが，おっしゃるように，アメリカのビジネススクールは，基幹科目が会計とファイナンスという意味で，まずすべて数字に還元して，儲かるかということでやる．ただし，アメリカのビジネススクールと大阪の商人には違いがあって，インベストメントという概念が必ず入って，リスクテイキングする．昔の大阪の商人ももちろんリスクテイキングしたとは思いますが，そこに合理的な計算にのっとって，リスクテイキングして数字で計算する．だから当然，10個やってハイリスクの場合は当然ハイリターンですけども，8個くらい失敗する計算でいろんな安全保障を打つ，セーフティーネットをするわけで，そういうことを教えるのがアメリカ流のビジネススクールだと思います．

日本の場合は逆に，ビジネススクールでもコンセプト，ないしはやりがい，それから技術というようなことで，どちらかというと職人を育てる仕組みで開いているケースが非常に多い．だから，採算性の問題を度外視はできませんが，採算性ともうひとつ社会性という問題を加味したビジネスのあり方を，ビジネススクール，それから経営の中でも教えていく必要があります．そういう意味で，採算性のボトムラインは維持しないといけませんが，そこの上に関しては，まさにマネジャーの仕事であるという意味で，ボトムラインは計算されるという視点ではないかと思います．だから決してそれをもとにしてボトムラインを高くすることがマネジメントであったり，ビジネスであってはいけないのでは．その点をビジネススクールで教えている内容はしばしば錯誤する可能性があるような気がします．それはわれわれも注意して人材養成で考えなければいけない課題であると思います．

講義の内容としては非常に面白い視点も含まれていたと思います．とりわけ，有田さんの講義，実際にハイテクベンチャーを立ち上げて，その会社を資本金が1億円近くまでの非常に大きな会社にまでもっていった話などは，ケーススタディーとしても価値ある話だったと思います．また，井上さんの

話のように，全体の大きなフレームワーク，アーキテクチャをアンケート調査等々を通じて実証的に説明していただいたのは，阪大のスクールとしては，非常に意義のある指摘だったと思います．そういう意味で全体の中では，流れているテーマ，「産業再生と経営」を通じて，どういうふうに人材を育てなければならないのか，それが日本の産業再生であったり，日本の再生にもつながると思います．第一の質問者の指摘のように，日本の1990年代の失われた10年というのは，僕なんかの素人のイメージでも最初はそんなことはないと思っていたのですが，なんら新しい商品は開発されていないのに，世界ではジャンジャン同じものを売っているとなると，当然松下だけでなくてエルジイでも作れますし，サムソンでも作れる，ハイアールでも作れるというごく当たり前の話になっていくわけです．そういった中で日本の産業を再生していったところは，本当にフロンティアだと思うのです．

　そのフロンティアを担う人たちを作っていくのが大学の大きな使命だと思います．大学の研究は，それ自体しなければならないのですが，60％は教育です．教育により，日本の産業ないしは日本の社会の厚生にとってプラスになる人材をこれからも出していきたいと考え，授業をしているつもりです．この授業も，そういう意味でささやかな試みですが，若い人も社会人の方々も，なんらかの新しい視点を持って，自分たちの意思決定，キャリアパスにつなげていただければ，少しはやった甲斐があると思います．飽き足らないところが多々あったかと思いますが，これにて2004年後期の「産業再生と企業経営」の授業を終了させていただきます．どうもありがとうございました．（拍手）

執筆者紹介

◆第1章　産業再生とデスバレー現象

井上　隆一郎　（いのうえ　りゅういちろう）

生年：1951年

現職：青森公立大学経営経済学部経営学科，大学院経営経済学研究科教授

略歴：東京大学経済学部卒

　　　㈱三菱総合研究所　産業戦略研究部長，政策・経済研究センター長を歴任

研究分野：自動車産業分析，経営戦略，グローバル戦略，アジア市場戦略など

主要業績：『産業読本』（共著）東洋経済新報社，2006年．

　　　　　『アジア自動車産業の実力』（共著）ダイヤモンド社，2006年．

　　　　　『国際再編と新たな始動―日本自動車産業の行方』（共著）日刊自動車新聞社，2005年．

　　　　　「中国企業のM&A戦略」『日本経済研究センター会報』（社団法人日本経済研究センター），2005年12月号．

◆第2章　技術経営と戦略

金井　一頼　（かない　かずより）

生年：1949年

現職：大阪大学大学院経済学研究科教授

略歴：神戸大学大学院経営学研究科博士課程単位取得．博士（経済学，大阪大学）

　　　弘前大学人文学部，滋賀大学経済学部，北海道大学経済学部，北海道大学大学院経済学研究科を経て現在に至る．

研究分野：企業家活動とベンチャー創造，産業クラスター，経営戦略

主要業績：『経営戦略（新版）』（共著）有斐閣，2006年．

　　　　　『日本の産業クラスター戦略』（共著）有斐閣，2003年．

　　　　　『ベンチャー企業経営論』（共編著）有斐閣，2002年．

◆第3章　産業再生と「技術者力」

水島　温夫　（みずしま　あつお）

生年：1947年

現職：㈲フィフティ・アワーズ代表取締役　主席研究員

略歴：慶応義塾大学工学部卒

慶応義塾大学院機械工学修士

スタンフォード大学院化学工学および土木工学修士

石川島播磨重工業を経て，㈱三菱総合研究所に入社．

経営コンサルティング部長，ビジネスソリューション事業本部副本部長を歴任，現職に至る．

研究分野：経営革新や新事業開発，組織活性化のための手法，人材育成の方法論を研究．

主要業績：『50時間で会社を変える！』日本実業出版社，2001年．

　　　　『「技術者力」の高め方』PHP研究所，2004年．

　　　　『「組織力」の高め方』PHP研究所，2005年．

◆第4章　技術経営とプロジェクト・マネジメント

淺田　孝幸　（あさだ　たかゆき）

生年：1950年

現職：大阪大学大学院経済学研究科教授

略歴：神戸大学大学院経営学研究科博士課程修了

　　　博士（経営学，神戸大学）

　　　福島大学経済学部講師・助教授

　　　桃山学院大学経営学部助教授

　　　筑波大学社会工学系助教授

　　　大阪大学経済学部教授

　　　2000年より現職

研究分野：管理会計学，プロジェクト・マネジメント学

主要業績：『戦略的管理会計』有斐閣，2002年．

　　　　『現代企業の戦略志向と予算管理システム』同文舘，1993年．

　　　　『プロジェクト・バランススコアカード』（編著）生産性出版，2004年．

◆第5章　IT戦略マネジメント

歌代　豊　（うたしろ　ゆたか）

生年：1959年

現職：明治大学経営学部助教授

略歴：上智大学理工学部卒業，

　　　筑波大学大学院経営・政策科学研究科修了（経営学修士）．

　　　㈱三菱総合研究所入社．同社にてIT，経営システムに関する調査研究，コンサルティングに従事．経営情報システム室長などを経て，現職．

研究分野：戦略マネジメント，経営戦略，ITマネジメント

主要業績:「アーキテクチャ創造企業の萌芽—スタンダード競争からアーキテクチャ競争へ—」『三菱総合研究所所報』, 2003 年 11 月.
『バランス・スコアカード経営実践マニュアル』(共著) 中央経済社, 2004 年.
『技術経営』(共編著) 学文社, 2006 年.

◆第 6 章　MBO と事業再生
小松原　聡　(こまつばら　さとし)

生年:1956 年
現職:㈱三菱総合研究所　主席研究員　関西大学会計専門職大学院特任教授
略歴:早稲田大学理工学部卒
　　　㈱三菱総合研究所入社　現在に至る
　　　三菱商事㈱企画調査部に出向
　　　大阪大学大学院経済学研究科非常勤講師
研究分野:組織・人事戦略, 機能戦略, マネジメント・コントロール
主要業績:『グループ企業の管理会計』(共著) 日本管理会計学会グループ経営専門委員会編, 税務経理協会, 2005 年.
『経営構造改革と事業評価・管理システムの実際』(共著) 研究叢書 No. 118　㈳企業研究会, 2002 年.
『分権経営の進展下におけるグループ・マネジメント』(共著) 三菱総合研究所／所報 No. 35, 1999 年.
『事業計画のための業績評価法』(共著) 日本能率協会, 1991 年.

◆第 7 章　ベンチャービジネスにおける技術経営
小林　敏男　(こばやし　としお)

生年:1960 年
現職:大阪大学大学院経済学研究科教授
略歴:大阪大学経済学部卒
　　　経済学博士 (大阪大学)
　　　大阪大学経済学部助手
　　　岡山大学経済学部講師, 助教授,
　　　大阪大学経済学部助教授を経て, 2003 年より現職.
研究分野:経営組織・戦略
主要業績:『正当性の条件—近代的経営管理論を超えて—』有斐閣, 1990 年.
『経営管理』(共著) 有斐閣, 1999 年.

◆第8章　ベンチャーキャピタルと産業再生

桐畑　哲也　（きりはた　てつや）

生年：1970年

現職：奈良先端科学技術大学院大学先端科学技術研究調査センター助教授

略歴：京都大学大学院経済学研究科博士後期課程修了
　　　日本放送協会（NHK）記者，㈱三菱総合研究所研究員を経て現職．

研究分野：技術ベンチャー経営，ベンチャーキャピタル

主要業績：『ナノテク革命を勝ち抜く』（編著）講談社，2005年．
　　　　　「新技術ベンチャーにおけるデスバレー現象」『JAPAN VENTURES REVIEW』No. 6，日本ベンチャー学会，2005年．
　　　　　「新技術ベンチャー創出とベンチャーキャピタルの投資後活動」『JAPAN VENTURES REVIEW』No. 7，日本ベンチャー学会，2006年．

◆第9章　日本におけるベンチャー創造の実践と課題

有田　道生　（ありた　みちお）

生年：1962年

現職：エイケア・システムズ㈱代表取締役

略歴：早稲田大学理工学研究科修了．
　　　㈱三菱総合研究所でシステムコンサルティング分野に携わる．
　　　米国テキサス大学オースティン校にてサイエンス&テクノロジー・コマーシャリゼイション分野で修士号を取得．帰国後，㈱ヘルスケアネット（現　エイケア・システムズ㈱）を設立，インターネット関連ビジネスを展開，2005年，㈱マーケティング・リソース・センターを設立．

研究分野：企業の育成モデル，起業ノウハウ

主要業績：『コーポレート・コミュニケーション・デザイン入門』（編著）英治出版社，2003年．
　　　　　「日米比較からみたコンカレント・エンジニアリング導入のあり方」『経営システム』Vol. 4, No. 3, 1994年．

◆第10章　科学技術政策と産業競争力

永野　護　（ながの　まもる）

生年：1966年

現職：㈱三菱総合研究所主任研究員，横浜市立大学非常勤講師

略歴：早稲田大学商学研究科修士課程修了

執筆者紹介

大阪大学大学院国際公共政策科博士課程修了
（国際公共政策博士）
㈱三菱総合研究所入社
アジア開発銀行（本部：フィリピン，マニラ）出向を経て現職
研究分野：企業経済学，東アジア経済
主要業績：『新アジア金融アーキテクチャ―投資・ファイナンス・債券市場』日本評論社，2005年.
R&D investment and the government's R&D policies of electronics industries in Korea and Taiwan, Journal of Asian Economics, Vol. 17, July 2006, forthcoming.

Investment and Export-Led Industrialization: Financial Constraints and Export Promotion of East Asian Firms," Journal of Economic Development, Volume 30, Number 1 June 2005, pp. 81-93.

Inter-Regional and Intra-Regional Trade in East Asia: Recent Developments and Aggregate Bilateral Trade Elasticities, Journal of Economic Integration, Vol. 18 No. 1, March 2003, pp. 105-125.

索　引

A–Z

6種類のF　42
ABC　67
ABM　67
CIO（情報担当役員）　83-87, 98, 99
FS（フィージビリティスタディー）サークル　56
IMD World Competitiveness Yearbook　2, 3
IT（情報技術）　67, 81-83, 85-88, 90-92, 94, 97-99, 101, 121, 124, 147, 160, 175, 195, 205, 206, 215, 224
ITマネジメント　81-83, 86-88, 90-92, 94-99
KPI（業績評価指標）　65, 95
M&A　28, 100, 110, 112, 115, 116, 150, 165, 169, 176, 177
MBI　113, 114
MBO　100, 110, 113-117, 153
MOT　21, 123, 124, 128, 137, 209, 225
PAN系炭素繊維　192
PBSC　63-65, 72, 73, 76-79
PDCAサイクル　16, 19, 86, 90, 92, 94, 98, 99
PMBOK　67
PMCC　68
PMI　67
PPBS　63
PPM　93
R&Dの多様性・技術融合　16
SBU　65, 96, 106
SCM　76, 96, 97
SWOT分析　65
TQM　93, 94

あ　行

アーリーステージ　170
アーンド・バリュー・システム　66
アターバック　32
アバナシー　32
アレルゲンフリー作物　191
イネゲノム　191
イノベーション　9, 22-24, 30-35, 51, 53, 84, 85, 88-91, 137, 179, 186, 187, 191, 193, 194, 197, 200-204, 209, 212, 215, 217, 224, 227
インキュベーション　122, 137, 140, 174
宇宙開発研究　180
「右脳型」ビジネス　45
ウルトラクリーン化技術　195
エンジェル　140, 144, 145, 163, 165, 168

エンジェル税制　145
オプトエレクトロニクス技術　196
オペレーション・プログラム　76

か　行

改正科学技術政策大綱　182
科学技術会議　180-188, 203
科学技術基本計画　183-186
科学技術基本法　182-184, 186
科学技術政策大綱　181, 182, 184, 186, 188, 203
「塊」力　57-60
価値指標　62, 64, 71, 74, 75, 205
価値マネジメント　64, 68, 70, 78
価値モジュール　58-60
価値連鎖　22, 23, 93
株価収益率　149, 150
株式公開　115, 140, 141, 147, 149, 158, 160, 162, 169, 177
株主権　114
間接金融　176, 177
キーハード，キーソフト　46, 48, 50
起業家（企業家）　27, 28, 120, 138-146, 148, 149, 151-153, 156, 157, 159, 162, 167, 168, 170-172
企業家支援関連法制　143
企業価値　68, 101-104, 146, 147, 150, 152-155, 157, 169
企業優位性　36
技術移転機関（TLO）　143, 144
技術経営（MOT）　7, 9, 16-25, 33, 35, 37, 38, 61, 120, 123, 191, 200-203, 205, 207, 208
技術シーズ　121-123, 132
技術シナジー　25
技術者の行動モデル　47-50
技術戦略　9, 11, 24-29, 37, 205, 214
技術力　1, 2, 9, 134, 195, 205, 207
技術ロードマップ　10, 11, 16, 19, 201-203
期待利益率　149, 150, 151, 154-156
キャッシュフロー　73
キャピタルゲイン　121, 140-142, 144, 146
急成長ベンチャー　138-140, 146, 156, 157, 159
業績評価　11, 71, 79, 95, 103, 111, 118
競争戦略　25, 35-37
競争力ランキング　2, 3
組み合わせ型　51-53
クリステンセン　31
グループ・プレミアム　106, 111
グループ再編　112
経営管理会計　62-64, 68, 71, 74, 77, 78
経営者派遣　108
経営戦略　16, 18, 19, 24-27, 38, 55, 62-64, 98, 148
経常（オペレーション）・プログラム　71, 73
ゲノム　185, 191
研究開発イノベーション　179, 193, 197, 200, 201, 203
研究者の視野狭窄　9, 10
原子力開発　180

索　引

コア機能革新　102
コインベスター　153, 154
高機能繊維　192
構築的イノベーション　34
公認会計士　120, 122, 140, 142
コーポレート・ガバナンス　102, 104, 105, 118
コーポレート機能　103, 104, 110
顧客価値　36, 40, 43, 44, 59, 60, 65, 67
顧客ニーズ　7, 12, 40
国際フロンティア研究システム　181
こだわり型　44, 45, 49, 50, 60
個別構造計画　63
コンカレント・エンジニアリング　93
コンセプトサークル　56, 57

さ　行

「左脳型」ビジネス　45
サプライチェーンマネジメント（SCM）　96
産学連携促進政策　4
産業のライフサイクル　29, 30
シード投資　165
シェアード・サービス　98, 105, 106
支援環境　140-143, 145, 146
時価総額　138, 139, 216
事業価値　68, 90, 105, 109, 111, 115
事業構造改革　100, 102, 105, 106, 110, 112, 113
事業再生　100, 106-110, 117-119
事業財務目標　75
事業戦略　9, 25, 35, 37, 71, 81, 91, 97, 99

事業ドメイン　70
事業ライン　73
事業領域　24, 43, 101, 105, 129
事業連結経営体制　102
資源ベースの戦略論　25, 35
資産デフレ　109
市場の関門　23, 24
次世代事業育成　112
執行役員制　104, 105
私的整理　107-109
シナジー　25, 95, 103, 106, 112, 122
資本効率性　102
資本調達機能　176
資本予算案　63
社外取締役　104, 105
社内ベンチャー制度　117
集中投資　153, 154
需要表現　7-9, 14, 15, 17-20, 207, 209, 212-214, 221-223
情報の非対称性　148, 152
職能横断的　70
シリコンバレー　121, 141, 144-146, 157, 208
新規事業　111, 117, 120
新原価企画プロジェクト　76
シンジケーション　169
新市場型破壊　31
スタートアップ企業　142, 157, 162, 163, 170, 171
スタートアップ段階　163, 170
スタートアップ投資　165
ステーク・ホルダー　67, 68
スピンオフ　114, 116

239

擦り合わせ型　51-53
スリーエム　27, 28
生産性のジレンマ　32, 33
成長ステージとマネジメント　173
成長戦略　100, 110, 111, 148
成長段階　146-150, 154, 163-165
世界初型　42, 60
セカンドステージの投資　165
戦略MAP（戦略マップ）　74-78, 94, 96, 97
戦略的M&A　177
戦略的PBSC　64, 65, 73
戦略的プログラム　65, 74-76, 78
総合科学技術会議　183-187
創造科学技術推進制度　181
ソフトシステム型　55
ソリューション型（事業）　43, 46, 48, 59, 95

た 行

ダーウィンの海　23, 24
第三次全国総合開発計画　185, 186
第四次全国総合開発計画　186
匠型　42, 45, 49, 50, 52, 59
段階的投資　148
地域クラスター　186
知識連鎖（の不足）　7, 12, 13, 17-20
知的クラスター　186
中核能力　25, 35, 36
中期経営計画　71
追加資金調達　176
つなぎプラットフォーム　19, 20

テクノポリス法　185
デスバレー・フリー企業　13-18
デスバレー現象　1-7, 13, 14, 17, 18, 205, 207, 209
デファクト・トップ製品　42, 46, 47, 58
投資戦略　153, 154, 163
トップダウン型技術経営　16, 201-203
ドミナント・デザイン　33-35
ドメインの定義　24, 25

な 行

ナノテクノロジー　147, 185, 203
ニッチ創造　34
日本型デスバレー現象　2, 5, 7, 17, 18
ネットワーク型設計組織　76
ノン・コア事業　105, 106, 113

は 行

ハードシステム型　55
ハイテクベンチャー　146, 228
バイドール法　121, 144
破壊的イノベーション　31
破綻処理　108, 109
バランス・スコアカード（BSC）　63-65, 71-74, 76-79, 90, 92-99
バリューアッド活動　146, 151, 153-157, 159
バリューチェーン（価値連鎖）　22, 101, 102, 105, 106, 123
汎用品型　43, 44, 47-49, 51, 60
ビジネスプラン　120, 132, 133, 148, 149,

索　引

151, 152, 165, 167, 168, 171-173, 175, 176
ビジネスモデル　16, 18, 19, 43, 121, 124, 161, 175, 217
ファーストステージの投資　165
ブランド・マネジメント　50
不良債権　107
プログラム・マネジメント　68-71
プログラム価値指標　71, 73
プログラム概念　68, 96
プログラム予算　78
プロジェクト・マネジメント　61-63, 66, 69
プロジェクト概念　61
プロジェクト組織　66
プロジェクト予算　65, 75, 78
プロセス・イノベーション　32, 33, 35
プロダクト・イノベーション　21, 22
分権経営体制　103
分権事業組織　103, 104, 111
分散投資　153, 154
ベストパートナー型　44, 51, 52, 60
変革プログラム　71, 73, 96
ベンチャーキャピタル　115, 121, 134, 138, 146, 147, 149, 159, 161-164, 166-170, 174, 175
ベンチャーキャピタル法　149
ベンチャービジネス　120, 121, 205, 207
ベンチャーファンド　169
ベンチャーポートフォリオ　166
ベンチャー企業　16, 28, 138, 160, 163, 164, 166-168, 170, 174-177
ベンチャー投資　115, 151, 155, 157, 169

方針管理　71, 92-96, 99
法的整理　107, 109, 118
ポートフォリオ管理　9-11, 16, 19
ポートフォリオ理論　154
ポールポジションシステム　56, 57
ポジショニング理論　35

ま　行

マネジメント・コントロール　100, 118
マネジメント革新　79, 92, 100, 102, 106
ミクロ事業　118
無形資産　111
メガトライアル　193
目標管理　92, 94, 95, 99
モニタリング　106, 110, 118, 151, 152, 154-156

や・ら　行

予算管理　65, 71, 72, 99
ライフサイエンス　181, 182, 185, 191, 203
ライン組織　78, 96
リーダーシップ　5, 9, 10, 15, 18, 19, 78, 84
リードインベスター　153, 154
リチウムイオン電池　195
量子ビーム　194
リンケージ機能　62, 63, 68, 71, 74, 78
ローエンド型破壊　31

241

大阪大学新世紀レクチャー

産業再生と企業経営

2006年11月11日　初版第1刷発行　　［検印廃止］

　　編　者　　淺田　孝幸
　　発行所　　大 阪 大 学 出 版 会
　　代表者　　鷲田　清一

〒565-0871　吹田市山田丘 1-1
大阪大学事務局内
電話・FAX　06-6877-1614（直）
URL：http://www.osaka-up.or.jp

印刷・製本所　　尼崎印刷株式会社

ⓒ Open Faculty Center（OFC）, 2006　　　　Printed in Japan
ISBN 4-87259-158-5　C 3034

R〈日本複写権センター委託出版物〉
本書の無断複写（コピー）は、著作権法上の例外を除き、著作権侵害となります。

（大阪大学出版会の経営・経済書）

（新世紀レクチャー）
近代大阪経済史　　　　　　　　　阿部武司著　　A5判並製304頁
　　　　　　　　　　　　　　　　　　　　　　価格2000円＋税

（新世紀レクチャー）
企業活動における知的財産　　　　大阪大学法政実務　A5判並製264頁
　　　　　　　　　　　　　　　　連携センター 編　価格2300円＋税

日本産業の構造変革　　　　　　　橋本介三　　　A5判並製304頁
　　　　　　　　　　　　　　　　小林伸生著　　価格2800円＋税
　　　　　　　　　　　　　　　　中川幾郎

日本経済のマクロ分析　　　　　　新開陽一著　　A5判並製286頁
　　　　　　　　　　　　　　　　　　　　　　価格2800円＋税

近代日本における企業家の諸系譜　　竹内常善　　　A5判上製292頁
　　　　　　　　　　　　　　　　阿部武司編　　価格6000円＋税
　　　　　　　　　　　　　　　　沢井　実

（新世紀セミナー）
雇用問題を考える　　　　　　　　大竹文雄著　　A5判並製94頁
　　　　　　　　　　　　　　　　　　　　　　価格1000円＋税

（新世紀レクチャー）
国際企業買収概論　　　　　　　　西口博之著　　A5判並製192頁
　　　　　　　　　　　　　　　　　　　　　　価格2000円＋税

（新世紀レクチャー）
[新版]国際私法・国際取引法判例研究　松岡　博著　A5判並製318頁
　　　　　　　　　　　　　　　　　　　　　　価格2000円＋税

多国籍企業の法的規制と責任　　　田中美穂著　　A5判上製216頁
　　　　　　　　　　　　　　　　　　　　　　価格4700円＋税